Arena-Taschenbuch
Band 1775

Hans Dieter Stöver,
1937 geboren, studierte Pädagogik, Geschichte, Kunstgeschichte
und Altertumswissenschaften. Er veröffentlichte Sachbücher,
Romane, Kriminalerzählungen und Jugendbücher und wurde
zu einem der bekanntesten Vermittler der römischen Antike
an ein modernes Publikum.

Arena-Bücher von Hans Dieter Stöver:
»Caesars bester Feind«
»Der Fall Nero«
»Die Akte Varus«
»Spartacus, Sklave und Rebell« (Taschenbuch Band 1715)
»Große Gegner Roms« (Taschenbuch Band 1807)

Dr. Michael Gechter
ist Archäologe und im Rheinischen Amt für
Bodendenkmalpflege tätig.

Friederike Hilscher-Ehlert
kann bei ihren Illustrationen auf lange Erfahrungen
ihrer grafisch-didaktischen Arbeit
im Rheinischen Landesmuseum Bonn zurückgreifen.

Hans Dieter Stöver/Michael Gechter

Report
aus der Römerzeit

Vom Leben im römischen Germanien

Mit Illustrationen von
Friederike Hilscher-Ehlert

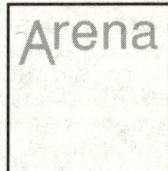

4. Auflage als Arena-Taschenbuch 2003
Lizenzausgabe des Konrad Theiss Verlags, Stuttgart
© Konrad Theiss Verlag GmbH & Co., Stuttgart, 1989
Der jeweilige Sachteil »Fakten, Daten, Hintergründe« wurde vom Autor
Dr. Michael Gechter leicht gestrafft.
Alle Rechte vorbehalten
Umschlag: Stefan Hulbe
Sachillustrationen: Friederike Hilscher-Ehlert
Gesamtherstellung: Westermann Druck Zwickau GmbH
ISSN 0518-4002
ISBN 3-401-01775-6

Inhalt

Einleitung

Den Anstoß zu diesem Buch – einer Darstellung über das alltägliche Leben im römischen Deutschland, die Fiktion und Fakten in korrespondierender Weise nebeneinander stellt – gaben die Ergebnisse einer Grabung bei Rheinbach-Flerzheim, Rhein-Sieg-Kreis, wo Michael Gechter einen römischen Gutshof komplett aus dem Boden holen konnte. Der Platz ist mittlerweile leider dem dortigen Kiesabbau zum Opfer gefallen, doch reichten die Funde – heute im Rheinischen Landesmuseum Bonn – aus, um unsere Phantasie mächtig zu beflügeln. Wir erhoben den Ort zum Stammsitz einer ubisch-germanischen Bauernfamilie, die in kurzer Zeit romanisiert wurde und deren Nachkommen sich über vierhundert Jahre hin im römischen Deutschland an Rhein, Mosel und Donau verzweigten. Wir wollten nachzeichnen, wie es gewesen sein könnte, wenn diese Menschen an verschiedenen nahen und fernen Orten beruflich und sozial auf- und abstiegen, wie sie durch Eheschließungen neue wichtige Verbindungen herstellten, wie ein Zweig zum Establishment der CCAA – Köln – aufstieg, ein anderer über militärische Karrieren zum Kreis der hohen Hofbeamten des konstantinischen Trier avancierte, während die bäuerlichen Nachkommen auf dem Gut bei Flerzheim sitzen blieben und alle Stürme der Jahrhunderte überlebten, bis sie am Ende, im frühen 5. Jahrhundert, von den erobernden fränkischen Siedlern assimiliert und wieder zu Germanen wurden.

In einer detaillierten fiktiven Genealogie – sie war Generalstabsarbeit! – folgten wir den Zweigen und Verästelungen der GENS ATTONIANA, wie wir sie nach dem Urahn Atto nannten, wobei wir sehr genau darauf achteten, dass die verwendeten Namen mit den tatsächlich überlieferten der jeweiligen Zeit in Einklang standen. Eine Hilfe waren die Inschriften auf Grab- und Weihesteinen.

Die Autoren waren sich wohl bewusst, dass eine solche familiäre

Tradition über vier Jahrhunderte im römisch besetzten Germanien in der vorliegenden Form nicht nachweisbar, wohl aber denkbar ist. Die großen Ereignisse der übergeordneten römischen Geschichte fanden ihren Niederschlag in der Welt dieser Menschen. Der Vorsatz, vier Jahrhunderte Römerherrschaft in Germanien anhand von Einzel- und Familienschicksalen überzeugend darzustellen, war nur vertretbar und möglich, wenn sich die Darstellung an den aktuellen wissenschaftlichen Erkenntnissen der archäologischen Forschung orientierte. Dies erforderte die bewusste Beschränkung auf das, was vom alltäglichen Leben aus dem romanisierten Germanien bekannt und nachweisbar ist, wobei das Ausmaß der Romanisierung ebenso wie die nach wie vor eigenständige Kultur der Provinzbewohner geschildert werden sollte. Dies erschien uns umso wichtiger, als bisherige Darstellungen meist das mediterrane Alltagsleben einfach an den Rhein verlegten.

Wir verzichteten bei den Illustrationen bewusst auf spannungsgeladene und Emotionen weckende oder reißerische Abbildungen und wählten stattdessen die zeichnerisch vollständige Rekonstruktion einzelner Objekte. Mit Frau Hilscher-Ehlert konnte dazu eine Illustratorin gewonnen werden, die auf lange Erfahrungen ihrer Arbeit im Rheinischen Landesmuseum zurückgreifen kann und das, was die Autoren ihr vorgaben, anatomisch, perspektivisch und architektonisch exakt ins Bild setzte. Auch bei freien Rekonstruktionen wurde versucht eine möglichst hohe Authentizität zu erreichen.

Wir danken folgenden Kolleginnen und Kollegen, die durch Hinweise und Unterstützung die Arbeit an diesem Buch gefördert haben: C. van Driel-Murray, H. Galsterer, F. Giesler, W. Groenmann-van Waateringe, G. Hellenkemper-Salies, B. Pferdehirt, W. Meighörner-Schardt und H. Weber.

Michael Gechter   *Friederike Hilscher-Ehlert*   *Hans Dieter Stöver*

Atto, der Späher

Nach der Schlacht im Teutoburger Wald (9 n. Chr.; zum Stand der heutigen Erkenntnisse s. »Fakten, Daten, Hintergründe«, S. 25: »Arminius«), in der der Cherusker Arminius drei römische Legionen unter dem Statthalter Varus vernichtend schlug, räumten die Römer das Gebiet zwischen Elbe und Rhein. In der Folge versuchten sie, vor allem unter Germanicus, Arminius zu stellen und zu vernichten, hatten aber keinen Erfolg. Im Jahr 16 n. Chr. war Germanicus dem Arminius erneut auf den Fersen und hoffte, ihn am Angrivarierwall – ein Abschnittswall, dessen Lage wir nur in der Nähe der Weser lokalisieren können – zu schlagen.

Der junge Atto, ein Ubier, war schon im neuen Ubiergebiet geboren. Sein Vater, Atto, war einer der ersten Ubier gewesen, die für den Freundschaftspakt mit Rom plädierten, deshalb gehörte er auch zu den ersten ubischen Umsiedlern.

Die Familie der Verlobten Attos, Auvaca, gehörte dagegen der früheren Oberschicht der Ubier an und war Rom und den Romfreunden feindlich gesinnt. Insofern sah sie es gar nicht gern, dass die beiden jungen Leute miteinander gingen.

Fakten, Daten, Hintergründe: Seiten 24–32

Vorsichtig, langsam, nach jedem Griff in die Höhe sichernd und lauschend, arbeitete er sich von Astgabel zu Astgabel aufwärts. Es war die einzige Möglichkeit, sich einen Überblick zu verschaffen. Die Hügel der Umgebung lagen zu weit ab vom feindlichen Lager, also hatte er sich entscheiden müssen entweder sich so nahe an den Feind heranzutasten, bis er Einzelheiten erkennen und vielleicht Teile der Gespräche belauschen konnte, oder aber aus mittlerer Entfernung einen Beobachtungsposten auf einem Baum zu finden.

Was er dann sah, reichte völlig aus seinen Auftraggeber zufrieden zu stellen. Wie eingraviert prägten sich die Bilder, die Szene, die Gruppen und einzelnen Krieger in sein Gedächtnis ein, sodass er später nur noch einmal in Gedanken hinzuschauen brauchte, um alles vor seinem inneren Auge erscheinen zu lassen und es minutiös zu beschreiben. So vorsichtig, wie er gekommen, entfernte er sich wieder.

Er war den ganzen Tag unterwegs gewesen, meist im Sattel. Und nun konnte er es kaum erwarten, den schützenden Wald wieder zu verlassen und in der Ebene nahe beim Wasser zu reiten, den Blick flussaufwärts gen Süden gerichtet. Bald mussten die Rauchsäulen der Feuer, die Palisaden und die Zelte auftauchen. Er war sicher, dass das Marschlager des Germanicus sich genau an der Stelle befand, wo er, Atto, es hingesetzt hätte, wäre er der Feldherr.

Aus langer Erfahrung kannte er die täglichen Marschleistungen einer römischen Armee. Sie waren unterschiedlich, abhängig von der Beschaffenheit des Geländes, vom Wetter, von der Jahreszeit und der körperlichen Verfassung der Männer. Doch all das hatte in den letzten Tagen gute Voraussetzungen geboten. Sie marschierten im Tal der Weser, wo die große Ebene begann, nördlich der Gebirge. Im Norden gab es nur noch wenige Höhen, deren Kuppen sich kaum über das flache Land erhoben. Auch das Wetter war gut gewesen, denn in diesen Augusttagen erreichten die Lüfte, nach Aussagen römischer Kameraden, durchaus die Wärme Latiums und der Campania in Italien. Außerdem hatte es seit langem nicht geregnet. Die Wege waren trocken und fest, also gangbar.

Und das war besonders hier von entscheidender Bedeutung für das Fortkommen von Mensch und Tier, am meisten vielleicht für das Gefährt. Die Truppe war in optimaler Verfassung, die Moral gut, voller Selbstvertrauen, denn die Männer hatten vor einem halben Mond Arminius und seine Scharen bei Idistaviso geschlagen und, wie man nun meinte, das Fürchten gelehrt.

Atto besaß einen sechsten Sinn für Erscheinungen, für unsichtbar drohende Gefahren. Er witterte den Feind eine Meile voraus und mehr, wenn andere sich noch in sorgloser Sicherheit wiegten. Es waren dies Fähigkeiten, die man nicht in einem, nicht in fünf oder zehn Jahren lernen konnte. Sie wuchsen einem zu so wie den Alten ihre Weisheit. Man musste sehr früh beginnen auf die Stimmen zu horchen, die der kleinen und großen Tiere der Wälder, die Rufe der Vögel, die Laute des Windes, die ebenso schmeicheln wie drohen konnten, die Geräusche der Wesen, die sich bewegten, der Bäume, wenn sie aufstöhnten unter dem Druck des Sturms, und der Zweige, deren Knacken verriet, ob Mensch oder Tier in der Nähe war.

Er war in seine Aufgabe hineingewachsen, allmählich und unwillkürlich, so wie man das Gehen lernt und das Sprechen. Dann aber hatte ihn sein Vater Atto in eine harte Schule genommen. Aus der anfangs verspielten Neugier wurde der Ernst des Berufes, mit täglicher Übung; er wurde gelobt, getadelt, geprüft und von Mal zu Mal wuchsen Schwierigkeiten und Entfernungen, bis er im Stande war in den Fährten zu lesen wie in einem Buch.

Oft hatte er den Vater begleitet auf dessen weiten, schweifenden Gängen, die in völlig unbekanntes Gelände führten, und der Sohn hatte die Wesen zu nennen, die hier hausten, Menschen und Tiere, und so war sein Können und Selbstvertrauen von Monat zu Monat gewachsen.

Es kam der Tag, an dem der Vater ihm mitteilte: nun könnte er selbst den Spuren folgen, so wie er und schon sein Großvater, sie alle in römischen Diensten seit dem großen Caesar vor sechzig Jahren. Damals hatte der römische Feldherr einen Freundschaftspakt mit den rechtsrheinischen Ubiern geschlossen. Doch erst Agrippa, der Freund und Feldherr des Augustus, siedelte die

Ubier um. Es galt, das von Menschen entblößte Gebiet der Eburonen, die ihre Auflehnung gegen Rom mit Verlust von Land und Leben bezahlten, neu zu besiedeln. Fruchtbarstes Land wartete auf fleißige Menschen, die es aufs Neue kultivierten. Und – man wusste es wohl und besprach es oft bei den Treffen der ubischen Führer – natürlich sollten die Ubier einen Puffer bilden gegen den unberechenbaren und wilden Osten jenseits des Stroms. Seit damals schon standen die Attier wie viele andere ubische Familien und Sippen, als Kundschafter und Späher im Dienste der römischen Legionen.

Atto war einer der besten der fünfzig Späher. Neben seinem herausragenden Können als Kundschafter beherrschte er fast alle Dialekte der östlich siedelnden Germanen. Er sprach sie so gut, dass er es sich gefahrlos erlauben konnte, sich in einem cheruskischen Dorf als durchziehender Händler oder Wundertäter auszugeben oder bei den benachbarten Marsern als einen humpelnden Alten, der vorgab einen alten Freund zu suchen bei den nördlichen Brukterern. Erfindungsreich war er, listig und einfallsreich und er besaß neben der Schläue des Fuchses, wenn es sein musste, ebenso die Hartnäckigkeit des Wolfes.

Weil das nun so war, zog er am liebsten allein auf bekannten oder fremden Pfaden. Besonders in Gebieten wie diesem, mitten in Feindesland, wo er ständig gewärtig sein musste, selbst aus Verstecken beobachtet und gestellt zu werden.

Atto näherte sich dem Waldrand, hielt an und blickte über die Ebene. Im Winter und zeitigen Frühjahr war hier ein einziger Morast, wenn der Hochwasser führende Strom die Ebene bis zu den nächsten Hügeln überflutete. Er sah hier und da in den Büschen und Baumgruppen sperrige Äste und dürres totes Gezweig, das beim letzten Hochwasser hängen geblieben war. Kein Mensch war weit und breit – Niemandsland zwischen den Heeren. Er blieb auf der Höhe, folgte dem Pfad, den hier Mensch und Tier gemeinsam benutzten, und ritt gemächlich, entspannt und doch wach nach Süden.

Etwa zur gleichen Zeit wurde in den drei Lagern letzte Hand angelegt an die Befestigungen, um vor Einbruch der Dunkelheit die gefährdetsten Stellen so gut wie nur möglich gesichert zu haben. Germanicus hatte den acht Legionen an diesem Tag keinen Gewaltmarsch aufgezwungen, denn er wollte die Männer schonen. Sie mussten frisch und ausgeruht in die Entscheidungsschlacht gegen Arminius antreten. In drei Marschkolonnen waren sie von Süden gekommen, geführt von erfahrenen Legaten wie Silius, Caecina und Stertinius, die die hiesigen Verhältnisse kannten.

Auf Grund der täglichen Berichte seiner Kundschafter war Germanicus jederzeit informiert über den Standort und die Bewegungen des Feindes. Er konnte es sich darum leisten, die Truppe gemächlich zu bewegen und in Ruhe den jeweils besten Lagerplatz zu finden. Die Berichte und Angaben seiner Späher sprachen dafür, dass Arminius sich in diesem Terrain, dem Gebiet zwischen den Wohnsitzen der Cherusker im Süden und denen der Angrivarier im Norden, zur Schlacht stellen würde.

Als Atto sich dem ersten der drei Lager näherte, erkannte er schon an dessen Größe, dass hier drei Legionen Quartier machten. Das Lager erstreckte sich am Ende des Hügels über die Ebene, im Osten schloss sich auf den Höhen der Wald an.

Auf dem Wall hinter der Palisade gingen die Posten schon in den ihnen zugewiesenen Abschnitten auf und ab. Als er näher kam, erkannte er einen von ihnen. Auf seine Frage, wo der »Alte« – gemeint war Germanicus – sich befinde, wies dieser mit dem Kopf zum Lager und hängte an, dass »er« alle hohen Chargen der Legionen zu sich befohlen habe. Als er dann nahe heran war, fragte er den Kameraden nach der Parole. Sie lautete »Aurora victoriae amica« – Aurora, die Freundin des Sieges! Eine Anspielung auf die Schlacht, die wahrscheinlich morgen nach Sonnenaufgang beginnen würde.

Dann rief der Mann noch: »Flavus hat nach dir gefragt!«

»Was Bestimmtes?«, fragte Atto zurück. Das wurde verneint.

Atto wandte sich dem Lagereingang zu und murmelte etwas wie »Soll sich nicht so wichtig nehmen . . .«.

Und als er doch tatsächlich von einem vielleicht achtzehnjährigen Posten nach der Parole gefragt wurde, kam er zwar nicht umhin sie zu nennen, fügte aber hinzu: »Grünschnabel! Pass bloß auf, dass du dir nicht morgen in die Sandalen pinkelst, wenn du einen Cherusker siehst!«

Der zweite Posten, ein älterer Legionär, grinste daraufhin den jüngeren breit an und erklärte mit rollendem Bass: »Hast noch viel zu lernen, mein Junge!«

Er hatte den Eingangswall gerade passiert, als ihm ein Kamerad, ein markomannischer Sklave, in den Weg trat. Also musste er seit Stunden hier auf ihn gewartet haben. Er stürzte auf ihn zu, hielt das Pferd, während Atto herabglitt, und teilte ihm ebenfalls aufgeregt mit, Flavus habe schon des Öfteren nach seinem Verbleib gefragt. Dann nahm er das Tier am Halfter und entfernte sich damit zu den andern, die angepflockt grasten.

Flavus! – Immer dieser . . .! Atto fluchte leise vor sich hin. Er mochte den Mann nicht. Man wurde nie so recht aus ihm schlau. Er mochte ihn aber auch nicht, weil er Cherusker war, und er mochte alle Cherusker nicht. Hielten sich für die Größten! Aber besonders Flavus, weil er . . . Atto blieb stehen, spuckte aus und kratzte sich am Hintern. Dabei sah er das Gesicht des Mannes lebhaft vor sich: Hochnäsig war er, ironisch, voller Dünkel! Und obwohl er der jüngere Bruder des Arminius war, gebärdete er sich römischer als der Oberbefehlshaber. Das war schon vielen aufgefallen. Er ging weiter und murmelte: »Man kann ihm nicht über den Weg trauen!«

Atto, viele seiner Späherkameraden und viele Legionare, die er gut kannte, nahmen dem Mann seine Loyalität gegenüber Rom einfach nicht ab. Trotz der Aversionen, die er erwiesenermaßen gegen seinen Bruder Arminius, den Fürsten der Cherusker, hatte. Spielte da am Ende Neid eine Rolle? Sollte es ja sehr oft zwischen Brüdern geben.

Allerdings war Atto ehrlich genug, um einzugestehen, dass er den Häuptlingssohn aus Neid nicht mochte. Ihm, Atto, einem vierundzwanzigjährigen Ubier und gestandenen Mann, fiel es sehr schwer, von einem noch nicht zwanzigjährigen Cherusker, den seine Abkunft aus fürstlicher Familie schon in diesen jungen Jahren zum Centurio der römischen Armee befördert hatte und der mit einer Phalera ausgezeichnet worden war, Befehle, Belobigungen oder Kritik entgegennehmen zu müssen. Aber – und das war der Punkt! – er hatte römisches Bürgerrecht!

Atto wusste, wo er die Zelte der anderen Späher und das des Flavus finden würde, denn sie standen immer bei der Porta principalis sinistra.

Er beeilte sich nicht allzu sehr. Drüben erkannte er den Centurio Publius Caelius neben Flavus und sie schienen in ein ernstes Gespräch vertieft zu sein. Caelius war ein alter Hase in der Rheinarmee. Schon seit Anbeginn kämpfte er in der Legio V Alaudae mit und er hatte es bis zum Primus prior der Zweiten Kohorte gebracht, und das war in der Hirarchie aller sechzig Centurionen der Legion der sechsthöchste Rang. Natürlich machte er sich Hoffnung nach diesem Feldzug oder im nächsten Jahr zum Primus pilus, zum Ersten Centurio der Legion, befördert zu werden. Wenn das so weiterging mit den Verlusten – so dachte Atto –, standen seine Aussichten nicht schlecht. Publius war der Bruder des Marcus Caelius, der vor sieben Jahren unter Varus in der Schlacht gegen Arminius gefallen war. Ein Jahr später hatte er ihm bei Vetera eine vornehme und teure Grabstelle aus Stein errichten lassen. Atto hatte den Marcus Caelius noch gut gekannt. Beide Brüder stammten aus Bologna in Italien und waren mit Leib und Seele Soldaten. Marcus Caelius hatte in der unglücklichen 18. Legion gedient, die, ebenso wie die 17. und die 19., nicht wieder aufgestellt worden war.

Atto sah, wie Caelius dem Flavus mit ernstem Gesicht zuhörte, sah, wie beide Offiziere dazwischen Fragen an Kameraden stellten, die im Halbkreis drum herumstanden. Als sie seine Schritte hörten, blickten sie herüber und Flavus rief:

»Ah, da bist du ja endlich! Wegen dir verzögert sich die Stabsbesprechung!«

Atto musste sich gewaltig am Riemen reißen nicht aus der Rolle zu fallen, doch konnte er sich die Bemerkung nicht verkneifen: »Das ist gut so!«

Alles schaute ihn an und Flavus wusste nicht, wie ihm geschah.

Atto fuhr fort: »Was ich zu berichten habe, wird den Oberbefehlshaber freuen.«

»Soso!« Auch Publius war ganz Ohr, als Atto berichtete: Der Fürst der Cherusker – Atto vermied in Gegenwart des Flavus bewusst seinen Namen und betonte seinen Rang, um Flavus zu ärgern –, der Fürst der Cherusker habe seine Truppen hinter dem Wall der Angrivarier verteilt. Dieser Wall trenne deren Gebiete von den im Süden hausenden Cheruskern.

»Das wissen wir!«, warf Flavus gereizt ein. Doch Atto ließ sich nicht aus der Ruhe bringen: »Der Wall liegt an der Nordseite der Ebene, die im Westen von der Weser, im Osten von den großen Wäldern begrenzt wird. Die germanischen Fußtruppen werden beim Gefecht hinter der Deckung des Walls und auch darauf stehen . . .«

»Gut«, nickte nun Caelius beifällig. »Wo haben sie ihre Reiterei stehen?«

»Im Osten, im Wald. Die ganze Aufstellung nähert sich der Form eines Halbkreises: im Westen die Weser, die ein Ausweichen verhindert. In der Mitte der Wall. Auf dem linken Flügel, im Wald versteckt, die Reiterei.«

Caelius hatte plötzlich eine Wachstafel in der Hand, zog darauf eine gebogene Linie, zeichnete die angegebenen Positionen der feindlichen Kräfte ein und zeigte das Ganze Atto zur Begutachtung. Atto nickte zustimmend.

Caelius stellte eine letzte Frage: »Der Wald . . . Wie sieht er aus?«

»Das Übliche. Windwurf, Äste, moderndes Zeug.«

»Kein breiterer Weg am Rande?«

»Nein.«

»Sehr gut. Du und ihr andern . . .« – er wandte sich an die Umstehenden – »ihr habt gute Arbeit geleistet. Geht jetzt essen! Atto, halte dich danach zu meiner Verfügung!«

»Jawohl!«

*

In diesem Augenblick hörte man von der Mitte des Lagers her weithin tragende Hornsignale. Es war das Zeichen für den Wachtwechsel. Die Prima vigilia, die erste Nachtwache, begann. Die Signale wurden nach allen vier Himmelsrichtungen geblasen. Man sah, wie sich an vielen Zelten die Legionare für den nächtlichen Wachtdienst fertig machten. In voller Montur wie zum Gefecht machten sie sich auf den Weg zu ihren Abschnitten: über der kurzen Tunika den Kettenpanzer, um den Hals das rötliche Halstuch, die Füße steckten in warmen wollenen Socken, darüber die genagelten Sandalen. Dies alles befand sich nicht in bestem Zustand, denn die Männer bewegten sich seit Wochen in Feindesland, hatten weder Zeit noch Gelegenheit die Leinen- und Wollstücke zu waschen und auch ihr Körper hatte eine Säuberung dringend nötig. Doch obwohl sie nun in der Nähe eines großen Flusses kampierten, wagte niemand den Gang zum Ufer, da die Führung ein Bad verboten und jedes Zuwiderhandeln mit harten Strafen bedroht hatte.

So war denn in der Nähe der sitzenden oder gehenden Legionäre eine stark riechende Wolke von Schweiß und Urin, die freilich, da sie allgemein war, von niemandem bemerkt wurde. So gut es ging, reinigte man sich mit dem Wasser, das die Wasserholer in Fässern auf Karren vom Fluss herangeschafft hatten. Doch diente das Nass hauptsächlich zum Zubereiten der Speisen. Die meisten aßen ihren selbst gekochten Brei aus Mehl, Hirse, Wasser und Salz. Manche schlangen die noch vorhandenen Fladenbrote herunter. Andere kauten ausdauernd auf ihrem Stück Hartkäse oder Dörrfleisch herum.

Überall begegnete Atto kommenden oder gehenden Posten, sah, wie die abgelösten müde ihren Helm lüfteten, die Schilde gegeneinander stellten, das Pilum, die über sechs Fuß lange Lanze mit eiserner Spitze, an die Zelte lehnten und sich dann mit einem zufriedenen Seufzer bei den Kameraden am Feuer niederließen. Die Feuer entwickelten starke graue und stechende Rauchwolken. Aber das war Absicht, der Myriaden von Mücken wegen, die von der Niederung am Fluss heraufzogen, angelockt von den tierischen und menschlichen Dünsten. So fluchte man entweder hustend über den beißenden Qualm, wenn er nach einer Drehung des Windes in Nase und Lunge fuhr, oder über die hartnäckigen Plagegeister. Aber vom Rauch gerötete Augen waren immer noch besser als von Stichen übersäte Arme, Beine und Backen.

Die Truppe war an diesem Tag nur zwölf Meilen marschiert, doch kamen dazu die trockene Hitze der Augusttage, die Beschwernisse der vergangenen Wochen, sodass viele sich früh in die Zelte zurückzogen, um schon zu schlafen oder nur einigermaßen vor den Mücken sicher zu sein.

Atto sah aber auch, dass sich die Ärzte um die Verwundeten aus der letzten Schlacht gegen Arminius kümmerten. Als er ein paar Schritte auf und ab ging, hörte er, wie ein Verwundeter hinter der Hand zu einem andern äußerte, der Kamerad neben ihm werde es wohl nicht mehr lange machen, er habe den Brand im Bein.

Atto fiel auch auf, dass immer noch viele ältere Legionäre im Lager waren, Leute, die eigentlich schon längst hätten entlassen werden müssen und die dann den Rest ihrer Jahre auf dem Altenteil verbrachten, auf einem kleinen Hof, in der Kneipe an der Ecke, in einem Laden oder sonstwo, nun endlich mit Frau und Kindern zusammen, wie sie es sich alle mit zunehmender Dienstzeit erträumten. Das war ja noch vor zwei Jahren einer der hochgespielten Streitpunkte bei den Meutereien am Rhein gewesen, als es Germanicus mit Mühe, List und Versprechungen nur gelang, die aufgebrachten Einheiten bei der Stange zu halten. So war damals zunächst versprochen worden die Dienstzeit von zwanzig auf sechzehn Jahre herabzusetzen; doch hatte Tiberius sich, nachdem die Unruhen sich gelegt hatten, wieder für die alte Regelung entschieden, da er aus eigener Erfahrung als Truppenführer wusste, dass die Kriegskasse die immensen Kosten nicht tragen konnte. Allein der Jahressold einer Legion verschlang 36 Millionen Denar. Ganz zu schweigen von den Gehältern der Chargen vom letzten Centurio bis zum Primus pilus. Dazu kamen die Materialkosten für Bewaffnung, Gerät, Fahrzeuge, Tiere, Zelte und Verpflegung.

Atto, eine bäuerliche Natur, hatte großes Verständnis für die von Sparsamkeit und Augenmaß für das Mögliche geprägten Maßnahmen des Kaisers. Ihn selbst betraf das alles nicht, denn er gehörte nicht zur kämpfenden Truppe. Er war bescheiden und brauchte nur das Notwendige zum Leben. Ihm würde es durchaus genügen, dereinst im Lande der Ubier ein Stück Staatsland zur Bebauung geschenkt zu bekommen.

Bei seinem Gang zum Zelt des Caelius sah er, wie an der Via principalis die Pferde der drei Legionen versorgt wurden. In der Nähe hatte man den Wagenpark aufgebaut, die Trossfahrzeuge standen in korrekter Reihe. Nun wurden Räder und Achsen begutachtet und, wenn nötig, von den erfahrenen Wagenbauern bis spät in die Nacht repariert. Auch den Maultieren und Reitpferden machten die Mücken und Bremsen zu schaffen, ununterbrochen zuckte ihre Haut und schlugen die Schweife.

Als er das Zelt des Caelius erreichte, war der Centurio bereits zur Stabsbesprechung unterwegs. Ein Optio der Zweiten Kohorte gab an Atto die Order weiter, dass er sich vor dem Zelt des Oberkommandierenden in Bereitschaft zu halten habe. Er ging hinüber.

Vor dem Prätorium des Germanicus herrschte zu dieser Zeit ein ständiges Kommen und Gehen. Aus allen Legionen waren die Legaten, die Präfekten, die Tribunen, die Primi pili, die wichtigsten Auxiliartruppenführer sowie die Reiterobersten der acht Alen, der den Legionen zugeteilten Kavallerieabteilungen, zur Stabsbesprechung befohlen. Dazu kamen noch die nachgeordneten, aber ungemein wichtigen Chargen wie die Primi priores, zu denen auch Publius Caelius von der Zweiten Kohorte der 5. Legion gehörte. In seiner Begleitung befand sich Flavus.

Wegen der wichtigen Besprechung mit allen Stäben hatte Germanicus neben sein großes Privatzelt zwei weitere Zelthäuser stellen lassen, in denen man bequem aufrecht gehen konnte. Sie gingen ineinander und so war genügend Platz für alle Teilnehmer, und das waren an die hundert Männer.

Als Caelius Atto langsam näher kommen sah, winkte er ihn heran und erklärte ihm, dass es durchaus möglich sei, dem Feldherrn selbst seine Beobachtungen weiterzugeben. Also solle er ihn ins

Innere begleiten. Das war eine hohe Auszeichnung für Atto, die ihm zeigte, dass Caelius ihn allen anderen Kundschaftern vorzog. Flavus tat so, als ginge ihn das nichts an.

Germanicus war noch nicht anwesend und so stand oder saß man in Gruppen beisammen, denn es waren in reichlicher Zahl Klappstühle verteilt worden. Die Gespräche wurden nur mit halber Lautstärke geführt. Dann lachte einer der Legaten laut auf über einen neuen Witz, den ihm ein Centurio zum Besten gab. Caelius, Flavus und mit ihnen Atto hielten sich an der linken Seite auf und blieben stehen. In ihrer Nähe zahlreiche Centurionen verschiedenster Dienstgrade aus allen Legionen.

Dann verstummten die Gespräche. Der Oberbefehlshaber hatte den Raum betreten, begleitet von dem Legaten Stertinius und zwei seiner Adjutanten. Am Eingang sowie rechts und links vom erhöhten Klappsitz des Feldherrn nahmen Prätorianer ihre Aufstellung und standen wie Säulen. Germanicus, bekleidet mit einfacher Tunika, darüber den roten Soldatenmantel, nahm die Meldung des Offiziers vom Dienst entgegen, begrüßte die Anwesenden und nahm auf dem Klappstuhl Platz.

Dann gab er bekannt, dass er auf Grund der ihm vorliegenden Erkenntnisse über die Bewegungen des Feindes sich entschlossen habe morgen nach Sonnenaufgang die Schlacht anzubieten und den Feind zu schlagen. Zur Veranschaulichung des Vorhabens, aber auch, um den Truppenführern alle Skrupel zu nehmen, ließ er einen gewesenen Primus pilus, den jetzigen Chef einer Kundschaftereinheit, vortreten. Der Mann berichtete und suchte dabei die Unterstützung des anwesenden Cheruskers Flavus und dieser bestätigte alles, was der Mann vorbrachte.

Trotzdem kamen kritische Fragen von einem Legaten und mehreren alten Centurionen. Dass gerade diese alten Haudegen ganz sichergehen wollten, gab auch einigen anderen zu denken. Also sah sich der Oberbefehlshaber veranlasst einen der besten Kenner von Land und Leuten berichten zu lassen:

»Publius Caelius! Lass deinen Atto berichten!«

Atto verbeugte sich und begann. Er wunderte sich selbst, dass er beim Reden völlig ruhig blieb. Er gab wieder, was er selbst gesehen und gehört hatte, beschrieb die Aufstellung des Feindes, nannte Zahlen, auch von beteiligten Angehörigen fremder Stämme, und während er sprach, herrschte absolute Ruhe.

Der Feldherr dankte ihm – wobei er ihm kameradschaftlich zulächelte – und ergriff dann selbst wieder das Wort. Sein Plan: »Die germanische Reiterei muss daran gehindert werden, aus dem Wald auszubrechen. In frontalem Angriff muss der Feind vom Wall gejagt werden. Die Barriere wird ihnen nichts nützen, solange unsere Männer geschlossen vorgehen. Das ist unsere Chance! Unser Überlegenheit und die fürchten sie! Und dies: Wenn möglich, soll Arminius gefangen werden . . . «

Sie wussten alle, es gab keinen anderen Schlachtplan. Aber er hatte eine Schwachstelle. Würde es gelingen, den Wall ohne große eigene Verluste zu nehmen?

*

Wenige Tage später schrieb Publius Caelius an seinen noch lebenden Bruder Gaius nach Bologna einen langen Brief, in dem er auch auf die kriegerischen Ereignisse einging:

»Es war ein enges, sumpfiges Tal, auch um die Wälder zog sich ein tiefes Moor herum. Nur an der Nordseite hatten die Angrivarier einen breiten Wall gezogen, der die Grenze gegen das Gebiet der Cherusker bildete. Nun sollte diese Barriere uns aufhalten.

Hinter dem Wall stellten die Germanen ihre Fußtruppen auf. Die Reiterei versteckten sie, wie wir es erwartet hatten, in den nahen Gehölzen. Sie sollte uns, sobald wir den Wald betraten, in den Rücken fallen.

Aber Germanicus wusste das alles. Er hatte ihren Plan und ihre Stellung, die offene wie die verborgene, ausgekundschaftet und wollte ihnen gerade aus ihrer List ihr Verderben bereiten. Seius Tubero übergab er die Reiterei und die offene Ebene. Das Fußvolk stellte er so, dass ein Teil in den an dieser Stelle flach gelegenen Wald rücken, ein anderer den vor uns liegenden Wall erstürmen sollte. Die schwierigste Aufgabe übernahm er selbst. Das Übrige überließ er den Legaten.

Der Teil, der auf dem ebenen Boden vorzurücken hatte, drang ohne Schwierigkeiten in den Wald ein. Die andern, die den Wall nehmen sollten, hatten große Schwierigkeiten, denn wie beim Erklettern einer Festungsmauer hatten sie schwer unter den Schlägen von oben herab zu leiden. Also zog der Feldherr die Legionen ein wenig zurück und ließ die Schleuderer und Wurfschützen ihre Geschosse schleudern, um so die Verteidiger zu verjagen. Ein Hagel von Lanzen ging auf sie hernieder, und je mehr sich die auf dem Wall sehen ließen, umso zahlreicher waren die Verwundungen, durch die sie außer Gefecht gesetzt wurden. Nachdem wir den Wall genommen hatten, eröffnete Germanicus an der Spitze der prätorianischen Kohorten den Angriff auf die Wälder. Hier wurde Mann gegen Mann gekämpft. Der Feind hatte den Sumpf im Rücken, wir den Fluss und die Berge. Also musste jeder den Platz behaupten, musste siegen, um sich zu retten. Entsprechend war auf beiden Seiten der Einsatz.

Sie standen uns drüben an Mut nicht nach. Es waren am Ende die Kampfesweise und die Waffen, denen sie unterlagen. Die vielen Krieger konnten auf dem engen Raum ihre überlangen Lanzen nicht strecken, nicht zurückziehen, konnten nicht im Sprung angreifen, nicht aus ihrer sonstigen Behändigkeit Nutzen ziehen. Fast an eine Stelle gebannt, mussten sie sich zur Wehr setzen.

Wir dagegen, den Schild dicht an der Brust, die Hand fest an dem Schwertgriff, durchstachen die gewaltigen Barbarenglieder, die unbedeckten Gesichter und bahnten uns über Leichenhaufen unseren Weg.

Und Arminius? Er griff nicht wie sonst überall selbst ein und man rätselte, ob er durch die unausgesetzten Gefahren ängstlich geworden war oder durch die jüngst empfangene Wunde behindert. Während der Schlacht hörte ich, wie Germanicus, nachdem er den Helm abgenommen hatte – damit ihn alle erkannten –, rief: »Nur weiter mit dem Gemetzel! Gefangene nützen uns nichts. Die Vernichtung des ganzen Volkes ist das einzige Mittel dem Krieg ein Ende zu machen!«

Der Tag war schon weit vorgerückt, als er eine Legion aus der

Schlacht zurückzog, um das Lager aufzuschlagen. Die Übrigen kämpften weiter bis in die Nacht hinein.

Am nächsten Tag, in der Heeresversammlung, lobte Germanicus die Tapferkeit der Sieger. Dann wurde ein Waffenhügel errichtet und darauf die stolze Inschrift angebracht: Nach Unterwerfung der Stämme zwischen Rhein und Elbe hat das Heer des Tiberius Caesar dem Marsultor, dem Jupiter und dem Augustus dies Denkmal gewidmet.

Von sich sagte er nichts und ich denke nicht aus Furcht vor dem Kaiser, sondern weil er sich an dem Bewusstsein seiner Tat genügen ließ.

Weil der Sommer aber schon weit fortgeschritten ist, schickte er einige Legionen auf dem Landwege zurück in die Winterquartiere . . .«

Atto aber, dem ein schriftkundiger Kamerad den Inhalt der Tafel auf dem Waffenhügel vorgelesen hatte, dachte sich sein Teil. Er wusste, dass die gewaltige Anstrengung letztlich sinnlos war. Die weiten, undurchdringlichen Wälder und Gebirge Germaniens, die sumpfigen Flussniederungen waren nicht in einem Sommerfeldzug zu erobern. Er kannte die Mentalität seiner Landsleute. Arminius hatte ihnen gezeigt, dass es sich lohnte, zu kämpfen. Was Atto nicht wusste, nicht wissen konnte: Auch der Kaiser Tiberius zu Rom, selbst hervorragender Kenner Germaniens, hatte sich längst entschlossen. Er, der ohnehin diplomatische Erfolge höher bewertete als militärische, befahl das rechtsrheinische Germanien sich selbst und seinen inneren Zwistigkeiten zu überlassen. Germanicus wurde bald als Kronprinz mit einer wichtigen Mission im Osten des Reiches betraut, bei der er auf der Rückreise den Tod fand.

Atto siedelte sich nach Ablauf seiner Dienstzeit mit seiner Familie in Köln an.

Germanien zur Zeit des Kaisers Augustus

Nach der Eroberung Galliens kamen die Römer unter Gaius Iulius Caesar zum ersten Mal in direkten Kontakt mit den Bewohnern Germaniens. Während seiner Vorstöße nach Nordgallien kämpfte Caesar immer häufiger gegen germanische Stämme. Er gelangte auch an den Rhein, den er in den Jahren 55 und 53 v. Chr. im Gebiet des Neuwieder Beckens überschritt. Nach Caesars Tod wurde der Rhein die Grenze des Römischen Reiches im Nordwesten Europas.

Den Römern war bekannt, dass einige große Flüsse (Rhein, Elbe, Weichsel, Oder) Germanien durchflossen. Im Inneren gab es nach römischer Ansicht hauptsächlich Urwälder und Sümpfe. Im Westen bildete der Rhein die Grenze, im Osten reichte Germanien bis an die Weichsel, Donau und nach Skandinavien. Im Gegensatz zu den antiken Vorstellungen wissen wir heute, dass die Landschaft nicht gar so siedlungsabweisend war, wie die Römer sie damals sahen. Es gab weite Landstriche, die besiedelt waren. Die Bevölkerung lebte vom Ackerbau und von der Viehzucht.

Um die ständigen Reibereien an der Rheingrenze zu unterbinden, bereitete Kaiser Augustus (27 v.– 14 n. Chr.) die Eroberung Germaniens bis zur Elbe vor. Hierbei spielte der Stamm der Ubier eine größere Rolle. Er lebte ursprünglich in der hessischen Senke, wurde aber dann unter Augustus in das ehemalige Eburonengebiet westlich vom heutigen Köln umgesiedelt. Die ersten römischen Erkundungslager in Bonn und Neuss lagen im Bereich von ehemaligen ubischen Siedlungen. Ebenso taten Ubier bei den Römern als Kundschafter oder in regulären Hilfstruppen Dienst. Während der frühesten Phase der Germanienoffensive ab 12 v. Chr. gelang es den Römern relativ schnell, bis an die Elbe vorzurücken. Schwierigkeiten gab es erst dann, als sie versuchten ihre Machtposition zu konsolidieren. Es brachen immer wieder Aufstände aus. Der letzte in den Jahren 4/5 n. Chr. wurde von Tiberius, dem Sohn des Kaisers Augustus, brutal unterdrückt. Danach war es möglich, mit der Einrichtung einer Provinz zu beginnen. Quinctilius Varus, Verwaltungsfachmann unter den Mitgliedern des Kaiserhauses, erhielt diese Aufgabe. Da sich die Germanen aber zum ersten Mal einig waren in ihrem Bestreben Rom aus ihrem Gebiet zu vertreiben, gelang es ihrem Führer Arminius, Varus zu schlagen. Das Schlachtfeld ist seit neuestem bei Bramsche-Kalkriese im Osnabrücker Land aufgefunden worden.

Die Kriegsführung in Germanien

Die Überlieferung der frühen Ereignisse der Feldzüge nach Germanien beruhen hauptsächlich auf dem Geschichtswerk des Tacitus. Daneben gibt es noch Hinweise bei anderen Schriftstellern. Mit der

Offensive nach Germanien ab 12 v. Chr. versuchte Rom die verwinkelte Rheingrenze zu begradigen. Diese sollte zugunsten der Elbe-Donau-Grenze aufgegeben werden. Nach den ersten militärischen Erfolgen zeigte sich jedoch, dass die topografischen und wirtschaftlichen Verhältnisse in Germanien nicht mit denen Galliens zu vergleichen waren.

Natur und geografische Bedingungen waren durch die großen Flüsse stark in Nord-Süd-Richtung ausgeprägt, es gab kaum natürliche Ost-West-Wege. Hinzu kamen die Mittelgebirge und die Sümpfe der Norddeutschen Tiefebene, die sich alle als Verkehrshindernisse erwiesen. Bodenschätze, die erwartet worden waren, gab es nicht. Zum anderen zeigte es sich, dass die Sozialstruktur der Germanen bei weitem nicht so entwickelt war wie bei den gallischen Stämmen. Hier hätte auch sehr viel Entwicklungshilfe geleistet werden müssen.

Alles in allem erwies sich die Germanienoffensive des Augustus als ein Fehlschlag. Tiberius, der das Land aus eigener Anschauung kannte, zog sich deshalb nach der Varusniederlage in der Kalkrieser-Niewedder-Senke (nördlich des Weserberglandes) auf die Rheingrenze zurück und führte auf dem rechtsrheinischen Gebiet einen Kolonialkrieg, indem er die germanische Intrastruktur zerstörte. Er ging jedes Jahr über den Rhein und griff die Siedlungen bzw. die sich ihm entgegenstellenden Stämme an. Es war die konsequent durchgeführte Taktik der verbrannten Erde. Die Felder wurden verwüstet, die Dörfer niedergebrannt und die Einwohner getötet. Gleichzeitig wurden riesige Schneisen (limites) in das germanische Gebiet vorangetrieben, um die Bewegungen des Gegners besser kontrollieren zu können. Hauptanliegen Roms war es, die sich anbahnende germanische Zentralmacht des Arminius zu verhindern und nur einzelne kleinere Stämme zu dulden. Dies gelang auch, wobei Arminius von Germanicus nie wirklich vernichtend geschlagen wurde.

Arminius

Arminius wurde zwischen 18 und 16 v. Chr. als Sohn des Segimerus, eines cheruskischen Adligen, geboren. Als Adliger wurde er Führer einheimischer Verbände innerhalb der römischen Armee und als solcher während des pannonischen Aufstandes 4 n. Chr. von den Römern eingesetzt. Er besaß als römischer Ritter auch das Bürgerrecht. Sein Name Arminius ist nicht germanischen, sondern italischen Ursprungs. Er erhielt ihn erst von den Römern. Zwischen 7 und 9 n. Chr. kehrte Arminius an den Rhein zurück. Obwohl römischer Ritter, stemmte er sich gegen die römische Okkupationspolitik und schaffte es, trotz starker römerfreundlicher Tendenzen, mehrere Stämme gegen die Römer zu vereinen.

Durch geschickte Taktik gelang es ihm, die Römer unter P. Quinctilius Varus zu schlagen. Er lockte sie in eine schmale Senke zwischen den Mooren des norddeutschen Tieflandes und dem Kalkrieser Berg, der noch zum Weserbergland gehört. Damit wurde er in diesem nordwestlichen Bereich Germaniens zum anerkannten Führer der Germanen. Seine Versuche, einen pangermanischen Kampf gegen Rom zu organisieren, scheiterten an der Feindschaft des Markomannenkönigs Marbod, dessen Reich von der Donau bis zur Oder und der unteren Elbe reichte. Erst nach dem endgültigen Rückzug der Römer auf das linke Rheinufer und der Abberufung von Germanicus, beides ein Erfolg für Arminius, kam es zu einem direkten Kampf zwischen Arminius und Marbod, in dem Arminius siegte. Der Versuch Arminius', sich zum König mit absoluten Machtbefugnissen ausrufen zu lassen, scheiterte an der germanischen Herrschaftsform der Oligarchie. In den Auseinandersetzungen zwischen den einzelnen Cheruskerfraktionen wurde Arminius zwischen 19 und 21 n. Chr. ermordet.

Germanicus

Germanicus war der Enkel des Augustus, sein Vater Drusus dessen Stiefsohn. Er wurde 15 v. Chr. geboren und von Augustus als Nachfolger des späteren Kaisers Tiberius vorgesehen. Bei der Niederwerfung des pannonischen Aufstandes kämpfte er an der Seite von Tiberius. 13 n. Chr. löste er Tiberius am Rhein ab und führte das obere und untere Heer. 14 n. Chr.

meuterten die Truppen bei der Nachricht vom Tod des Augustus und versuchten Germanicus zum Kaiser auszurufen. Germanicus leistete aber Tiberius den Treueid und unterband die Meuterei. Ende 16 n. Chr. verließ Germanicus auf Drängen des Tiberius Germanien und kehrte nach Rom zurück. Von dort wurde er in den Orient geschickt. 19 n. Chr. starb er in Antiochia.

Publius Caelius

Publius Caelius war der Bruder des Marcus Caelius. Letzterer war hoch dekorierter Centurio der 18. Legion, der 9 n. Chr. in der Varusschlacht bei Bramsche-Kalkriese gefallen war. Die Brüder waren Italiker und aus Bologna gebürtig.

Die römische Armee auf dem Marsch und im Kampf

Die römische Armee auf dem Marsch hatte eine feste Gliederung: Als Vor- und Nachhut mar-

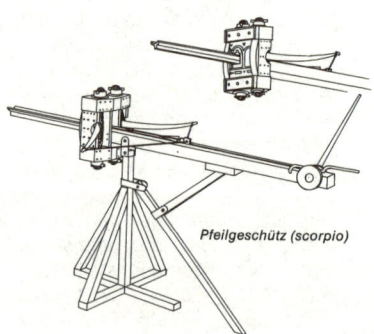

Pfeilgeschütz (scorpio)

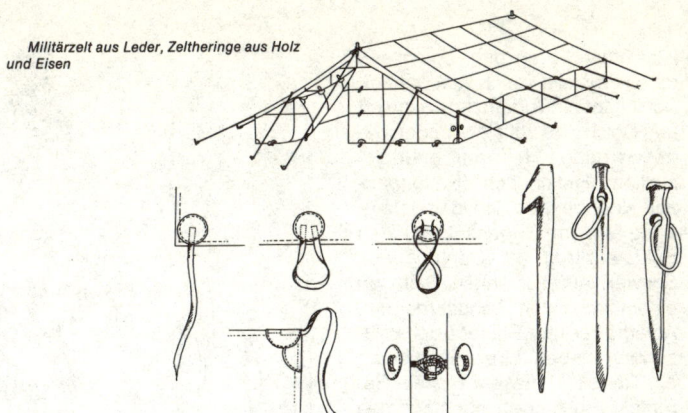

Militärzelt aus Leder, Zeltheringe aus Holz und Eisen

schierten die Hilfstruppen, dazwischen befanden sich der Tross und die Legionen. Bei der Schlacht am Angrivarierwall marschierten die Römer unter Germanicus in folgender Aufstellung: Die Spitze bildeten gallische Hilfstruppeneinheiten, sowohl Infanterie als auch Kavallerie und berittene Bogenschützen. Dann folgten vier Legionen, darauf zwei Prätorianerkohorten zum direkten Schutz des Feldherrn und eine ausgewählte Kavallerieeinheit. Danach folgten wieder vier Legionen und die Nachhut, die wiederum aus gallischen Infanterie- und Kavallerieeinheiten sowie berittenen Bogenschützen bestand.

Im Kampf wurden die Hilfstruppen zuerst eingesetzt, wobei die Reiterei als Einsatzreserve zurückgehalten wurde. Das Haupttroffen der Römer bildeten die Legionen, die immer in geschlossenen Verbänden antraten. Zu ihrer Unterstützung wurden auch Pfeilgeschütze eingesetzt, die den Feind schon von weitem unter Beschuss nehmen konnten.

Auf feindlichem Gebiet und im Krieg wurde nachts immer ein befestigtes Erdlager errichtet. Dies war meist mit einem Doppelgraben und einem mit hölzerner Brustwehr versehenen Erdwall umgeben. Acht Soldaten waren in einem Lederzelt untergebracht, das eine Grundfläche von 3 x 3 m einnahm und ca. 1,2 m hoch war.

Römische Truppen

Die römische Legion bestand aus ca. 6 000 Mann und war in zehn Infanterieabteilungen (Kohorten) aufgegliedert. Die Erste Kohorte war 1000 Mann stark, die 2. bis 10. umfasste jeweils 500 Mann. Dazu kam noch eine kleine Abteilung von 120 Legionsreitern.

Die Hilfstruppen bestanden aus Infanterie- (cohortes) und Kavallerieeinheiten (alae), die meist 500 Mann stark waren.

Bewaffnet waren die Legionssoldaten mit Helm, Kettenpanzer, Schild, zwei Wurflanzen, Schwert und Dolch. Die Offiziere trugen dagegen neben Helm mit quer gestelltem Helmbusch, Kettenpanzer, einen runden Schild und Beinschienen. Im Gegensatz zu den Soldaten trug der Centurio das Schwert auf der linken Seite an einem schmalen Schulterriemen. Adlerträger und Bläser trugen zusätzlich neben ihrer Ausrüstung ein Tierfell, in diesem Fall ein Bärenfell. Sie führten ebenfalls den kleinen runden Schild und als Körperpanzer einen Schuppenpanzer. Der Legionsadler hatte noch die alte caesarische Form mit den ausgebreiteten Flügeln.

Centurio (1. Hälfte 1. Jh.). Bekleidet mit Helm mit quergestelltem Busch, Tunika, Halstuch, Kettenpanzer, Beinschienen, Sandalen. Waffen: Schild, Schwert und Dolch

Die Auxiliarinfanteristen waren mit Helm, Kettenpanzer, Schild, Speer, Schwert und Dolch bewaffnet, die Kavalleristen mit Helm, Kettenpanzer, Schild, Langschwert und Stopplanze ausgerüstet.

Die Legionen verfügten zusätzlich über Geschütze, mit denen Steinkugeln und Bolzen verschossen werden konnten. Die Kraft wurde dadurch erreicht, dass die beiden Arme eines Geschützes in Spannsehnenbündel eingespannt waren und nach Auslösen des Abzuges in ihre ursprüngliche Lage wieder nach vorn schnellten. Hierdurch wurde das Geschoss vorwärts getrieben. Es gab Flachbahn- (catapulta) und Steilfeuergeschütze (ballista). Die Geschütze verfeuerten auch Brandpfeile. Sie wurden als Festungsartillerie, aber auch im Bewegungskrieg eingesetzt.

Steilfeuergeschütz (ballista)

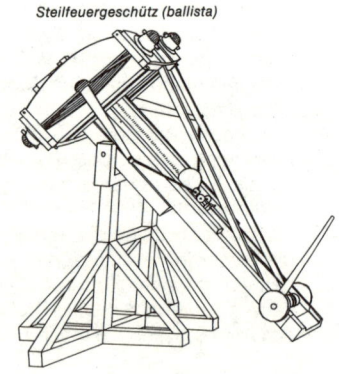

*Adlerträger und Bläser (1. Hälfte 1. Jh.).
Bekleidet mit Helm mit Bärenfell, Tunika, Hals-
tuch, Schuppenpanzer, Sandalen. Waffen:
Schild, Schwert und Dolch. Dazu Adler bzw.
Horn (cornu)*

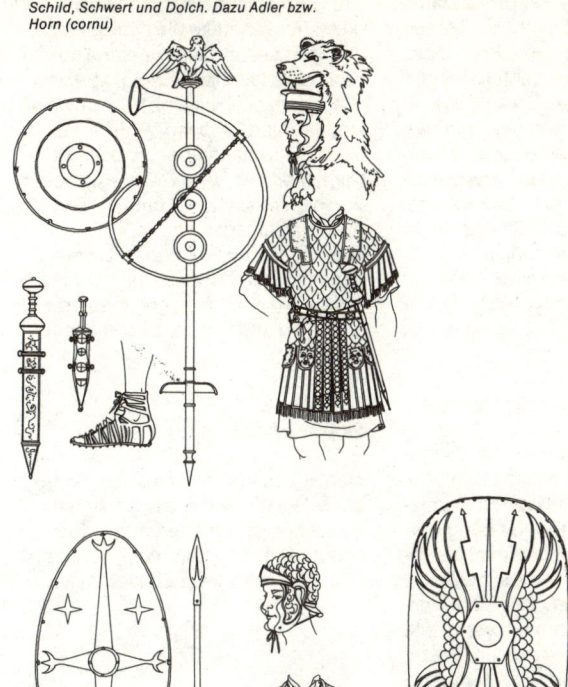

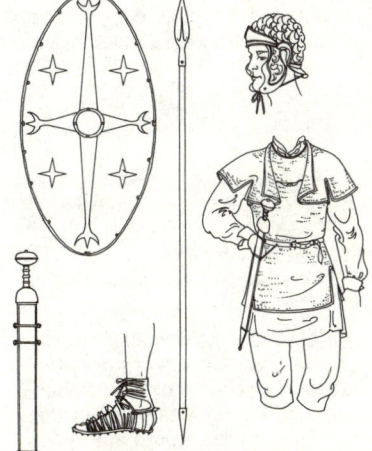

*Alenreiter (1. Hälfte 1. Jh.). Bekleidet mit
Helm, Tunika, Halstuch, Kettenpanzer, Sandalen
mit Sporen. Waffen: Schild, Langschwert und
Stoßlanze*

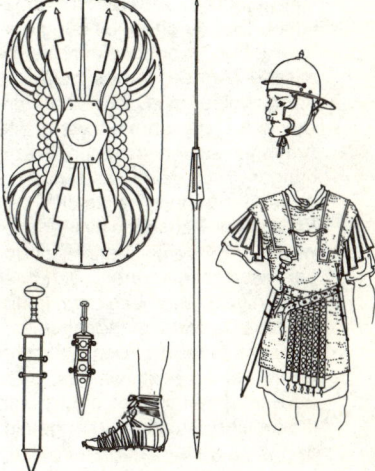

*Legionar (1. Hälfte 1. Jh.). Bekleidet mit Helm,
Tunika, Halstuch, Kettenpanzer, Sandalen. Waffen: Schild, Schwert, Dolch und Wurflanze*

Germanische Gegner Roms

Arminius schaffte es, die Stämme der Cherusker, Brukterer, Chatten und Marser, die zwischen Main, Lippe und Weser lebten, gegen Rom aufzuwiegeln. Diese Stämme kannten keine Könige, sondern wurden in Einzelverbänden von Adligen geführt. Eine Interessenvereinigung auf ein Ziel war bei solch einer Konstellation äußerst schwierig und es spricht für das Ansehen von Arminius, dass es ihm gelang, die Mehrheit der Stammesfürsten hinter sich zu vereinen.

Kampfweise der Germanen

Den Germanen war eine geordnete Kampfweise in großen geschlossenen Verbänden unbekannt. Erst durch Einbindung germanischer Truppenteile in die römische Armee lernten sie die Kampfweise in Großverbänden. Diese Art zu kämpfen versuchte Arminius seinen Truppen beizubringen. Dies gelang so gut, dass seine Germanen, die ähnlich den römischen Soldaten ausgerüstet waren, den römischen Hilfstruppen gewachsen waren. Den besser ausgebildeten Legionen konnten sie aber nicht standhalten. Arminius versuchte den Schlachtort immer so auszuwählen, dass die Kampfkraft der Legionen durch die örtliche Situation stark gemindert wurde. Das erste Mal gelang ihm dies bei der Niederlage des Varus, als er die Legionen zwischen Moor und Bergland wie in einen riesigen Trichter trieb, deren schmalste Stelle nur 80 m breit war.

Bei Germanicus gelang ihm Ähnliches, nur vereitelte die mangelnde Disziplin seiner Germanen seinen durchschlagenden Erfolg. Seine Truppen hielten sich nicht an seine Befehle und brachen zu früh aus ihren Hinterhalten hervor oder sie begannen mit dem Plündern, bevor die römischen Truppen endgültig geschlagen waren.

Die Waffen der Germanen bestanden meist aus Langschwert, Schild und Lanze. Schutzgegenstände wie Helm und Panzer besaßen sie nicht.

Schanzgerät

Neben den Waffen war jeder römische Soldat noch zusätzlich mit Schanzgerät ausgerüstet. Dies bestand aus Schaufeln, Spaten und der schweren Pionierhacke,

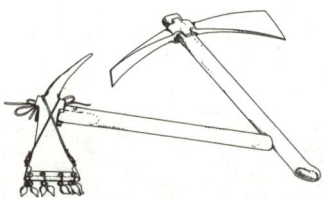

Pionierhacke (dolabrum). Liegend: mit Kantenschutz

die entweder wie die heutige Spitzhacke ausgebildet war oder aber zusätzlich eine Axtklinge neben der Hacke aufwies. Die losgeschaufelte Erde wurde in Körben beiseite geschafft. Für die Befestigung von Erdwällen wurden pro Mann zwei Schanzpfähle mitge-

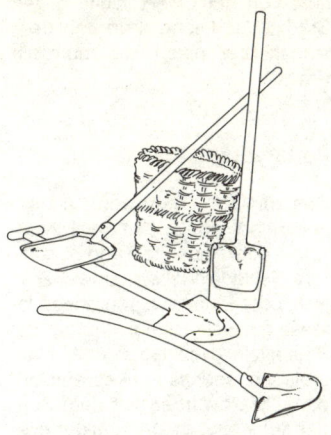

Schanzgerät: Schaufeln, Spaten und Schanzkorb

führt. Das Schanzgerät wurde während des Marsches für jeweils acht Soldaten, eine Zeltgemeinschaft, auf einem Maultier mitgeführt.

Bekleidung

Die Kleidung der Soldaten bestand meist nur aus einer kurzärmeligen Tunika. Unterhosen waren nicht üblich. Über der Tunika trugen sie den Soldatenmantel (sagum), der auf der Schulter mit einer Fibel, einer Gewandspange, zusammengehalten wurde. Dieser Mantel war ein rechteckiges Tuch, das auch als Schlafdecke diente. Die Reiter trugen außerdem Kniehosen.

Das Schuhwerk bestand aus den durchbrochen gearbeiteten Soldatenstiefeln (caligae).

Im 2. Jahrhundert setzte sich auch bei der Legionsinfanterie die Knie-

hose durch. Während am Oberrhein und an der Donau das sagum nach wie vor als Mantel getragen wurde, bevorzugten die Soldaten am Niederrhein den genähten Kapuzenmantel (cucullus, paenula). Hierauf weist das geringe Fibelaufkommen dieser Zeit hin. Gleichzeitig verschwanden die caligae und wurden durch geschlossene Stiefel (perones) ersetzt. Im 3. Jahrhundert wurden überall lange Hosen (bracae) getragen, dazu die langärmelige Tunika und das sagum. Ähnlich war auch die Kleidung der Soldaten im 4. und 5. Jahrhundert.

Die Bekleidung der Landbevölkerung der germanischen Provinzen bestand neben dem Unterzeug, meist einem Hemd, aus einem

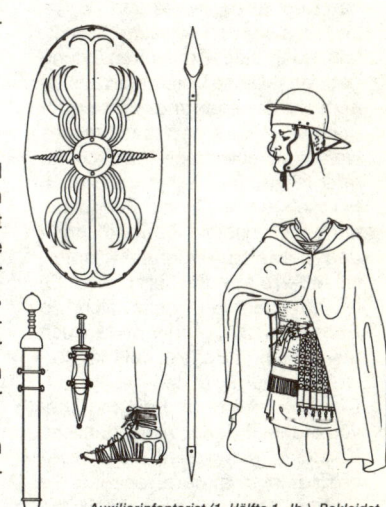

Auxiliarinfanterist (1. Hälfte 1. Jh.). Bekleidet mit Helm, Soldatenmantel, Tunika, Kettenpanzer, Sandalen. Waffen: Schild, Schwert, Dolch und Speer

Hausgewand und einem Mantel für draußen. Über der Tunika, anfangs kurzärmelig, ab dem 2. Jahrhundert langärmelig, trugen die Männer einen einfachen Kittel, der gegürtet oder ungegürtet getragen werden konnte. Er reichte bis zum Knie. Darüber wurde ein Kapuzenmantel, der den ganzen Körper bis zu den Knien umschloss, getragen. Bauern und Jäger trugen manchmal ein Cape mit Kapuze, das bis zu den Ellbogen reichte. Die Frauen trugen ein Unterkleid, das im Schnitt der Tunika ähnelte, darüber wurde als Obergewand eine Tunika bzw. ein Kittel getragen. Letzterer war im Schnitt dem der Männer vergleichbar, reichte aber bis auf die Knöchel herab. Der Frauenmantel war im Schnitt halbmondförmig und konnte über den Kopf gezogen werden.

Im Haus wurden einfache Pantoffeln oder eine Art Hüttenschuhe getragen. Diese bestanden aus einem Stück Leder und waren nicht genagelt. Außerhalb des Hauses waren geschlossene Halbschuhe oder Stiefel üblich. Man zog auch Holzschuhe an. Diese Grundkleidung hielt sich mit Abwandlungen und teilweise regionalen Unterschieden bis ins 5. Jahrhundert. Es ist anzunehmen, dass sich ab Ende des 2. Jahrhunderts auch hier die lange Hose in der Männerkleidung durchsetzte.

Die Oberschicht und die Stadtbevölkerung trugen eine ähnliche Kleidung, nur war hier die Stoffqualität eine andere, ebenso die Farben. Das klassische italische Bekleidungsstück des römischen Bürgers, die Toga, wurde in den Provinzen kaum getragen, höchstens von der Oberschicht in den Städten, und hatte dann wohl denselben Stellenwert wie heute ein Frack.

Feuerzeug

Das römische Feuerzeug (ignitabolum) bestand aus einem Schlageisen, dem Feuerstein und Zunder. Das Schlageisen war entweder in Holz oder Bein bzw. ähnliches Material gefasst. Hiermit wurde der Feuerstein geschlagen oder stark gerieben, sodass Funken entstanden. Diese wurden mit dem Zunder aufgefangen, der aus getrockneten Baumpilzen (Feuerschwamm, Zunderschwamm) bestand. Die entstehende Glut wurde durch Blasen weiter entfacht.

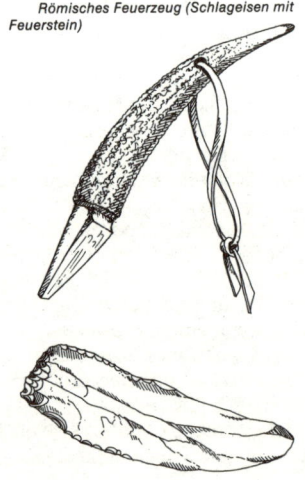

Römisches Feuerzeug (Schlageisen mit Feuerstein)

32

Der Hof

Nach der Schlacht am Angrivarierwall heiratete Atto 17 n. Chr. Auvaca und ließ sich in Köln (oppidum Ubiorum) nieder. Sein Sohn Haldavo, 20 n. Chr. geboren, trat wie er als Kundschafter in römische Dienste ein. 48 heiratete Haldavo eine Ubierin aus Bonn, Frapia. Diese entstammte wie er einem Geschlecht der ersten Stunde. Ihr Vater bewirtschaftete einen Hof in der Nähe Bonns. Anfangs lebte die Familie in der Lagervorstadt des Legionslagers Bonn. Hier wurden die Kinder in schneller Folge geboren. Es waren Lefa, Freiatto, Friannius und Frapia. 60, mit 40 Jahren, schied Haldavo aus der Armee, baute sich einen Hof auf der Rheinbacher Lössplatte und zog mit seiner Familie dorthin. Der Hof lag in der Nähe der Römerstraße Trier–Bonn. Damit war der Transportweg für seine Produkte nach Bonn gesichert. 69 wurde Haldavo von aufständischen Bauern erschlagen. Freiatto – als Ältester – übernahm den Hof, seine Schwestern und die Mutter halfen ihm dabei, der andere Sohn – Friannius – trat bald danach (71) in die Armee ein. Er war in Rätien stationiert. Die älteste Tochter heiratete kurze Zeit nach dem Tod des Vaters nach Bonn, wo sie auch starb. Die jüngere Tochter, Frapia, blieb auf dem Hof und half ihrem Bruder. Die Mutter starb 87 auf dem Hof, Frapia, die jüngere Tochter, erst 123.

Freiatto heiratete 87 die Ubierin Aiva, die von einem benachbarten Hof aus dem Swisttal stammte. Die Kinder kamen kurz hintereinander: Atto 79, Auvaca 80, die aber schon 81 an Diphterie starb, Lellua 82, Freiannia 84 und Haldavo 87.

Fakten, Daten, Hintergründe Seiten 52–63

Wie ein grauer Vorhang lag der Regen über der Ebene. Es nieselte schon seit zwei Stunden. In tieferen Senken, wo die Bäche in weiten Windungen zwischen Erlen und Weiden ihren Weg suchten, hatten sich die ersten Herbstnebel niedergelassen. Doch der Karren, zweirädrig, hochgelagert, rumpelte auf den großen Speichenrädern seinen Weg geradeaus, senkte sich mal nach links, dann rechts unversehens ab, wenn das Rad in eine tief ausgefahrene Pfütze rutschte, während die beiden Maultiere unbeeindruckt weitertrotteten.

Oben, auf dem Brett, das über die beiden Längsseiten des Kastens gelegt war, saßen zwei grau-braune Gestalten, die sich mit allem, was ihnen zur Verfügung stand, vermummt hatten, um von der nassen Kälte des Septembermorgens so wenig wie möglich belästigt zu werden.

»Wie weit isses noch?«, fragte nach einer sehr langen Pause der Größere, der links saß. Wie sein Nachbar hatte er die Kapuze seines Mantels über den Kopf gezogen und die Hände unter dem wärmenden Tuch versteckt.

»Nich mehr weit . . .«, brummte der andere, dessen kurze Antwort ohne weitere Zusätze erkennen ließ, dass er wenig Lust zu einem Gespräch mit dem Fremden hatte. Der sollte froh sein, dass er ihn überhaupt mitgenommen hatte! Na ja, einen von der Truppe konnte man immer mitnehmen. Da hatte man einigermaßen die Gewähr, dass man nicht ausgenommen wurde. Er hatte in ihm gleich den Soldaten vermutet; nicht nur wegen des Mantels, des Cucullus, der über den Kopf gezogen wurde, sondern wegen seiner Haltung und Art zu gehen. Die Jungs von der Truppe gingen anders. Das Schwert würde er wohl unterm Mantel am Gehänge tragen. Wenn er nach links blinzelte, sah er, wie sich der Knauf unter dem rauen Wolltuch des Mantels abzeichnete. Aber es war nicht lang, konnte auch ein Dolch sein. Seit über einer Stunde saßen sie nun so nebeneinander und schwiegen, während ihre Körper den ruckenden Bewegungen des Karrens folgten. Er hatte den Mann mitgenommen, weil ein Nachbar, bei dem der Krieger übernachtet hatte, ihn darum gebeten hatte.

»Was willst du eigentlich in Tolbiacum?«, fragte nach einer längeren Pause der Bauer.

»Tolbiacum? – Nichts.«

»Hm . . .« Aber er fragte nicht nach. Der Soldat fuhr fort:

»Jaja. Werde da vielleicht eine Nachricht vorfinden . . . Von meinem Bruder.«

Der Bauer nickte darauf. Sicher. Warum nicht? Tolbiacum war eine wichtige Station und Mansio an der Strecke von Köln nach Trier. Ein guter Treffpunkt.

Viele ließen dort Nachrichten hinterlegen an Freunde oder Verwandte in der Umgebung.

Es nieselte immer noch, doch der Bauer hatte nun seine Schläfrigkeit überwunden, wollte nach diesem und jenem fragen, als er nach vorne blickte.

»Verdammter Mist! Das hat ja noch gefehlt!«

»Was is'n?«, fragte der Soldat, zwinkerte, um sich die Feuchtigkeit aus den Augen zu drücken, und starrte nach vorne.

Ein großer, vierrädriger Wagen rollte langsam vor ihnen her, beladen mit Säcken, über die eine große Plane gegen den Regen gespannt war. Sie hörten die Kommandos des Fuhrmanns, der neben dem klobigen Gefährt herging, hörten, wie er mit der Peitsche auf die Zugtiere einschlug. Es waren Ochsen. Der Soldat beugte sich nach links, um an der Seite des Wagens vorbeisehen zu können. Es mussten sechs Ochsen sein. Außerdem stellte er fest, wie sich ihr leichter Karren dem schweren Gefährt stetig näherte.

Schließlich waren sie bis auf eine Wagenlänge heran. Die Ladung sah nach Getreide aus. Wahrscheinlich ein Transport nach Köln. Jetzt erkannten sie, dass vor diesem Wagen noch weitere drei fuhren, ebenfalls mit Säcken beladen.

Es war klar, dass sie daran nicht vorbeikamen, ohne ins freie Feld auszuweichen. Aber ein Blick nach links und rechts ließ sie sehr schnell davon Abstand nehmen. Der Boden der abgeernteten Felder glich nach dem Dauerregen einem Morast, man würde Schwierigkeiten haben mit dem erforderlichen Tempo abseits der festen Straße an den vier Wagen vorbeizukommen, die über eine Länge von fast einer Meile die Fahrbahn in Anspruch nahmen.

»Na ja . . . Lohnt sich auch nicht mehr . . . Sind gleich da.« Der Bauer nickte sich selbst bestätigend zu, räusperte sich lauthals und spuckte gezielt zur Seite. »Da nützt eben nur eins, Ruhe bewahren!« Er schaute zur Seite und grinste seinen Fahrgast an. »Sag mal, wie heißt du eigentlich?«

Ohne den Blick von der Straße und den Wagen zu nehmen, sagte der Soldat: »Friannius!«

»Hm . . .«, brummte der Bauer. »Auch Ubier!« Man hörte es am Klang.

Der Bauer spürte, dass der Soldat keine Lust zu größeren Erklärungen hatte, und drang nicht weiter in ihn; obwohl er gerne gewusst hätte, was er denn hier in der Gegend wollte, warum er allein war, woher er kam. Und so machte er sich selbst seinen Reim: Hm . . . wahrscheinlich einer von denen, die in römische Dienste getreten waren. Wie nannten sie sich . . . Er formulierte unbewusst einen Namen:

»Auxi. . . Auxi. . . Auxil. . .«

»Auxiliartruppe!« Friannius wandte zum ersten Mal den Kopf nach rechts und lächelte kurz. Der Bauer erkannte mehrere Schmarren und Narben im unrasierten Gesicht des Mannes. Er schätzte ihn auf dreißig. Schnell wiederholte er:

»Richtig! Auxili. . . Auxi. . . « Er verhedderte sich erneut und Friannius wiederholte den Namen: »Auxiliartruppe.«

»Na ja, all diese neumodischen Namen!« Der Bauer presste die Lippen fest aufeinander. Endlich fragte er: »Woher kommst du?«

»Aus Raetia.«

»Noch nie gehört.«

»Is im Süden. Zwischen der Donau und den Alpen.«

»Aha. Und was macht ihr da?«

Nun hätte er ihm allerdings lange und spannende Geschichten erzählen können von den Kämpfen mit den nördlich der Donau hausenden Stämmen. Zu jedem Schmiss, zu jeder Narbe im Gesicht, an den Beinen, den Armen und am Körper könnte er lange Berichte geben, die voll von Erinnerungen an Schweiß, Schmerz an hechelnden Atem waren, an Heulen, Fluchen, Schrei-

en. Schreckliche Szenen tauchten immer wieder vor dem Einschlafen auf. Noch schrecklichere Träume folgten nachts: Er fühlte sich umstellt, man jagte ihn auf einen Abgrund zu, er stürzte in bodenlose Tiefen ... Er geriet unter die Hufe von Pferden ...
Er atmete tief und befreiend durch: »Es geht gegen die Stämme zwischen Rhein und Donau.«
Der Bauer nickte.
»Und was machst du hier?«
»Meinen Bruder besuchen.«
»Urlaub?«
»Ja.«
»Wo?«
»Beim Vorgebirge. Weiter oben.« Er wies mit der Hand in südöstliche Richtung. Der Bauer nickte, fragte aber nicht weiter, denn vor ihnen tauchten mehrere Gebäude auf.

*

Der freie Platz vor der Mansio glich einem gerade gepflügten Feld. Im breiigen Schlamm zogen sich tiefe Furchen der Wagen und Transporte kreuz und quer hin, denn von diesem Punkt aus erreichte man nach allen Seiten größere Siedlungen am Rhein, einzelne Gehöfte in der fruchtbaren Ebene und auch die Dörfer im Norden und Westen. An einer Stelle hatte man eine Ladung lehmigen Kies verteilt, aber er hatte sich bereits wieder mit dem Schlamm vermischt.
»Sauerei!«, schimpfte Friannius, als er vom Wagen kletterte und mit den Sandalen bis zu den Knöcheln im Dreck einsank.
»Also dann ...« Er hob die Hand, ließ sich vom Bauer den Beutel reichen. »Danke für die ...« Ihm fiel nicht das richtige Wort ein, darum nickte er kurz und freundlich nach oben. Der Bauer hob die Hand zum Gruß:
»Ich muss weiter. Vielleicht sehen wir uns mal wieder ...«
Er schlug mit der kurzriemigen Peitsche auf die Maultiere ein und sie setzten sich mit einem Ruck in Bewegung. Friannius stand neben der Spur des Karrens und verfolgte einen Augenblick lang,

wie er sich von ihm entfernte und wie der Karren mit dem Umriss der sitzenden Gestalt im Niesel verschwand.

Dann blickte er an sich herunter: »Mist! Verdammter . . .!«

Er schaute sich um, suchte Stellen, an denen der schmierige Schlamm weniger hoch lag, fand aber nur eine Wagenspur, in der sich schon das Regenwasser zu sammeln begann. Er erreichte sie mit einem Satz und ging, Fuß vor Fuß setzend, um das Gleichgewicht bemüht, so schnell wie möglich auf den Gebäudekomplex zu. Endlich erreichte er festeren Boden, eine gestampfte Schicht aus Kies und Lehm, zwar auch schon aufgeweicht, aber gangbar, weil hier keine Wagen kreuzten.

Er blieb stehen und wandte sich um. Der Dunst und die Nebelschwaden schienen dünner geworden zu sein. Er schaute nach Nordwesten. War dort der Himmel heller? Seine Kindheit fiel ihm ein. Der Geruch alten, feuchten Holzes neben der Scheune. Dieser einmalige Modergeruch, den er nie als unangenehm empfunden hatte. Er hatte ihn in der Nase, obwohl er wusste, dass dies hier nicht sein konnte. Lächelnd schüttelte er den Kopf. Schaute zu den verschiedenen Straßen und Wegen, die von hier abzweigten. Die großen Transporter mit dem Weizen waren längst vorbeigezogen. Sonst näherte sich im Augenblick niemand. Wer eben konnte, suchte bei dem Wetter ein Dach, einen Tisch, was Warmes.

Er drehte sich um, musterte das Gebäude. Das Dach stand weit über zum Platz hin, bedeckte schützend den hölzernen Umgang, der von einer primitiven Balustrade begrenzt war. Das Wasser tropfte vom Dach auf den Lehmkies, hatte die Steine blank gewaschen. Der Platz und die Gebäude lagen etwa zehn bis fünfzehn Fuß über der Ebene. Bei gutem Wetter musste man von hier einen schönen Rundblick haben, im Westen bis zu den sanften Hängen der Eifel.

Er schritt auf den Eingang zu, nahm die drei ausgetretenen Steinstufen mit einem Satz und befand sich endlich auf trockenem Holzboden. Das Haus stand auf einem Fundament aus Naturstein, das etwa in Hüfthöhe in Fachwerk überging. Einige kleine Fenster verteilten sich rechts und links vom Eingang, und

Friannius sah, dass sie sich schieben ließen und zum Teil verglast waren.

»Na, wenigstens ha'm sie keine Säcke davor hängen!«, brummte er.

Die Wand zwischen den groben Eichenbalken war weiß gekalkt und es sah ganz so aus, als ob dies erst kürzlich durchgeführt worden war, denn nirgends blätterte die Farbe und der hochspritzende Dreck hatte den unteren Teil noch nicht wieder verdorben. Ein schwarzer Hund näherte sich unvermittelt von rechts. Er musste um die Ecke der Balustrade gekommen sein. Er kam heran, blieb in drei Schritt Entfernung kritisch witternd stehen, schnupperte zu ihm hin und beobachtete ihn. Er mochte Hunde, hatte nun aber keine Lust in dem nassen Zeug, frierend, das Tier zu kraulen. So brummte er beiläufig etwas wie »Feiner Hund ... Brav ... Du hast's gut ... Hund müsste man sein ...«.

Friannius stampfte den Dreck von den Füßen. Er sah den Reisigbesen neben dem Eingang an der Wand, machte aber keine Anstalten die Lehmbrocken damit wegzukehren. Dann zog er den Cucullus, den derben Umhang, über den Kopf und schlug das Wasser mit kräftigen Schlägen heraus. Der Hund wich vor dem Tropfenregen entsetzt zurück und trollte sich.

Er hängte sich den Mantel locker um, ließ aber den Kopf unbedeckt. Der Regen hatte nachgelassen, er würde bald ganz aufhören. Friannius registrierte es mit einem Kopfnicken. Er ging bis zur Balustrade und schaute in die Runde. Gleich links das Amtslokal der Benefiziarier. Er hatte nicht die besten Erinnerungen an Angehörige dieser Truppe, die auf allen Poststationen Dienst taten. »Stubenhengste!«, entfuhr es ihm. Wichtigtuer!, dachte er. Hielten sich für was Besonderes, weil sie von der Verpflichtung zum bewaffneten Kampf an der Front ausgenommen waren. Saßen jetzt faul und träge in ihrem warmen Quartier, während er ... Er presste die Lippen zusammen und schluckte.

Rechts bemerkte er jetzt auch den Brunnen mit seinem aus Grauwacke gemauerten Kranz, darüber die Rolle, an der ein leerer Holzeimer im Winde baumelte. Die Tränke für die Zugtiere befand sich weiter weg bei den Ställen, eine große Wanne aus glatt behauenem Sandstein. Irgendwo dahinten musste auch der Misthaufen sein, denn seine Ausdünstungen kamen mit den Böen des Westwindes herüber.

Friannius legte den Mantel wieder enger um sich, ließ aber den Kopf unbedeckt, griff sich seinen Beutel und betrat das Haus.

*

Unangenehmer, feuchter Mief schlug ihm entgegen, als er in den Schankraum trat; eine ordinäre Mischung aus Küchendünsten, billigem Wein, Bier und Schweiß. Dazu noch der Gestank, den die rußenden Talglichter auf den Tischen verbreiteten. Ohne ihr schwaches Leuchten hätte man sich freilich in dem düsteren Raum kaum erkennen können, denn das fahle, milchige Licht, das durch die verdreckten, kleinen Fenster hereinkam, reichte nicht. Er blickte sich um, suchte und fand schließlich einen Tisch, an dem nur ein älterer Mann mit eisgrauem, kurzem Bart saß, in der hinteren rechten Ecke. Alle andern Tische waren besetzt. Bauern, Reisende, Trinker warteten hier im Trockenen ab, dass der Regen aufhörte.

Ohne Gruß schritt Friannius zu dem Tisch, stellte seinen Beutel an die Wand, hing seinen Mantel an einen Nagel in dem Balken daneben und setzte sich zu dem Alten, der kaum von ihm Notiz genommen hatte. Er rieb sich die Hände warm, knetete sie eine Weile, wobei er sich im Raum umschaute. Alles machte einen ziemlich heruntergekommenen Eindruck. Der Wirt hinter der Theke hatte das Gesicht eines Spitzbuben. Blitzschnell taxierte er Neuankömmlinge und ordnete sie bestimmten Vorurteilen unter. Der Ton, mit dem er den bedienenden Mädchen seine Anweisungen gab, mehr noch seine Miene, ließen den kalten Geschäftsmann erkennen, der nur auf seinen Vorteil bedacht ist. Ein Mädchen kam, fragte nach seinen Wünschen. Er schaute hoch, sah in ein hartes, erfahrenes Gesicht, dem ein Mann so leicht nichts vormachen konnte, spürte, wie auch sie ihn einordnete.

»Was Warmes!«

Sie nannte verschiedene heiße Getränke, Suppen, eine Art Glühwein. Er entschied sich für Letzteres.

»Bleibst du über Nacht?«

»Nein. Ich muss gleich weiter.«

Ihre Blicke trafen sich und er meinte ein gewisses »Schade« zu erkennen. Er musste sparen. Die Reise war teuer genug. Vielleicht ein andermal. Er sagte es:

»Vielleicht ein andermal.«

Sie lächelte ihn kurz an. Als sie sich entfernte, entging ihm nicht das Auf und Ab ihrer Hüften. Er seufzte.

»Sie ist noch nicht lange hier.« Unvermittelt redete der Alte neben ihm. Auch er war ihr mit den Augen gefolgt. »Keiner ist so nett und zuvorkommend. Aber das verlieren sie mit den Jahren . . . Jaja . . .« Er mümmelte mit seinem zahnlosen Mund eine Weile, als ob er auf einem Stück Speck herumkaute.

Friannius hatte keine Lust mit dem Alten über das Mädchen zu reden. Er reagierte nicht, nickte noch nicht einmal. Der Alte schien das gewöhnt zu sein. Er wandte sich dem neuen Gast zu, und ehe er sprach, bewegte er die vertrockneten Lippen einige Male; seine Stimme war schwach, gebrochen und heiser.

»Früher war hier alles anders . . . Aber seit der neue Wirt . . . Nimmt die Leute aus . . .« So redete er eine Weile tonlos nörgelnd vor sich hin und Friannius ließ ihn gewähren. Er kannte das. Immer wenn er mit Kameraden in militärischem Habit in eine fremde Kneipe kam, begannen diese zahnlosen Alten daherzureden. Er hörte schon nicht mehr zu, sondern bedankte sich freundlich bei dem Mädchen für das warme Getränk und zahlte sofort, steckte das Wechselgeld umständlich in seinen Brustbeutel.

Erst als der Alte seine Frage wiederholte, nahm er wahr, dass er ihn meinte: »Wohin geht's denn, Kamerad?«

Statt einer Antwort fragte Friannius zurück: »Bist du mit dem Wagen unterwegs?«

»Ja?«

»Woher?«

»Aus Bel. . . aus Belgica.« Er musste husten, denn er hatte sich beim Reden verschluckt. Während Friannius ihm kräftig den

Rücken klopfte, bis die Kehle wieder frei war, und während der Alte dabei einen puterroten Kopf bekam, überschlug Friannius die Wegstrecke. Das war zwar ein geringer Umweg, aber er hatte keine Lust bei dem Wetter zu Fuß über unbefestigte Wege zu marschieren.

»Bist du aus Belgica?«

»Ja, sicher. Und du?«

Friannius nannte ihm die Lage des Gehöfts am Hang des Vorgebirges. Daraufhin nickte der Alte, starrte ihn an, sein Auge wanderte über die Einzelheiten seines Gesichts, und dann fragte er:

»Hieß . . . hieß dein Vater Haldavo?«

»Ja.«

Der Alte nickte. »Habe ihn gut gekannt. War ein ordentlicher Mann. Könnte ja heute noch leben, wenn da nicht die . . . die Sache mit dem Aufstand . . .«

»Du meinst die Bataver! Vor vier. . . , vor sechzehn Jahren!«

»Jaja. Ist das schon so lange her! Jaja . . .« Er nannte die Einzelheiten des Aufstandes, der den gesamten Nieder- und Mittelrhein in Mitleidenschaft gezogen hatte. Er kannte auch die Geschwister von Haldavo, zwei Brüder, die beide in den damaligen Wirren umkamen. Schließlich, nach einer Weile des ungestörten Erzählens und Sicherinnerns, sagte der Alte:

»Du kannst mit mir fahren, wenn du willst.«

Friannius nickte und bezahlte auch das Getränk des Bauern. Dann erhoben sie sich, der Alte umständlich und mit den Händen an der Tischkante Halt suchend, Friannius voller Kraft und Schwung. Auch an einigen anderen Tischen erhoben sich Gäste, denn der Regen hatte aufgehört. Im Westen hellte es auf. Vielleicht war die fünftägige Regenzeit zu Ende.

Erleichtert stellte Friannius fest, dass der zweirädrige Karren einer von der leichteren Art war, weniger zum Transport von Gütern als von Personen gedacht. Das Maultier war bald eingeschirrt, sie kletterten auf den Wagen und brachen auf. Wo immer es der Weg erlaubte, ließ der Alte das Tier traben.

Friannius war froh, dass der alte Mann unterwegs meist schwieg und nur hin und wieder eine Bemerkung machte. Es klang so, als

ob er laut dachte. Er hatte damals viele Freunde verloren. Und er
schien damit nicht fertig zu werden. Friannius ließ ihn reden,
während er selbst den Blick über die Ebene schweifen ließ. Nichts
hatte sich hier verändert. Jedenfalls nichts, was er mit den Augen
erkennen konnte. Aber das konnte täuschen. Er war viele Jahre
nicht hier gewesen.

*

Er hielt sich in Belgica nicht lange auf, nahm auch das Angebot
des Alten zu einem Imbiss nicht an, denn er wollte den letzten
Rest seiner langen Reise möglichst schnell hinter sich bringen. Er
kannte den Ort, denn als Kind war er öfters mit dem Vater und
den Brüdern hier gewesen. Belgica schien sich vergrößert zu
haben. Unter den neuen Gebäuden, die sich ausschließlich an der
Durchgangsstraße entlangzogen, waren mehrere Herbergen. Und
eine neue Schmiede gab es am unteren Ende.
»Lohnt sich das alles hier?« Friannius wies auf die Herbergen und
die Schmiede.
»Hm . . . Glaub schon. Auch wenn die Brüder nur am Jammern
sind. Kennst das ja! Dabei gibt es mehr Durchreisende. Jedes Jahr
mehr. Auch mehr Wagen. Und immer mehr Händler kreuzen hier
auf. Na, und da gehen oft Speichen kaputt, da brechen Achsen,
weil die so viel draufladen, wie's geht. Ohne Rücksicht auf Wagen
und Tiere!«
Sie sahen einem solchen hochbeladenen Wagen nach, der sich
nach Westen entfernte, hörten noch lange die Flüche des Fuhrmanns und die Schläge der Peitsche, mit der er auf die Ochsen
eindrosch, denn die Straße hatte hier über eine Meile eine ziemli-
che Steigung zu überwinden.
Dann wurden sie abgelenkt von lauten Rufen der Schmiedegesel-
len und den Kommandos des Meisters in der düsteren Werkstatt.
Die Männer waren dabei, um ein ausgebessertes Wagenrad einen
neuen Eisenreifen zu legen, eine Arbeit, die beides, Kraft wie
Fingerspitzengefühl, verlangte. Der Meister war noch nicht zufrieden mit der Passgenauigkeit und ließ das Feuer in der Esse neu

schüren. Zwei Knechte bewegten die mächtigen Blasebälge, ein anderer legte Holzkohle nach und nach wenigen Augenblicken loderten die Flammen mächtig züngelnd in die Höhe. Doch wartete der Meister, bis sie kleiner wurden und mehr in ein weißes Strahlen übergingen, ein Zeichen für die erreichte Hochglut.

»Wohnst du hier?«, fragte Friannius

»Nee«, der Alte schüttelte den Kopf. »Weiter oben, auf der Höhe.« Er wies mit der Hand in die Richtung und Friannius nickte. »Wenn du länger bleibst«, fuhr der Bauer fort, »kannst du mal reinschauen . . .«

Sie hoben die Hände, sagten »Vale!« und trennten sich. Friannius machte sich zügig auf den Weg, ging die lange Hauptstraße im Ort abwärts. Dabei bedauerte er den weiten Blick zu verlieren, den man oben auf der Höhe hatte. Er kannte die Ebene. Fast zwanzig Jahre lang war sie seine Heimat gewesen. Jeden Baum kannte er, jede Buschgruppe, wusste, wo abends in den Aufwinden die Falken rüttelten, die Bussarde standen, die Habichte kreisten.

Die Straße schien erst vor kurzem neu mit Kies befestigt zu sein. Es war eine Nebenstrecke. Aber er ging an sich lieber auf festgestampften Kies als auf unregelmäßig verlegten Platten. Er schätzte, dass er für die über zehn Meilen zwei Stunden brauchte, wenn er zügig voranschritt und sich nicht lange aufhielt. Er hoffte kaum auf ein schnelles Gespann zu treffen, das ihn überholen und vielleicht mitnehmen würde. So wandte er sich zwar alle paar Meter um, doch es näherte sich niemand. Vielmehr überholte er ein Ochsengespann und vereinzelte Fußgänger, die er kurz grüßte und sich im Übrigen separat hielt.

Er überquerte die Arnefa, später noch andere, kleinere Bäche, passierte Einzelgehöfte und sah schließlich den mit Buschwerk und einzelnen Bäumen bestandenen Hang vor sich, auf dessen höchstem Punkt der Hof lag. Unten weideten einige Schafe. Das Gras war noch im Saft, das Laub auch. Amseln huschten in die Hecken, als er weiterging. Zwei Elstern flatterten keckernd auf und davon in die hohen Pappeln beim Bach. Am Hang standen die Apfelbäume voll in der Frucht. Man würde bald ernten können. Als Junge war er hier mit dem Bruder im Geäst geklettert, gerade dann, wenn Haldavo, der Vater, es ihnen verboten hatte. Er machte sich mit Schwung an den Aufstieg und kam nicht ins Schwitzen, denn er war gut in Form. Er registrierte es mit Genugtuung. Als er die Höhe erreicht hatte, wandte er sich um und wurde mit einem der schönsten Panoramablicke belohnt, die er kannte. Lange hatte er diese Landschaft entbehrt, waren es sieben, acht, zehn Jahre gewesen? – Die Höhe über der Ebene reichte hin den Blick weit in die hintereinander gestaffelten Berge der Ardennen schweifen zu lassen. In den Tälern lagen weiße Dünste, den Wäldern entstiegen neblige Schwaden. Weit vor ihm, am Ende der Ebene, war die graue Wolkendecke aufgerissen, einer gewaltigen Strahlenkrone gleich standen die Sonnenstrahlen über dem Land. Und wie Schnee leuchteten die Nebel in den Senken. Ähnliches hatte er nur im Süden, in den Alpen, gesehen. Sein Blick wanderte nach links, folgte den weichen Hebungen und Kurven der Hügel, blieb eine Weile an einem markant herausragenden Berg hängen. Er kannte ihn. Von dort hatte man einen Blick über zwanzig Meilen weit nach Norden und Osten, weit in das Gebirge auf der anderen Seite des Rheins. Rechts von ihm dehnten sich in der fruchtbaren Ebene die Felder. Er sah Menschen bei der Arbeit.

Er nickte sich zu. Über zehn Jahre lang hatte er dies nicht mehr gesehen und doch war es ihm einen Augenblick lang, als sei er erst gestern weggegangen. Nun schüttelte er kurz den Kopf, wandte sich um und schritt langsam weiter. Das Gehöft lag etwas zurückgesetzt, nicht gleich an der Kante der Hochfläche. Während des bedächtigen Gehens nahm er alles Alte und Neue wahr: Die Hecke, die das gesamte Arsenal einfasste, war nun dicht wie eine Mauer. Vereinzelt sah er Rinder hinter der Hecke. Die meisten hatten sich zum Wiederkäuen niedergelassen. Er betrat den Anfahrtsweg und es war ihm, als ob er durch das Haupttor des Lagers auf die Principia zuginge. Die Ähnlichkeit in der rechtwinkligen Anlage und Aufteilung des Geländes war frappierend. Nur fehlten hier rechts und links vom Wege die Unterkünfte, hier waren Weiden, von derben Holzzäunen eingefasst.

Er passierte die beiden Brunnen, die gleich rechts und links hinter dem Zaun lagen. Der innere Teil der Anlage trat offen vor ihn: geradeaus das Haupt- und Wohnhaus, Fachwerk auf Steinsockel, rechts und links gerahmt von vorstehenden Eckgebäuden. Zwischen ihnen eine breite Portikus, die im Sommer Schatten spendete und in den feuchteren Tagen den Regen abhielt. In der Mitte des Platzes, vor dem Haus, ein schön von kurz gehaltenen Hecken gefasstes Bassin. Das war neu. Links davon ein überdachter Brunnen.

Während er langsam weiterging, schaute er nach links. Die Bäume vor dem Gesindehaus waren tüchtig gewachsen, standen schon höher als das Dach des Fachwerkhauses, in dem die Familie des Alluo wohnte. Ob er noch lebte? Er musste weit über die sechzig sein. Friannius meinte hinter den Nussbäumen Kindergeschrei zu hören.

Rechts und links neben dem Hauptgebäude die beiden Speicher. Bei beiden standen die Tore offen und er hörte laute Rufe, Kommandos. Sie bereiteten dort wohl das Dreschen vor.

Langsam näherte er sich dem Hause und er hatte den Vorbau fast erreicht, als dort ein mittelgroßer Hund aufsprang und sich ihm laut kläffend bis auf fünfzig Schritt näherte. Friannius redete ruhig auf ihn ein und ging vorsichtig an ihm vorbei auf das Haus zu. Er hörte auch nicht auf zu knurren, als sich eine Frau von vielleicht dreißig Jahren im Türrahmen zeigte und neugierig Ausschau hielt nach der Ursache des Lärms.

»Friannius!« Ihr Gesicht rötete sich. Sie lief auf ihn zu, umarmte ihn, ließ ihn los, sah ihn an, lachte. Auch er lachte lauthals. Er hatte sie immer gemocht. Kannte sie seit seiner Jugend. Sie war zwei Jahre jünger als er. Stammte von einem nahe gelegenen Hof.

»Aiva!«, sagte er endlich und musterte sie nun intensiv. Inzwischen waren zwei Kinder aus dem Haus gekommen, stellten sich neben die Mutter, ein Junge von vielleicht sechs Jahren, ein Mädchen von drei.

»Das ist Atto! Und das ist Lellua! Sagt Friannius Guten Tag! Er ist euer Onkel. Und er kommt von weit her!«

Während Lellua hinter dem Rock ihrer Mutter Zuflucht suchte, registrierte Atto neugierig die Gestalt, die Kleidung, den prächtigen Gürtel und Dolch des fremden Mannes, den er noch nie gesehen hatte.

Aiva wollte ihn gerade losschicken Freiatto, den Vater, bei der Scheune zu benachrichtigen, als sich von dort Schritte näherten. Das Hundegebell hatte den Bauern neugierig gemacht.

»Friannius!«, rief er schon von weitem und beschleunigte seinen Schritt. Die Brüder umarmten sich, trennten sich, umarmten sich noch einmal, klopften sich die Rücken.

»Wo kommst du her?« Sein ganzes Gesicht war Freude.

»Von Zülpich.«

»Von Zülpich?«

»Ja. Es war sicher ein Umweg. Aber von Trier ging ein schneller Wagen in die Richtung und da . . .«

»Was machst du denn in Trier?«

Er erklärte es ihm, während sie ins Haus gingen: dass er sozusagen als Kurier unterwegs gewesen von Rätien nach Trier. Es gehe um Verwaltungsprobleme; er sei wegen des vergangenen Rätienfeldzugs abkommandiert. Bei der Finanzverwaltung in Trier seien Unstimmigkeiten in der Abrechnung zu klären gewesen.

»Du hast also Urlaub?«

»So kann man's nennen.«

»Wie lange?«

»Anfang Oktober muss ich wieder bei meiner Einheit sein.«

»Fein!«, rief Freiatto. »Das muss gefeiert werden.«

*

Sie gingen ins Haus. Neugierig blickte Friannius nach allen Seiten. Doch es hatte sich nichts geändert. Zentrum der Familie und des Hauses war die große Halle, deren Decke von mächtigen Balken getragen wurde. Sie nahm den größten Teil des Hauses ein. In der Mitte stand der aus Ziegeln gemauerte Herd. Darüber hing an einem Haken, der wiederum an einer Kette eingesetzt war, ein Bronzetopf mit Wasser. Friannius sah ihn, lächelte und nickte. Es war wie immer. Wenn man leise war, konnte man die heime-

ligen Geräusche des Wassers hören, wenn es kurz vor dem Sieden
war. Der Rauch des Feuers zog durch einige offene Fenster ab.
Auch im Innern waren die Balken des Fachwerks sichtbar. An
einigen Stellen der Wand bröckelte der Lehm, es sah so aus, als
hätten die Kinder nachgeholfen. Der gestampfte Lehmboden war
sauber. In einer Ecke lag Stroh zum Ruhen und Schlafen. Gleich
daneben zwei mächtige Truhen, in denen die bessere Kleidung
aufbewahrt wurde. In der Nähe der Feuerstelle an der Rückwand
mehrere Holzregale. Darauf Becher und Krüge, auch Teller und
Schüsseln verschiedener Größe. Von Wand zu Wand war eine
Leine gespannt, an der quadratische und rechteckige Tücher hingen. Windeln für die kleine Freiannia, die im letzten Jahr geboren
wurde. Sie lag in der Wiege bei den beiden Truhen und schien zu
schlafen, denn sie regte sich nicht. Der ganze Raum strahlte einen
eigentümlichen Geruch aus, den nur alte Häuser besaßen. Tief
atmete Friannius ihn ein und ließ ihn langsam wieder entweichen.
Freiatto und Aiva waren die ganze Zeit über in seiner Nähe
geblieben und hatten lächelnd seine Bewegungen und sein Mie-
nenspiel verfolgt. Nun sagte die Bäuerin: »Du bist müde und
verstaubt von der langen Wanderung. Ich werde dir sofort ein Bad
herrichten . . .«
Sie ging zur Tür, rief den Namen einer Magd und trug ihr auf das
Feuer zu schüren, den großen Kessel mit Wasser zu füllen, eine
Holzbütt bereitzustellen und Badetücher auf die Hocker zu legen.
Die Vorbereitungen dauerten eine Weile. So nutzte Freiatto die
Zeit mit dem Bruder einen Rundgang über das Hofgelände zu
machen, doch vorher überreichte Friannius seinem Neffen Atto
ein Geschenk. Er holte es aus seinem Beutel, hielt es hinter dem
Rücken versteckt, sagte »Rechts oder links?« und hatte seinen
Spaß, als der Junge die richtige Hand riet und staunend aus dem
Tuch ein kleines geschnitztes Holzpferd auspackte, das auf kleinen Rädern stand. Dann kam die kleine Lellua an die Reihe, der
er ein Püppchen überreichte. Beide Kinder strahlten, die Mutter
auch. Sofort begannen die Geschwister zu spielen und vergaßen
alles um sich herum.
»Wie war die Ernte?«, fragte Friannius den Bruder, als sie draußen

waren. Der kratzte sich hinter dem Ohr, spuckte aus und erklärte nach einem Rundblick:

»Werden wohl endlich einen normalen Gewinn machen . . .«

»Wieso das? Der Boden ist gut!«

»Jaja, aber die letzten Winter waren nass. Da ist uns einiges an Winterroggen weggefault, weil das Wasser lange auf den Feldern stand. Habe aber jetzt hier oben auf der Höhe noch Land dazugelegt . . .«

»Gekauft?«

»Ja. Da haben sich eine Menge Leute nicht mehr hochrappeln können, nach den Wirren . . .«

»Du meinst die Bataver?«

»Ja. Habe hier oben jetzt gute Erträge.«

»Da war doch früher dichter Busch!«

»Ja. Ha'm wir gerodet. Knochenarbeit! Baum für Baum, Knubben für Knubben! Aber besten Boden! Kein Stein drin! Erst ab zwei Fuß Kies . . .«

Friannius schaute sich das neu bebaute Land an, nickte: »Gute Arbeit!«

»Sicher. Aber . . .« Freiatto wandte sich dem Bruder zu und musterte offen sein zernarbtes Gesicht:

»Und du? Siehst aus wie einer, der öfter den Tod gesehen hat.«

Friannius nickte. »Durchaus, ja. Gewöhnst dich aber dran. Mache das jetzt schon zehn Jahre.«

»Was bist du?«

»Optio. Kann mich auf meine Leute verlassen.«

»Und wie lange willst du das noch . . . Ich meine . . .« Freiatto wies über das weite Land. »Ich könnte deine Hilfe hier gut brauchen . . . Aber . . . Du kannst wohl nicht, oder?«

»Nein. Ich muss noch zehn Jahre. Dann aber . . .«

»Ja?« Freiatto spürte, Friannius war gekommen, um klare Bahn zwischen ihnen zu schaffen. Friannius fuhr fort, wobei er den Bruder anblickte:

»Ist anständig von dir, Bruder . . . Aber ich . . . ich möchte, dass du mir meinen Anteil nach dem Stand der Dinge auszahlst. Halte das für besser, als wenn wir beide hier . . . du verstehst? Würde mit Sicherheit irgendwann Krach geben. Zahl mir meinen Anteil aus! Ist besser für uns beide!«

Sie sahen sich an, sehr ernst, jeder den andern und sein Denken erkundend. Aber da war nichts hinter den Gesichtern versteckt. Schließlich lächelte Freiatto: »Eine Frau?«

»Ja, das auch. Ich werde heiraten, wenn ich den Dienst quittiere.«

»Schon Kinder?«

»Nein. Es ist nicht, wie du meinst. Ich bin nicht fest gebunden. Aber in zehn Jahren werde ich . . . Ich denke, dass ich im Süden ein Stück Land kriege als Abfindung . . . So wie unser Vater hier den Hof bekam.«

»Einverstanden.« Freiatto legte dem Bruder den Arm kurz auf die Schulter. Dann gingen sie weiter. Männer und Frauen vom Gesinde kamen, um den Besucher zu grüßen, während die Kinder sich scheu zurückhielten. Dann zeigte Freiatto dem Bruder die Speicher und Vorräte in den verschiedenen Scheunen, die Erbsen und Bohnen in Tonfässern, Säcke mit Spelzweizen und Gerste, rote Karotten.

»Du solltest mal den neuen Nacktweizen versuchen!«, sagte Friannius.

»Nacktweizen? Was ist das?«

»Das ist ein Weizen, der im Süden bevorzugt wird. Er bringt höhere Erträge. Die Körner liegen fast frei, nicht in Spelzen wie dein Weizen. Das bedeutet, du brauchst ihn nicht in der Darre zu rösten, damit die Spelzen abspringen; musst aber zusätzlich düngen.«

»Und welchen Nachteil hat er?«

»Die Vögel können leichter an die Körner. Aber der höhere Ertrag gleicht das mehr als nur aus. Solltest mal einen Versuch machen . . .«

So fachsimpelten sie noch eine ganze Weile.

Dann rief Aiva und teilte mit, das Badewasser stehe bereit.

Am Abend dieses Tages aber wurde ein großes Fest gefeiert. Freiatto holte den besten Wein aus dem Kellerraum, den er bei einem Händler in Bonn gekauft hatte, es war ein Schlauch teurer Falerner aus Italien. Ansonsten wurde ein saurer Mosel getrunken, während sich die Knechte an das billige selbst gebraute Bier hielten.

Friannius aber kam nicht zur Ruhe, weil er immer wieder nach den letzten Neuigkeiten aus dem Süden gefragt wurde, und besonders die jungen Burschen konnten nicht genug hören von den Kämpfen und Abenteuern, die Friannius geschickt mit derben Soldatenwitzen zu würzen verstand. So hörte man das Lärmen und Lachen bis weit in die Nacht hinein . . .

Zehn Tage später brach Friannius auf. Er wollte vor den Winterstürmen zurück in Rätien bei seiner Einheit sein. Er war froh, dass er alle wesentlichen Fragen, die ihn und Freiatto betrafen, friedlich und zu beiderseitigem Vorteil mit dem Bruder gelöst hatte. Er versprach irgendwann von sich hören zu lassen und lud den Bruder nach dem Süden ein. Als sie voneinander schieden, standen ihnen die Tränen in den Augen. Keiner wusste, ob und wann er den andern wieder sehen würde. Zu groß waren die Forderungen des Tages, zu stark die Bindungen an den Ort, an den Boden, an die Arbeit. Zu gering die Möglichkeiten eine schnelle Reise zu unternehmen.

Ubier

Die Ubier waren ein germanischer Stamm, der nach Ausweis der Keramik zuerst im Bereich der hessischen Senke und im oberen Lahntal siedelte. Durch die aggressive Expansionspolitik Caesars wurde auch dieser Stamm in die gallischen Bevölkerungsumstrukturierungen einbezogen. Schon frühzeitig schlossen sie mit Rom einen Bündnisvertrag (foedus) und erhielten den östlichen Teil des ehemaligen Eburonengebietes zwischen Maas und Rhein im Lössbereich. Zuerst besiedelten sie Teile des Rheintals. Siedlungen im Lössbereich sind erst ab der Mitte des 1. Jahrhunderts n. Chr. archäologisch nachweisbar, ihre älteste Siedlung Bonna dagegen schon in den Dreißigerjahren v. Chr. Ein anderer alter Siedlungsort am Rhein muss Novaesium (Neuss) gewesen sein. Der Hauptort der Ubier, oppidum Ubiorum (Köln), wurde erst – wahrscheinlich von den Römern geplant – um Christi Geburt angelegt. An den Loslösungsbestrebungen der Rheinanliegerstämme im 1. Jahrhundert waren die Ubier nicht beteiligt, sie hielten sich zu Rom.

Auffällig ist, dass wir im ubischen Siedlungsgebiet archäologisch keine Adelsgräber aus dem 1. Jahrhundert feststellen können, während im Bereich der Treverer, Bataver und Tungrer solche nachzuweisen sind. Möglicherweise hängt dies mit einer unterschiedlichen Sozialstruktur zusammen. Dies würde bedeuten, dass die wohl ehemals vorhandene Adelsschicht von einer neuen, mit Rom paktierenden Oberschicht entmachtet worden ist und später auch nicht mehr in Erscheinung trat.

Die germanischen Provinzen

Das Oberkommando am Rhein war nach der Niederlage im Teutoburger Wald in ein oberes und ein unteres Heer geteilt worden. Die Kommandeure waren de facto Statthalter des Kaisers. Ihre Sitze waren für das obere Heer von Anfang an Mainz, für das untere Heer Vetera (Xanten) und ab 50 n. Chr. Köln.

Zur Zeit Domitians, um 85 n. Chr., wurden die germanischen Militärbezirke in Provinzen umgewandelt: Obergermanien (Germania superior) mit Hauptstadt Mainz, Niedergermanien (Germania inferior) mit Hauptstadt Köln. An der Spitze der Provinzen standen Statthalter (Verwaltung der Provinzen). Sie waren gleichzeitig die Oberkommandierenden der Armee.

Hauptstadt der Provinz Belgica war schon seit der Zeit des Tiberius Reims, Hauptstadt der Provinz Rätien war Augsburg.

Nach Errichtung der Provinzen erhielten die Bewohner begrenzte kommunale Selbstverwaltungsrechte. Sog. civitates wurden eingerichtet, die sich mit dem Gebiet der einzelnen Stämme deckten.

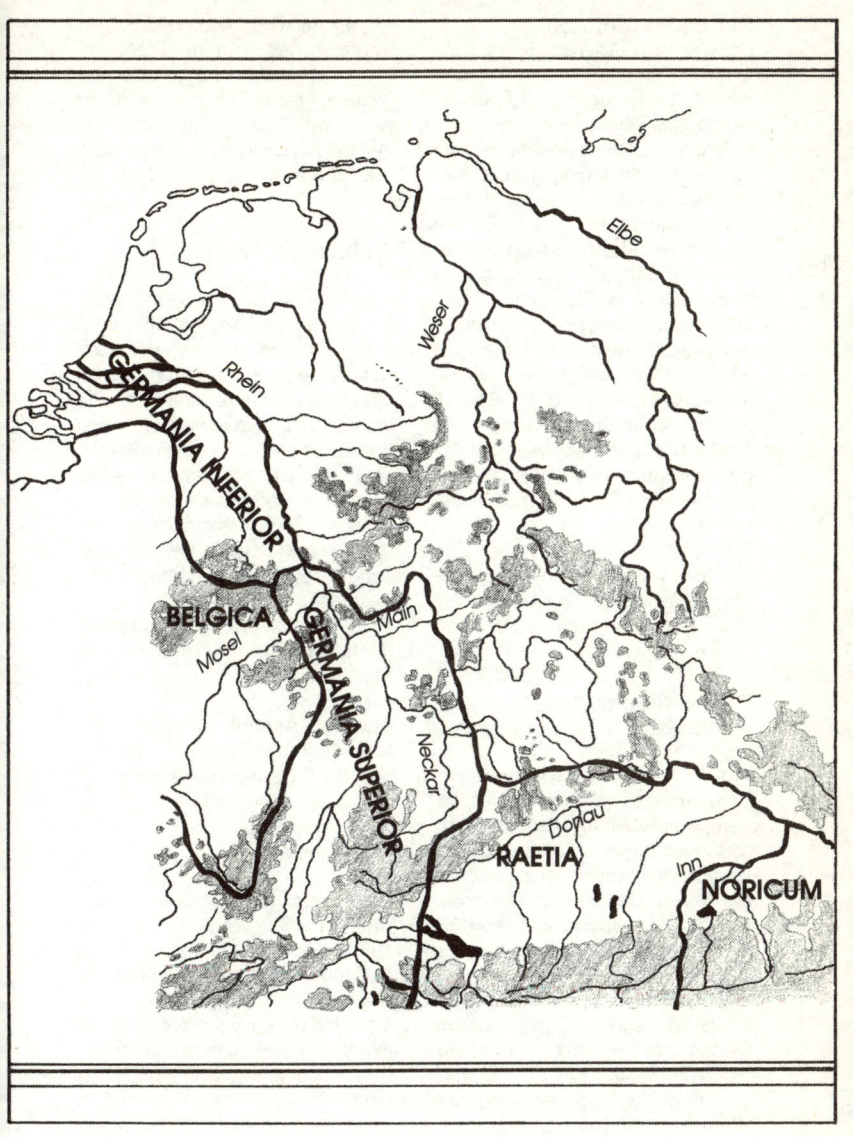

Die Bewohner des römischen Germaniens

Infolge der Eroberungen Caesars wurden am Rhein die ehemals vorhandenen Stammesstrukturen verändert. Wichtigster Punkt hierbei war die Vernichtung der Eburonen im rheinisch-maasländischen Lössgebiet. Als Folge hiervon wurden Stämme, die ehemals hier nicht lebten, in das jetzige Siedlungsvakuum umgesiedelt. Betroffen waren hiervon die Ubier, die vorher in der hessischen Senke, und die Bataver, die im Bereich Südhessen lebten. Aus rechtsrheinischem Gebiet wurden die Sugambrer und die Cannanefaten auf das linke Rheinufer umgesiedelt.

Mitte des 1. Jahrhunderts n. Chr. bestand die einheimische Bevölkerung im römischen Germanien aus ca. 30 Stämmen.

Die germanischen Nachbarn

In vorchristlicher Zeit gab es nur im Bereich des Mittel- und Niederrheins Berührung mit germanischen Stämmen, die teilweise mit Rom befreundet, teilweise verfeindet waren. Der Bereich des freien Germaniens östlich und nördlich des Oberrhein- und Donautals war zur damaligen Zeit nur schwach oder gar nicht besiedelt. Erst im Laufe des späten 2. Jahrhunderts wanderten hier die Alamannen ein. Von Norden nach Süden lebten im 2. Jahrhundert folgende Stämme in der Nachbarschaft des

Römischen Reiches und hatten im Rahmen des kleinen Grenzverkehrs Handelsbeziehungen mit diesem: Friesen, Chamaver, Brukterer, Tenkterer, Chatten, Hermunduren, Lancen, Toutonen und Alamannen.

Tolbiacum – Zülpich

Die Römer hatten schon Mitte des 1. Jahrhunderts, nach dem Bau der großen Straße von Trier nach Köln, bei dem heutigen Ort Zülpich eine Straßenstation angelegt. Sie diente der Überwachung des Straßenknotenpunktes Tolbiacum (Zülpich). Der Ort erhielt seinen Namen höchstwahrscheinlich nicht von den Ubiern, sondern von den ersten römischen Besatzungstruppen, die aus Innergallien gekommen waren.

Dieser Ort erhielt eine Benefiziarierstation. Dazu müssen wir eine Pferdewechselstation (mansio) vermuten.

Auf der Anhöhe oberhalb des Straßenknotenpunktes befand sich die Siedlung Tolbiacum.

Schmiede

Die Herstellung von eisernen Geräten bzw. ihre Reparatur gehörte zu den wichtigsten Arbeiten des Schmieds. Daneben verarbeitete er aber auch Buntmetall.

Das Roheisen erhielt der Schmied in Form von Eisenbarren, die er dann mit einem schweren Schmiedehammer, einem Finnenhammer, zu einzelnen Werkstücken

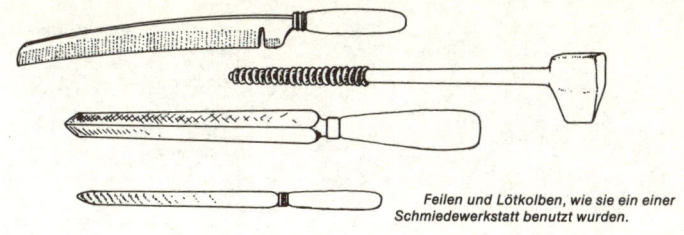

Feilen und Lötkolben, wie sie ein einer Schmiedewerkstatt benutzt wurden.

Zu seinem Handwerkszeug gehörten neben den unterschiedlichsten Hammerformen wie die schweren Schmiedehämmer auch der leichte Treibhammer, mehrere Zangenformen, Ambosse, Blechscheren und Feilen. In der Kupfer- und Bronzeverarbeitung benutzte er auch den Lötkolben.

Neben der Anfertigung von Geräten für die Landwirtschaft musste der Schmied auch eiserne Gerätschaften für den Wagenbau herstellen (Eisenreifen auf die Räder aufziehen etc.) sowie Haushaltsgeräte (Töpfe, Pfannen etc.) anfertigen.

Benefiziarier

Benefiziarier waren abkommandierte Legionssoldaten, meistens im Unteroffiziersrang – beneficiarii legati Augusti. Sie wurden hauptsächlich als Kommandanten kleiner Straßenposten eingesetzt. Ihnen oblagen die Beaufsichtigung des Straßenverkehrs und die örtliche Polizeigewalt in ihrem Sprengel. Sie waren also ein Mittelding zwischen Autobahn- und Stadtpo-

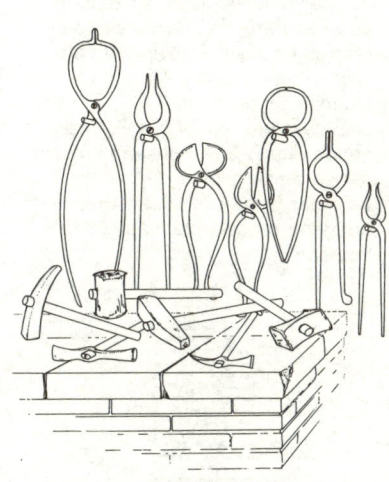

Schmiedewerkzeuge. Blechscheren (Mitte), Schmiedezangen, Hämmer.

umformte. Um schmieden zu können, musste das Roheisen im Schmiedefeuer glühend gemacht werden. Zum Abschrecken waren Wasserbehältnisse erforderlich.

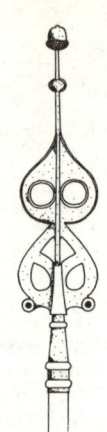

Die Spitze einer Benefiziarierlanze.

TICLAVDIVS·C
AVGVSTVSGER
PONT·MAX·TRI
COS·DESIG·IITI
AM·CLAV·DIAM·A
QVAM·DRVSVS·PA
BELLO·PATEFACTIS
MVNIT·A·FLVMIN
FLVMEN·DANVVII
· P·CC·

Meilenstein.

wurden auch Meilenanzeiger aufgestellt. Diese gaben die Entfernungen zu allen wichtigen Städten an einer Fernstraße an. Aus Tongern im heutigen Belgien, dem antiken Atuatuca, ist solch ein Meilenanzeiger bekannt.

Daneben gab es für die Fernreisenden noch Streckenkarten, auf denen die wichtigsten Ortschaften an einer Straße mit ihren Entfernungen voneinander aufgeführt waren.

lizei. Als Zeichen ihrer Würde führten sie eine besonders ausgebildete Lanze mit sich. Diese Lanzenspitze wurde auf vielen kleinen Bronzezierelementen dieser Zeit abgebildet. Die Benefiziarier trugen sie als Fibeln und Gürtelanhänger.

Entfernungsmessung

In allen größeren Ortschaften gab es Steine, die die Entfernung zur nächsten größeren Ortschaft bzw. zur Provinzhauptstadt angaben. Sie wurden meist beim Straßenbau oder bei Straßenreparaturen aufgestellt und dienten gleichzeitig dazu, politische Programme eines Kaisers kundzutun.

Die Entfernungen wurden in Meilen, das sind 1000 Doppelschritte = 1500 m, angegeben.

An einzelnen zentralen Punkten

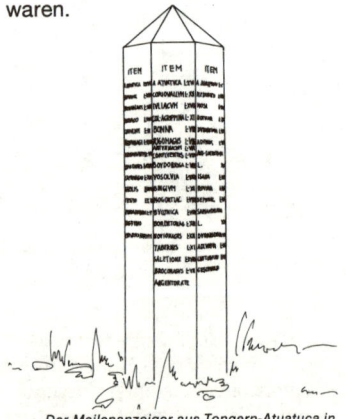

Der Meilenanzeiger aus Tongern-Atuatuca in der Rekonstruktion.

Römische Fuhrwerke

Die römischen Reisewagen und die Lastwagen wurden von Maultieren bzw. von Ochsen gezogen. Sie waren ein- oder zweiachsig. Bei Letzteren war die Vorderachse über einen Reibnagel beweglich unter dem Wagenkasten angebracht. Die Wagen hatten einen hölzernen Aufbau, der auf dem Fahrwerk entweder starr oder in Lederschlaufen hängend angebracht war. Die Räder waren Speichenräder mit Eisenreifen, die Radnaben mittels eines Achsnagels auf der Achse befestigt. Geschmiert wurden sie mit Speckschwarten. Der Zug erfolgte über eine Deichsel, die entweder starr am Wagenkasten oder an der beweglichen Vorderachse angebracht war.

Da die Römer noch kein Kummet kannten, waren die Maultiere über einen Halsriemen angeschirrt. Dieser drückte den Tieren auf die Luftröhre, was wiederum ihre Zugleistung stark verringerte. Die Ochsen zogen über eine Nackenauflage das Joch, an dem die Deichsel angebracht war. Da die vierrädrigen Lastwagen meist mit zwei bis drei Gespannen gezogen wurden, mussten die einzelnen Deichseln hintereinander gekoppelt werden. Der Kutscher saß auf dem Wagenboden.

Mansio/Kneipe

Eine Mansio war eine Herberge an den großen Fernstraßen, in der die Reisenden ihre Reit- und Zugtiere wechseln, essen und übernachten konnten. Mansiones lagen meistens im Abstand einer Tagesreise eines Ochsengespannes (ca. 18 km im Flachland) voneinander entfernt an den Fernstraßen. Sie hatten einen Innenhof, in den die Reisewagen einfahren konnten. Dazu gab es Unterstellmöglichkeiten für Wagen und Ställe für die Reit- und Zugtiere. Zusätzlich war eine Kneipe angeschlossen. Diese bestand meist aus einem größeren Schankraum mit angeschlossener Küche. Dahinter befanden sich die Schlafräume des Wirtes und der Bedienung. Darüber lagen die Schlafräume für die Gäste. Neben den üblichen Getränken wie Bier und Wein wurden auch einige Speisen, meist einfachere Gerichte, z. B. Suppen oder Eintöpfe, Brot, Käse und luftgetrocknete bzw. geräucherte Würste gereicht. In der kalten Jahreszeit gab es dazu eine Art Glühwein.

Kneipen besuchten nur Angehörige der unteren sozialen Schichten. Ritter oder auch Senatoren machten sich gesellschaftlich unmöglich, wenn sie dort gesehen wurden. Die Wirte stammten meist aus derselben Schicht wie ihre Kundschaft. Ihnen wurde alles zuge-

Ein Lastwagen, der von Ochsen gezogen

57

traut, von Betrug über Diebstahl bis zum Mord. Hauptsächlich wurde ihnen allerdings Weinpanscherei vorgeworfen. Das Wort »copo« oder »caupo« = Wirt wurde vom 3. Jahrhundert an für den Weinpanscher benutzt. Manchmal steckten Wirte auch mit Diebesbanden unter einer Decke oder betätigten sich als Hehler. Wirte wurden in den Listen der Polizei neben Dieben, Würfelspielern und Hehlern geführt.

In den Kneipen wurde sehr viel gespielt, meist Würfel- und Brettspiele. Die Kellnerinnen standen in einem noch schlechteren Ansehen als die Wirte. Es war gang und gäbe, dass die weiblichen Mitarbeiterinnen einer Kneipe gleich mitvermietet wurden, stundenweise oder für die ganze Nacht, vorausgesetzt, dass die Kneipe über entsprechende Räumlichkeiten verfügte. Rechtlich waren die Mädchen den Prostituierten gleichgestellt. Ein Verhältnis mit einer Kneipenbedienung galt nicht als Ehebruch und konnte z. B. in einem Scheidungsprozess nicht als Grund herangezogen werden.

Hausbau

Im 1. Jahrhundert wurden die meisten Häuser im römischen Germanien als Holzfachwerkbauten errichtet. Dies gilt auch für die Militärbauten. Je nach Kenntnis des Erbauers wurden sie in Ständer- oder in Pfostenbauweise ausgeführt. Diese Bauwerke waren innen und außen verputzt, innen meist zusätzlich mit einem farbigen Anstrich versehen. Zu Ende des 1. und Anfang des 2. Jahrhunderts änderte sich dann die Bauweise. Jetzt wurde verstärkt in Stein gebaut, wobei wir nicht wissen, ob nicht die Obergeschosse wieder aus Fachwerk waren. Besonders die öffentlichen Gebäude und die Hauptbauten der Militärlager erhielten jetzt eine reich verzierte Fassade. Verputzt und bemalt waren wohl alle diese Gebäude, schon allein aus Gründen der Haltbarkeit und der Optik.

Auch Privathäuser in der Stadt und auf dem Lande wurden mehr und mehr in Stein errichtet. Ende des 2. Jahrhunderts kamen auf den Gutshöfen Fensterscheiben und Sandsteinsäulen für die Portikus auf. Die Bäder erhielten verstärkt farbige Marmore, wenn auch nicht die guten aus Italien, sondern einheimische. Außerdem hatte im 2. Jahrhundert jeder bessere Bau wenigstens einen Raum mit Fußbodenheizung. Mosaike konnten sich allerdings nur die wenigsten leisten. In den Städten kamen sie aber häufiger vor.

Gedeckt waren die Dächer mit Dachziegeln, Schiefer- oder Steinplatten, Reet- und Schindelbedachung kann angenommen reden, ist bislang aber nicht belegt. Die Bauformen des 4. und 5. Jahrhunderts sind zu wenig bekannt, als dass hier darüber gesprochen werden kann. Sicher ist aber, dass die germanische Bevölkerung viele Steingebäude weiter benutzte. Die Lebensform war aber einfacher geworden, häufig fehlte auch die Kenntnis, wie man eine Fußbodenheizung benutzte. Es gibt Hin-

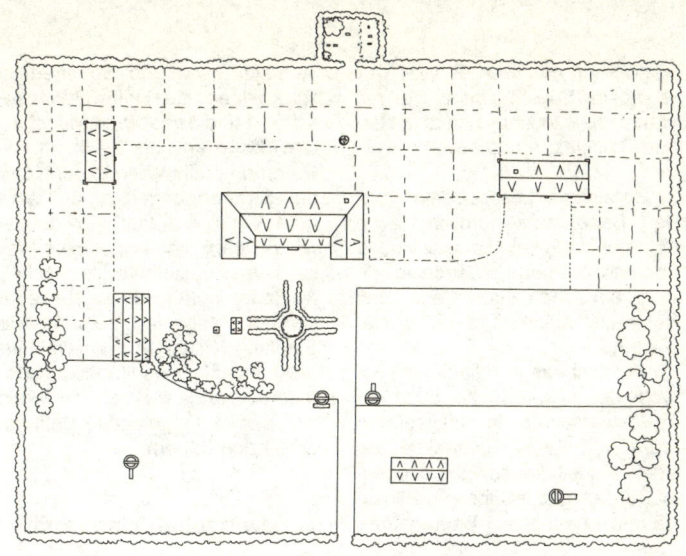

Grundriß des Hofes von Rheinbach-Flerzheim. Das Wohngebäude liegt zentral in der eingefriedeten Anlage, davor ein Wasserbecken. Links davon ein überdachter Brunnen. Im vorderen Teil Viehweiden mit Brunnen, von Holzzäunen eingefaßt. Hinter dem Haupthaus Beete für Gemüse, Kräuter und Beerenobst. Weitere Gebäude für das Gesinde und Speicher sind um das Wohnhaus gruppiert.

weise, dass die Germanen ihre Grubenhäuser in die Fußböden von Villen eintieften.

Hof – Villa rustica

Im Bereich des römisch aufgesiedelten Landes nördlich der Ardennen dominierte die Hofform mit zentralem Hauptgebäude und rechts und links anschließenden Wirtschafts- und Gesindegebäuden. Das Hauptgebäude wies meist einen großen zentralen Raum auf, der sowohl als Halle als auch als offener Hof konzipiert sein konnte. Um diesen lag eine Reihe von Kammern, nach vorn schloss eine Portikus das Gebäude ab. Meist wurde diese rechts und links von Eckrisaliten eingefasst. In solch einem Gebäude befanden sich je nach Ausstattung neben der Wohnhalle eine Küche und die Schlafräume der Besitzer. Ein Eckrisalit konnte durchaus als Getreidespeicher ausgebaut werden. Im 2. Jahrhundert wurde meist in einem der Risalite ein Bad eingebaut.

Die Wirtschaftsgebäude waren einfache Hallenhäuser, teilweise mit Unterteilungen für die Acker-

59

wagen und das Vieh. Stärker waren nur die Speicher gebaut, oft mit einem Obergeschoss, in dem Heu und Stalleinstreu aufbewahrt wurden.

Im Bereich der Lössböden und auf den Sandböden nördlich davon kam auch noch ein anderer Hoftyp vor, dessen Hauptgebäude aus einem einfachen Hallenhaus, das durchaus unterteilt sein konnte, bestand.

Die Wirtschaftsgrundlage war sowohl der Ackerbau als auch die Weidewirtschaft. Im Hausgarten wurden neben Küchenkräutern auch Heilpflanzen gezogen. Außerdem gab es Obst- und Nussbäume ebenso wie Beerensträucher.

Neben den Rindern, Schafen und Schweinen wurde auch Federvieh gehalten. Solch ein Hof war in seiner Versorgung fast völlig autark. Der Verkauf von Landprodukten brachte dem Besitzer das Geld, das er für den Kauf von Gegenständen, die er nicht selbst erzeugte, brauchte. So befand sich auf einem Hof durchaus eine Schmiede, hochwertige Eisengegenstände wie z. B. eine Pflugschar kaufte er jedoch beim Schmied. Reparieren konnte er sie zur Not selbst.

Das Schuhwerk, um ein anderes Beispiel zu nennen, wurde beim Schuster gekauft, wenn auch die einfachen Schuhe selbst hergestellt werden konnten. Die Bauern kamen vor allem durch die Versorgung des Militärs zu Geld. Deshalb finden wir manchmal bei relativ kleinen Höfen Muschelkalksarkophage aus Lothringen, in denen sie ihre Toten bestatteten.

Je nach Lage und Bodenertrag schwankten die Hofgrößen zwischen 1 und 3 ha. Die bewirtschaftete Fläche lag meist bei 50 ha. Sie waren normalerweise in der Nähe der Straßen angelegt, um eine gute Verkehrsanbindung zu gewährleisten. Römische Höfe waren immer Einzelhöfe, es gab keine Bauerndörfer, wie wir sie heute kennen. Meist lag zentral eine Siedlung (vicus), in der sich Handelsgeschäfte und Handwerksbetriebe befanden. Solch ein Vicus war der nächstgelegene Bezugsort für den Bauern.

Landwirtschaftliche Geräte

Neben Pflug und Egge wurden von den römischen Bauern Hacken, Schaufeln, Spaten, Harken und Sensen bzw. Sicheln benötigt.

Der Pflug wurde von einem Ochsenpaar gezogen. Der Bauer führte den Pflug mit der Hand, mit der anderen lenkte er die Ochsen. Dieser Pflug ritzte nur die Erde, wendete die Scholle also nicht um. Mit der Egge wurde die aufgeworfene Erde zerkleinert. Der Bauer stand auf der Egge, um sie zu beschweren.

Neben der zweizinkigen leichteren Gartenhacke gab es auch die schwere Grabhacke.

Zur Grasmahd wurde die Sense benutzt, zum Getreideernten die Sichel. Gedroschen wurde mit einem Dreschflegel oder es wurde das Vieh über das auf der Tenne ausgebreitete Korn getrieben, um die Körner aus den Ähren zu pressen. Dann wurde das Getreide mit sog.

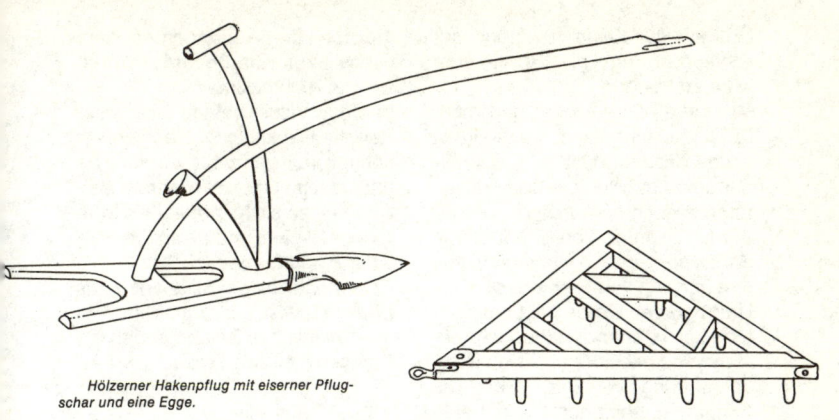

*Hölzerner Hakenpflug mit eiserner Pflug-
schar und eine Egge.*

*Verschiedene Hacken, Harke und Forke zur
Bodenbearbeitung.*

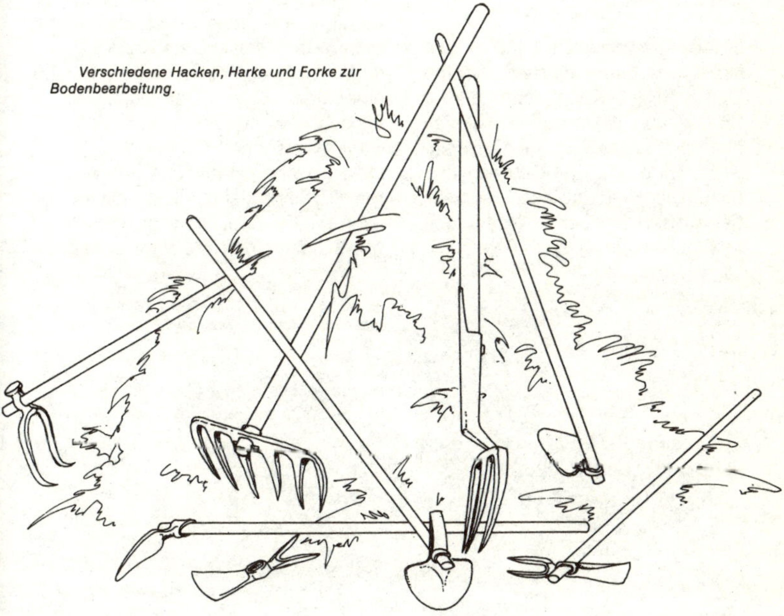

61

Getreidewurfeln in die Höhe geschleudert, um die Spreu vom Korn zu trennen.

Mit Harken wurden Gras und andere Dinge aufgeharkt, transportiert wurde das Gut dann in Reisigkörben, die aus Weiden- bzw. Haselruten geflochten wurden.

Zur Kultivierung von Bäumen und Sträuchern gab es unterschiedliche Formen von Hiebmessern.

Umgegraben wurde mit dem Spaten, der vollständig aus Holz bestand und mit einer eisernen Blattverstärkung versehen war. Die Schaufeln bestanden wie heute auch aus einem eisernen Blatt mit hölzernem Stiel.

Belgica vicus

Dieser Gewerbevicus lag in der Nähe des heute eingemeindeten Dorfes Billig bei Euskirchen an der Straße von Marmagen, die sich hier nach Wesseling und Bonn gabelte. Eine dritte führte nach Zülpich. Die Siedlung lag beidseits der großen Straßen, die besiedelte Fläche betrug ca. 10 ha. Die meisten Häuser standen mit dem Giebel zur Straße und waren schmal-rechteckig.

In dem Vicus befand sich eine Benefiziarierstation, Handwerker können nur vermutet werden. Es gab aber im Umkreis mehrere Heiligtümer, so ein Mithräum, ein Matronenheiligtum und Heiligtümer für Jupiter und Diana.

Er bestand von der Mitte des 1. bis Ende des 4. Jahrhunderts. In merowingischer Zeit begruben die Franken hier ihre Toten.

Viehzucht

In vorrömischer Zeit waren die einheimischen Tierrassen kleiner als die römischen. Es war besonders wichtig, dass diese Rinderrassen, die sowohl Fleisch- als auch Lederlieferant waren, in Germanien eingeführt wurden. Der wichtigste Fleischlieferant neben dem Rind war in römischer Zeit das Schwein. Die römischen Hausschweine waren allerdings kleiner als die damaligen Wildformen. Sie wurden früh geschlachtet, d. h. meist mit einem

Körbe aus Weiden- oder Haselruten und das dazu nötige Korbmacherwerkzeug.

oder anderthalb Jahren. Eber wurden oft schon mit einem Jahr kastriert und gemästet. Schafe wurden hauptsächlich wegen ihrer Wolle oder für Milch- und Käseproduktion gehalten.
Ziegen kamen nicht so häufig vor, da sie besser auf Ödflächen weideten. Sie wurden für Milch- und Käseproduktion, ebenso wegen ihrer Häute gehalten. Als Geflügel wurden sowohl Haushuhn als auch Hausgans gezogen. Hausenten sind nicht nachgewiesen, wobei allerdings davon ausgegangen werden kann, dass durchaus junge Wildenten aufgezogen wurden. Haustauben wurden von den Römern eingeführt und als Speisegeflügel verwendet.

Ackerbau

Waren in vorrömischer Zeit die einfachen Getreidesorten, d. h. Weizensorten wie Emmer und Einkorn, vorherrschend, so kam mit den Römern der Saatweizen und auch der Dinkel in das römische Germanien. Emmer, Einkorn und Dinkel sind Spelzweizen, die zwar widerstandsfähig gegen Vogelfraß und Pilzkrankheiten sind, aber keinen großen Ertrag bringen und schwer zu entspelzen sind.
Der Saatweizen war dagegen ein Nacktweizen, vergleichbar den heutigen Weizensorten, und brauchte nicht separat entspelzt zu werden. Er lieferte auch höhere Erträge, musste aber besonders gedüngt und sorgfältiger angebaut werden.
Roggen und Gerste wurden häufiger angebaut, Letztere diente hauptsächlich zur Breiherstellung. Abgesehen vom Getreide waren Hülsenfrüchte wie Erbse, Linse und Feldbohne die wichtigsten pflanzlichen Nahrungsmittel.

Ernährung

Die einheimische Bevölkerung der germanischen Provinzen war nur in der Lage gewesen, die eigene Versorgung mit Nahrungsmitteln zu sichern. Durch die Anwesenheit des römischen Militärs und dem damit verbundenen Zustrom von zusätzlichen Menschen wurde die Militärverwaltung vor ein Versorgungsproblem gestellt. Dies konnte nur durch zusätzliche Lebensmitteltransporte aus Gallien und dem Mittelmeerraum bewältigt werden. Gleichzeitig wurde versucht die landwirtschaftliche Infrastruktur der einzelnen Gebiete zu verbessern. Dies geschah durch die Ansiedlung von entlassenen Soldaten, durch Straßenbau und den Bau von Speichern. Ebenso wurde durch die Einführung von höherwertigen Nahrungsmitteln und Viehsorten die Ernährung auf eine bessere Grundlage gestellt.
Ende des 1. Jahrhunderts n. Chr. war die germanische Landwirtschaft in der Lage die übrige Zivilbevölkerung und das Militär mit Nahrungsmitteln zu versorgen. Dazu gab es aber sicher noch Nahrungsmitteltransporte aus Gallien. Die von der Regierung vorgenommenen Versorgungstransporte aus dem Mittelmeerraum wurden jetzt eingestellt.

»Ad Scutum Dacorum«
– Zum Dakerschild

Friannius, der jüngere Bruder von Freiatto, der den Hof in der Nähe von Bonn übernommen hatte, lebte seit 93 mit Cirata Iulia, einer Nervierin und Tochter eines Kohortensoldaten, zusammen. 96 nahm er seinen Abschied vom Militär, erhielt damit die römischen Bürgerrechte und siedelte sich auf einem Hof bei Mainz an. Dort starb er schon 110. Noch in der Lagervorstadt von Mainz wurde die Tochter Prima geboren. Der Sohn Attonianus erblickte schon als römischer Bürger auf dem Hof 97 das Licht der Welt. 99 folgte Tertius und 103 Romanus. Von den Söhnen trat C. Flavius Attonianus 115 in den Militärdienst ein und wurde schon 125 Centurio. Tertius bewirtschaftete mithilfe der Schwestern den Hof weiter, während sich der Jüngste, Romanus, in die Legionsvorstadt von Mainz absetzte und dort Gehilfe eines Weinhändlers wurde. Später arbeitete er dann in einer Kneipe und heiratete 126 Valentinia Avita, die Tochter seines Chefs, eines Treverers. Als sein Schwiegervater krank wurde, übernahm er die Kneipe.

Fakten, Daten, Hintergründe Seiten 81–88

Wir haben Frühsommer, Ende Mai des Jahres 128, 881 nach römischer Zählung. Ein kleineres, schmales Fahrzeug bewegt sich mit erheblicher Geschwindigkeit den Rhein hinunter. Es wird gerudert. Die acht Rojer legen sich mit ganzer Kraft in die Riemen, sodass der Bootskörper bei jedem Zug mit einem Ruck nach vorne gedrückt wird. Zusätzlich ist das Lateinsegel am Mast hochgezogen und bläht sich kräftig unter dem lauten Südost. Als die Mündung des Mains rechts in Sicht kommt, verlangsamt sich die Fahrt. Auf ein Kommando hin wird das Segel heruntergenommen und gerefft.

Der Mann am Bug steht auf breit gesetzten Beinen, um das Gleichgewicht halten zu können. Er beobachtet das linke Stromufer. Der Hafen von Mogontiacum rückt näher. Auf der Höhe erkennt man die Mauer des Lagers der Legio XXII primigenia. Der Schiffsführer im Heck gibt seine Kommandos. Das Boot verliert noch mehr an Fahrt, gleitet, nun leicht schaukelnd, zum Ufer und nähert sich den Anlegestellen. Spätestens jetzt müsste das Segel geborgen werden. In der Enge zwischen den anderen Fahrzeugen würde es hindern.

Boote wie dieses legen an einem Steg an, große Schiffe mit höheren Aufbauten an den Kais, wo man sie leichter entladen kann. Dort stehen schwere Bockkräne. Einer von ihnen hebt gerade Tannenstämme aus dem Schwarzwald. Die Seile und Haken des andern Riesen greifen und heben Säulentrommeln von einem sehr großen Floß an Land. Das Floß selbst wird später ebenfalls auseinander genommen und an Land gebracht werden.

Der Mann vorne am Bug beobachtet dies alles aus den Augenwinkeln mit ruhigem Blick. Von der Mitte des Bootes her nähert sich ein Legionar und bleibt halb hinter ihm stehen:

»Centurio!«

Er scheint nichts zu hören. Man erkennt seinen Rang am quer sitzenden Helmbusch. Er schlägt sich mit dem kurzen Stab, der Vitis, dem Zeichen seines Rangs und seiner Kommando- und Disziplinargewalt, in die andere Hand und betrachtet weiterhin das Treiben im Hafen. Da liegen mehrere Schiffe, aus denen Säcke mit Getreide entladen werden. Getreide? Die Speicher waren doch vor seiner Abreise randvoll!

»Centurio!«

Der Legionar ist nun ganz nahe heran.

»Was gibt's?« Er schaut immer noch zu den Schiffen.

»Wohin soll das persönliche Gepäck gebracht werden?«

»In die Unterkunft! Ins Lager!«

Der Mann nickt, grüßt und macht sich mit einem zweiten an die Arbeit die Sachen zusammenzustellen. Gleich darauf ist das Boot vertäut und die Burschen verlassen mit den Beuteln und der ledernen Tasche das Schiff über den Laufsteg. Ihr Vorgesetzter aber wendet sich um, geht nach hinten zum Schiffsführer und verabschiedet sich. Sie kennen sich von anderen Fahrten. Vielleicht treffen sie sich heute Abend noch in der Kneipe bei Romanus.

*

Der Centurio erreicht mit einem kraftvollen Sprung den Steg, geht schon auf den Planken, als jemand seinen Namen ruft:

»Attonianus!«

Das kann nur ein Freund oder ein Vorgesetzter sein, der seinen Dienstgrad weglässt. Er blickt nach vorne, nach links und erkennt Publius Vibius Gallus in voller Montur. Er ist Hafenkommandant, ein Centurio aus dem Stab des Lagerpräfekten. Nun kommt er mit schnellen, scharfen Schritten näher. Sie grüßen und lachen sich lautlos an und man erkennt, dass sie Freunde sind. Sie haben sich einige Wochen nicht gesehen.

»Na, wie war's denn bei den Brüdern?«, fragt Gallus und mustert den Kameraden leicht ironisch. Er spielt damit an auf dessen längeren Aufenthalt bei der Legio VIII Augusta in Argentorate. Doch Attonianus geht auf den lockeren Ton nicht ein. Er ist müde. Tage, angefüllt mit Verwaltungskram und Ärger, liegen hinter ihm. Er gibt Gallus nur kurz und lakonisch Bericht, der damit endet, dass man den Verantwortlichen für die Militärziegeleien Dampf gemacht habe:

». . . die scheinen ihren Job als Altersversorgung zu sehen! Schieben eine ruhige Kugel, als ob sie in Ravenna stationiert wären!«

»Na ja«, meint Gallus, »wie der Herr, so 's Gscherr! Die sind eben Etappe.«

Attonianus nickt dazu grimmig, während er noch einmal über das Hafengelände schaut.

»Sag mal!«, beginnt er mit leicht erhobener Stimme. »Wieso hast du da wieder Frachter mit Getreide liegen? Das ist doch Getreide, oder? Ich meine, die Speicher waren doch . . .«

»Tja . . .« Gallus schiebt seinen Helm in den Nacken und streicht sich über die Stirn. »Du warst gerade weg . . . da wurde gemeldet, dass in einigen der Speicher Parasiten in ungeheuren Mengen am Werke sind. Wir gingen der Sache nach. Es stimmte. Schlimmer noch, es bestand die Gefahr, dass auch entfernter liegende Speicher von den winzigen Käfern befallen werden könnten. Darum gab der Alte den Befehl, alle Horrea, die befallen waren, niederzubrennen. Und das waren fast alle. War ein hübsches Feuerchen!«

»Kann ich mir denken.«

»Tja, und jetzt müssen wir sehen, dass wir wieder genügend Vorräte reinkriegen. Ist gar nicht so einfach. Das Korn steht ja noch auf dem Halm. Glaube kaum, dass die Ernten in der Umgebung ausreichen werden.«

Von den Schiffen näherte sich ein großer, bärtiger Mann.

»'tschuldigung. Brauche dann noch die Bestätigung . . .«

»Sicher . . .« Es war der Schiffsführer. Selbstbewusst trat er dem Hafenkommandanten gegenüber. Gallus entschuldigte sich bei Attonianus, wandte sich zum Gehen, drehte sich nach ein paar Schritten noch einmal um und rief: »Komm doch heute Abend mal zu Romanus!«

Und Attonianus: »Hm . . . mal sehen . . .«

Dann wandte er sich nach rechts und ging mit zügigen Schritten zur Siedlung. Beide Torflügel waren weit geöffnet. Ununterbrochen folgte jetzt Karren auf Karren, Wagen auf Wagen, Esel auf Esel, beladen mit Säcken voll Weizen und Gerste aus den Bäuchen der Frachter. Längst waren in einer Blitzaktion von den Legionshandwerkern neue Speicher errichtet worden. Attonianus nahm all das mit großer Genugtuung zur Kenntnis. Er hatte das bestimmte Empfinden wieder zu Hause zu sein. Dieses Lager war sein Zuhause. Auch dieses schmuddelige Lagerdorf mit dem Namen Mogontiacum gehörte dazu. Es hatte sich in der Zeit seiner Abwesenheit vergrößert, sodass es eigentlich eine Untertreibung war, von Dorf zu reden; aber selbst wenn es zehnmal größer war, würde es seinen Charakter nicht in der Qualität verändern. Wie anders waren die Pflanzstädte Colonia Agrippinensis, Colonia Ulpia Traiana, Colonia Augusta Raurica! Aber er mochte diese Stadt, den Verwaltungssitz und militärischen Knotenpunkt von Obergermanien, der Germania superior. Mochten die Kolonisten im Norden sich für was Besseres halten – hier war Leben!

Er ging langsamer und registrierte erfreut all das hektische und lebhafte Treiben in der Vorstadt. Früher hatte es hier nur hölzerne Stände und Buden gegeben. Längst waren sie festen Gebäuden aus Stein, Holz, Fachwerk gewichen. Das Viertel war für ihn der Inbegriff einer Stadt. Er war nie in Italien, nie in Gallien gewesen, kannte die dortigen großen Städte nur aus Erzählungen von Kameraden. Aber es hatte ihn nie dorthin gezogen.

Links lag die Kneipe seines Bruders Romanus. Es war eine Popina, größer als die landläufige Taberna. Man musste nicht auf der Straße stehen bleiben, wenn man essen oder trinken wollte, sondern konnte in einem der inneren Räume auf Stühlen und an Tischen Platz nehmen. Sollte er nachher hingehen? Er würde alte Bekannte, vielleicht Freunde treffen. Gallus würde da sein. Er war sich noch nicht sicher. Ohnehin musste er sich zuerst bei seinem Vorgesetzten zurückmelden. Vielleicht hatte der noch dienstliche Dinge für ihn. Man würde sehen. Er seufzte einmal kurz und stieg langsam auf der Straße aufwärts, die zum Lager der 22. Legion führte.

*

Er wollte sich beim Kommandanten melden lassen, doch ein Tribun teilte ihm mit, dass der Alte eine wichtige Unterredung mit einem hochrangigen Abgesandten aus Rom habe. Das würde bis in den Abend gehen. Und danach würde der Legat seinem Gast ein Fest in seinem Privathaus geben.

Meinetwegen, dachte Attonianus und seine Stimmung stieg, denn das bedeutete, dass er den Rest des Tages und den Abend nach eigenem Gutdünken gestalten konnte. Also gab er sich fast eine Stunde der Körperpflege hin, entleerte seinen Leib auf dem wassergespülten Abort – er hatte es lange entbehren müssen; dann ging er ins Lagerbad, aalte sich im heißen Wasser, verharrte im lauwarmen und schreckte sich im kalten ab, ließ sich massieren, kneten und klopfen. Schlüpfte in eine saubere duftende Tunika, wechselte die Sandalen und überlegte, ob er seinen Prachtdolch in den Gürtel stecken sollte. Sein Bursche, ein junger Reuser, enthob ihn der Wahl, denn er reichte ihm unaufgefordert das reich an Griff und Scheide geschmückte Prachtstück.

Die Sonne stand noch über dem Horizont, es mochte gegen die elfte Stunde gehen, als er den gleichen Weg in Richtung Hafentor wieder abwärts ging. Trotz der lauen Lüfte hatte er das Sagum, seinen Mantel, umgelegt und ihn auf der rechten Schulter mit einer eleganten neuen Fibel geschlossen. Die Gewandschließen waren neuerdings kleiner und feiner geworden. Dann wurde es ihm doch zu warm und er schlug das Wolltuch auf der rechten Schulter zurück. Er wusste, dass diese Lässigkeit gut aussah, zumal das Krapprot seiner neuen Tunika so besser zum Tragen kam. Prompt blickten ihm einige Mädchen nach und tuschelten hinter der Hand. Er genoss es. Der Abend war noch lang. Er hatte Zeit. An den Tabernen standen oder lehnten Einheimische und Fremde, um sich für wenig Geld den Magen zu füllen. Einer von auswärts fragte nach dem Weg und erhielt von drei Männern umständlich Auskunft. Respektvoll machten sie Attonianus Platz, als er vorbeikam.

Seines Bruders Kneipe und Herberge lag fast am unteren Ende der Straße. Die Lage konnte nicht günstiger sein. Denn die Schiffer, die Durchreisenden, die Händler und auch Männer von der Flotte liebten es nicht, lange in den Straßen zu suchen. Eine gut gehende Kneipe hatte in unmittelbarer Nähe der Anlegestellen zu liegen.

Hier fand der Mann, was er suchte. Essen, Trinken, Vertrautes und Fremdes, Kameraden, Freunde, Musik und Frauen.

Gaius Flavius Romanus war sechs Jahre jünger als er, war überhaupt der Jüngste und darum vom Vater verwöhnt worden. Er erinnerte sich, wie Romanus nach einem Streit stets mit einer milden Ermahnung davonkam, während er, Attonianus, oder der andere Bruder, Tertius, prompt eine Tracht Prügel erhielten. Romanus hatte Verschiedenes begonnen und am Wege liegen lassen. Gut, dass Friannius, der Vater, es nicht mehr hatte erleben müssen. Schließlich war er hier in Mogontiacum hängen geblieben. Er, Attonianus, hatte ihm in der Lagervorstadt bei einem Wirt und Weinhändler eine Stelle als Gehilfe besorgt. Er hatte sich wider Erwarten bewährt, mehr noch, vor zwei Jahren die Wirtstochter geheiratet. Und seitdem der Schwiegervater – er war Mitte fünfzig – nach einem Schlaganfall nicht mehr zurechnungsfähig war, hatte Romanus die Führung des Betriebs übernommen.

Auch äußerlich gab er zu erkennen, dass nun ein neuer Herr im Hause war. Zahlreiche Handwerker gingen aus und ein und schon zwei Wochen später hing über dem Eingang ein aufpolierter und frisch mit Leder bespannter neuer Schild und darunter stand auf einem sauber gehobelten Brett: »Ad Scutum Dacorum«, »Zum Dakerschild«. Es sollte eine Erinnerung sein an die Mitwirkung einiger seiner Freunde unter den Legionaren und Centurionen der 1. Legion aus Bonn vor Jahren im Dakerkrieg. Er selbst war damals noch ein Kind, aber das spielte keine Rolle. Die Wirkung des neuen Namens und des martialischen Schildes auf die Truppe war größer, als Attonianus es je erwartet hatte. Der Laden von Romanus war binnen kurzem der am meisten besuchte des Viertels.

Attonianus ging nicht darum hierher, weil sein Bruder der Inhaber war, sondern weil man hier die interessantesten Leute traf. Als er näher kam, war gerade ein Knecht dabei, das Licht in der Außenlampe zu entzünden. Auch dies war ein Einfall von Romanus. Er hatte einen dakischen Helm zur Laterne umgebaut.

»Na, wie geht der Laden?«, fragte Attonianus und der junge

Mann, der gerade den Kienspan ausgeblasen hatte und von der Leiter stieg, machte vor dem bekannten Gast eine tiefe Verbeugung. Romanus legte großen Wert auf diese Dinge:

»Sehr gut, Centurio! Es könnte nicht besser sein.«

»Noch 'n guter Platz frei?«

»Certo. – Sicher. Dein Stammplatz, Centurio. Es hieß, dass du wieder da bist, und darum . . .« Er lächelte und Attonianus nickte ihm freundlich zu. Er mochte den Burschen, denn er konnte einen offen ansehen, redete nicht viel. Würde es wohl zu was bringen. Während der Knecht mit seiner Leiter zum Hoftor hin verschwand, trat Attonianus über die recht hohe Schwelle und erreichte über den kurzen Gang den Schankraum. Schon ehe er die schwingenden Doppeltüren öffnete, hörte er Musik; jemand blies eine verschlungene Weise auf der Panflöte, Tamburin und Zimbeln hielten sich noch im Hintergrund. Doch als er die Tür öffnete, schlug das ruhige Vorspiel in einen wilden, stark akzellerierenden Tanz um und ein Teil der Gäste folgte der Darbietung mit rhythmischem Kopfnicken, Klatschen oder Stampfen der Füße.

Attonianus kannte die Truppe nicht, sie schien erst seit kurzem hier zu sein. Auch das war eine Neuerung von Romanus, dass er stets für den Reiz neuer Musik sorgte. Abrupt brach die Musik ab und die Gäste klatschten Beifall. Einige warfen ihnen Münzen zu, die von den Musikanten mit routiniertem Geschick aufgefangen wurden. Es waren zwei Männer und eine Frau. Ob es sich um die Tochter oder Frau eines der beiden handelte, ließ sich nicht ausmachen. Sie war stark geschminkt, besonders um die Augen, und sie wollte sicher erheblich jünger aussehen, als sie war. Ihre Haltung und ihr Blick zeigten Erfahrung und jenes geschäftsmäßige Kokettieren, das diese Frauen schon sehr früh lernten. Er kannte das, hatte sich an einer solchen Person einmal empfindlich die Finger verbrannt, als sie nach kurzem Abenteuer mit einem Teil seines Geldes auf und davon war. Er hatte sie nie wieder gesehen. Mit einem amüsierten Lächeln nahm er nun wahr, wie sie besonders den jüngeren unter den Legionaren den Kopf verdrehte. Für die war das die große Welt; für ihn eine bittere Erfahrung. Ihm konnte man heute so leicht nichts mehr vormachen.

Langsam schlenderte er durch den großen Raum, wurde dabei ununterbrochen von links und rechts gegrüßt, gab es mit einem Nicken an die jungen Männer zurück und grüßte seinerseits ranggleiche Kameraden, die über ihren Spielbrettern hockten und sich auch von ihm nicht ablenken ließen. Andere stopften Unmengen von billiger und scharfer Wurst in sich hinein, als ob sie ab morgen fasten müssten. Manche freilich ließen es bei vier, fünf Bechern Weißwein aus der Gegend bewenden, weil ihnen der Rote aus Gallien zu teuer war.

Es war unerträglich feucht-warm in dem Raum. Und es war wieder diese Mischung aus Dünsten, die einen beim Eintreten wie ein Schlag traf. Doch nach und nach gewöhnte man sich daran. Und wenn er längere Zeit nicht hier war, geschah es, dass er ganz plötzlich diesen Geruch in der Nase hatte.

Er überlegte, ob er seinen Platz in der Ecke nehmen oder ins stillere Nebenzimmer gehen sollte, wo er ganz ungestört essen konnte. Vielleicht später. Sein Platz in der rechten Ecke beim Fenster war frei. Vibius Gallus saß auf dem zweiten Stuhl und bestellte sich gerade bei dem Mädchen etwas.

Ohne zu zögern, ging er hinüber, zwickte das Mädchen schalkhaft ins rechte Ohr und drängte sich flink links vorbei zu dem leeren Stuhl.

»Ach, du!«, rief sie. Doch er sah, dass sie sich freute. Sie konnte um die zwanzig sein. Er mochte sie sehr. Nicht, weil er schon ein paar Mal mit ihr geschlafen hatte, sondern weil sie sachlich war und sich keine falschen Hoffnungen machte. Sie hatten auch nie darüber gesprochen.

»Was darf's denn sein, *domine* – Herr?« Die Ironie war unüberhörbar, nur Gallus schien sie zu ignorieren. Vielleicht hatte er sich mit ihr für heute Nacht verabredet.

»Was bietet der ›Dakerschild‹ denn an?«

Sie nannte ihm, was in den Töpfen und Pfannen der großen Küche schmorte, briet, kochte oder warm gehalten wurde: Erbsensuppe mit Speck, verschiedene Wurstarten warm oder kalt, harten Käse, weichen Stinkkäse, Quark mit oder ohne Kräuter, Salate, geschnippelte oder gekochte Bohnen, saure Gurken, in Öl glasig gekochte Möhren. Besonders Letztere waren eine Spezialität des Hauses und Attonianus hatte sie lange nicht mehr gegessen. Er bestellte sie, dazu kalten Rinderbraten mit Pfeffer, Fenchel und Liebstöckel.

»Und was willst du trinken?«

Er bestellte Bier, denn Romanus hatte einen guten Brauer an der Hand, der ihm stets das frischeste garantierte. Das Mädchen nickte zu allem und wollte gehen, als ihm einfiel:

»Albina!«

»Ja?«

»Ist Romanus da?«

»Im Augenblick nicht. Er . . .«

Sie kam näher und sprach leiser: »Er musste sich heute Morgen einen Zahn ziehen lassen.«

»Verstehe. Werde nachher mal nach ihm schauen.«

Das passt zu ihm, dachte Attonianus; schon als Kind ließ er sich gehen, übertrieb Unwohlsein oder Schmerzen und wurde wie erwartet, von Vater und Mutter verwöhnt. Attonianus dachte so lebhaft an die alte Zeit, dass ihm entfuhr: »So war's schon früher! Immer auf Kosten der andern!«

»Wer? Was?«, fragte Gallus.

»Ach, nichts . . .« Er lehnte sich zurück und studierte eine Weile die Menschen in diesem Raum. Alle waren sie mit irgendetwas beschäftigt, redeten, ereiferten sich, flirteten mit den Mädchen oder mit der Musikantin; schimpften und fluchten, wenn ihnen beim Brotkauen ein Stein zwischen die Zähne gekommen war. Andere saßen seit einer Stunde und länger über dem Spielbrett, stützten die Köpfe auf, überlegten, unbeweglich, unbeeindruckt auch von der Musik, die für einige Minuten wieder losbrach und die jüngeren Legionare zum Mitsingen animierte, da sie das Lied kannten.

Dann kam Albina mit dem Essen, baute alles säuberlich um Attonianus herum auf, machte schalkhaft einen Knicks, sodass Gallus entzückt lächelte. Sie ging.

Attonianus langte zu, holte seinen Dolch aus der Scheide und schnitt sich ein Stück Fleisch ab. Dann fragte er mit vollem Munde:

»Hast du was mit ihr?«

»He? Wie meinst du das?«, fragte Gallus zurück, der sich nicht sicher war, ob dahinter eine Provokation stand.

»Mann!«, stieß Attonianus hervor und boxte den Freund in die Seite. »Du machst ihr schon die ganze Zeit den Hof. Bin nicht blind. Also, wenn du mich fragst . . .«

»Ja?«

»Ach, nichts.« Plötzlich hatte er große Sehnsucht nach einem festen Haus auf dem Lande. Er sah den Hof seines Großvaters vor sich. Als Kind war er einmal längere Zeit dort gewesen, hatte bei der Ernte geholfen. Da konnte man Wurzeln schlagen. Kraft aus der Erde holen! Aber dazu brauchte man eine Frau! Albina? – Pah! So eine war gut für diesen Laden. Sicher, sie war genau das, was Männer wie er und Gallus hier brauchten. Manchmal hatte er gedacht, dass sie so was wie ein weiblicher Kamerad war. Sie war hart. Nichts ohne Bezahlung! Sie wollte auch leben. Er hatte sie nie gefragt, woher sie kam. Das war unwichtig. Sie war schon lange hier. Er kannte eine andere, die weiter oben in der Hafenstraße eine Taberna aufgemacht hatte. Konnte sich nun schon zwei eigene Mädchen halten.

Plötzlich wurde er in seinen Überlegungen gestört, denn Gallus fragte unvermittelt:

»Sag mal, Kamerad, wie lang wirst du noch bei dem Haufen bleiben?«

»Na hör mal, ich bin erst seit drei Jahren Centurio!«

»Ein Traumziel, wie?«

Da sah ihn Attonianus scharf und hart an, presste, ehe er antwortete, die Lippen aufeinander: »Ja!« Es überzeugte mehr als ein langer Sermon.

Gallus wusste, dass er einen Fehler gemacht hatte, und schwieg, stierte in seinen Becher, drehte ihn um und nahm schließlich einen Schluck. Dann sagte er leise: »Ich wollte dich nicht beleidigen, 'tschuldige, mein Junge!«

»Schon gut.« Und es war gut, denn sie blieben Freunde. »Ich werde wohl noch sieben, acht Jahre machen . . .«

»Wie alt bist du jetzt?«

»Einunddreißig.«

»Hm . . . Noch jung!«

»Und du?«

»Einundvierzig! Hoffentlich werde ich so alt, wie ich aussehe.« Sie lachten beide kurz auf. »Könntest vielleicht mein Nachfolger werden. Nicht schlecht. Ruhiger Posten. Hast nichts mehr mit der Rekrutenausbildung zu tun.«

»Vielleicht . . .« Aber er sah einen eigenen Hof vor sich, sah eine hübsche blonde Frau von achtzehn, zwanzig, mit dickem Bauch; sah einen kleinen Jungen, der ihr an der Schürze hing. Und auch als er weiteraß, wollte das schöne Bild nicht weichen. Er wusste: Er konnte hundert Jahre lang Soldat sein – er würde in seinem Innern Bauern bleiben. Als er fertig war, kam Albina und räumte mit einem freundlichen ». . . geschmeckt?« ab. Er nickte und putzte sich mit dem Handrücken den Mund ab. Die Knochen vom Braten warf er den beiden Hunden zu, die schon die ganze Zeit neben seinem Tisch gestanden und jede seiner Bewegungen mit einem Blick verfolgt hatten, als ob sie heute noch nichts zwischen die Zähne bekommen hätten.

*

Er war gerade mit dem Essen fertig und hatte sich mit einem Tuch den Mund abgeputzt, als sich ein Mann näherte, vom Nachbartisch einen leeren Stuhl griff und sich mit einem zufriedenen Seufzer Gallus gegenüber niederließ.

»Ah, Antigonos!«, begrüßte ihn Gallus, während Attonianus ihm nur zunickte. Er hieß eigentlich ganz anders, hatte einen romanisierten Namen, aber seit jeher war er nur unter dem griechischen Namen Antigonos bekannt. Niemand wusste, wie er dazu gekommen war, vielleicht er selbst nicht. Er war der Schiffsführer, mit dem Attonianus nach Mittag rheinabwärts gekommen und im Hafen gelandet war.

Sie kannten sich alle drei gut. Wenn man zehn und mehr Jahre im Dienst der Armee stand, kannte man am Rhein alle regelmäßig aufkreuzenden Schiffsführer, Lotsen und Steuerleute.

Ohne sich lange mit Floskeln und Höflichkeiten aufzuhalten, tauschten sie denn auch sofort die neuesten Nachrichten all der kleinen und größeren Ereignisse entlang des Stromes aus. Sie konnten einander gut zuhören, nickten sich oft bestätigend zu. Nichts hatte sich in den vergangenen drei, vier Wochen verändert, und das war gut so. Und wie immer kamen irgendwann die Fragen nach den persönlichen Verhältnissen.

»Sag mal . . .!« Gallus hatte sich verschluckt und musste mehrmals husten. »Was macht eigentlich dein Bruder?« Die Frage war an Attonianus gerichtet.

»Welchen meinst du?«

»Tertius!«

»Hm . . . Habe ihn lange nicht gesehen.«

»Aber er haust doch ganz in der Nähe, oder?«

»Jaja.« Attonianus hatte keine Lust über den Bruder zu reden. Er nannte nur das Nötigste, dass er auf dem elterlichen Hof sei und ein reiches Mädchen geheiratet habe, dass er wohlauf und zufrieden sei.

»Also, ihr habt schon ein Talent euch die richtigen Mädchen zu angeln!« Gallus lachte kurz auf. »Romanus sitzt doch hier auch wie die Made im Speck!« Er wies mit der Hand durch den Raum. Attonianus reagierte nicht darauf, sondern nahm einen Schluck von dem Bier, wischte sich mit dem Handrücken über den Mund und rülpste. Darum fuhr Gallus fort: »Nur du scheinst da immer in die falsche Richtung zu visieren . . .«

»Er sucht sich was ganz Ausgefallenes! Pass auf!«, grinste Antigonos. »In zehn Jahren kennt er uns nicht mehr!«

Diese Frotzeleien wären wohl noch eine Weile auf Kosten von Attonianus weitergegangen, wenn nicht in der entgegengesetzten Ecke des Raumes Unruhe, ja Lärm entstanden wäre. Innerhalb von zwei, drei Augenblicken war der Tumult da, ein Stuhl flog um, ein Tongefäß zerbarst am Boden und im Nu war alle Aufmerksamkeit der Gäste auf die Ecke gerichtet. Zwei junge Männer waren in die Höhe geschossen, standen sich grimmig, die Hände auf die Tischplatte gestützt, gegenüber. Dann packte der eine den anderen an der Tunika und zog ihn zu sich heran, schlug ihm zugleich mit der andern Hand ins Gesicht.

Blitzartig veränderte sich die Szene: Der Getroffene schoss um den Tisch herum, tänzelte vor dem Angreifer hin und her, schlug unverhofft zu und traf den andern am Kinn. Längst hatte sich um die Kämpfer ein Kreis von interessierten Zuschauern gebildet, die die beiden anfeuerten, die Sympathie war nicht auf den einen oder andern festgelegt. Die Aktion selbst war wichtiger. Endlich mal was los!

Die drei Freunde blieben ruhig sitzen und verfolgten den Kampf mit den Gesichtern von Fachleuten, als ob sie in der Arena einem Gladiatorenkampf zusähen und die Stärken und Schwächen der Gegner mit kühlem Interesse zur Kenntnis nähmen. Das Gerangel wurde heftiger und lauter, es war in Ringen, Treten, Beißen, Quetschen und Würgen übergegangen. Ihr Gurgeln, Stöhnen, Heulen, Japsen und Hecheln füllte den Raum, in dem ansonsten gespannte Stille herrschte, nur durch einzelne Rufe von Kameraden der beiden Kämpfer unterbrochen.

Vom Lärm und scheppernden Geschirr aufmerksam geworden, war Romanus, der Wirt, in den Schankraum gekommen. Er hatte sich sein Gesicht in dicke Tücher eingepackt und hielt sich mit der Linken demonstrativ die rechte untere Gesichtspartie. Attonianus fiel auf, dass er wiederum an Umfang und Gewicht zugenommen hatte. Dies, zusammen mit der wuchernden Stirnglatze, ließ ihn erheblich älter erscheinen, als er war.

Aufgeregt näherte er sich den Kämpfern, stammelte in einem fort: »Das könnt ihr hier nicht machen! Das könnt ihr hier nicht . . .«
Natürlich kümmerte sich niemand um ihn, da er der brachialen Gewalt nichts Gleichwertiges entgegenzusetzen hatte und seine Autorität, soweit sie außerhalb der Küche gefordert wurde, gleich null war.

Mittlerweile hatten die beiden Kämpfenden durch ihr Gerangel eine Reihe von Krügen, Tellern und Bechern zu Boden gefegt, hatten Stühle und Hocker umgeworfen und nun näherten sie sich

78

gefährlich nahe einem Wandregal, auf dem die besten Stücke des Hauses standen.

Gallus stieß Attonianus an. Beide erhoben sich und traten von hinten an die Kampfhähne heran.

»Aufhören!«

Plötzlich hatte die Stimme von Attonianus einen stählernen Klang. Und da die beiden nicht auf der Stelle dem Kommando nachkamen, wurden sie von den harten Griffen der beiden Centurionen auseinander gerissen, obendrein mit ein paar knallenden Ohrfeigen bedacht und nach zwei Seiten mit gewaltigem Schwung in Richtung auf die Wand gestoßen, wo sie erschöpft, schweißig, schwer atmend in sich zusammengesunken liegen blieben. Heftig rangen sie nach Luft.

»Das reicht wohl fürs Erste!«, brummte Gallus, nickte dann Attonianus kurz zu und sie gingen lässig zurück zu ihren Plätzen in der Ecke. In völliger Ruhe waren ihnen die Blicke der übrigen Gäste, darunter eine große Zahl von Legionaren, gefolgt; als sie saßen, ging im Raum das große, beifällige Palaver bei den einen los, die den Abbruch guthießen, während nicht wenige die Unterbrechung der zirzensischen Unterhaltung bedauerten. Aber beide Centurionen waren allbekannt, Attonianus hatte die Hälfte der möglichen Stufen erklommen, Gallus war schon fast oben. Auch wenn er den Primus pilus nicht mehr erreichen würde, gehörte er zu ». . . denen da oben« in der Legion. Jeder kannte, mancher fürchtete seinen Einfluss beim kommandierenden Legaten der Legion.

Sie saßen gerade wieder und nahmen einen guten Schluck – Gallus von seinem Moselwein, Attonianus vom Bier –, als sie Antigonos grinsen sahen und ihn hörten: »So kommt ihr nicht aus der Übung! Solltet ihr täglich machen! Hält jung!«

Doch ehe sie antworten konnten, ließ sich auf dem vierten noch freien Stuhl ein keuchender Romanus nieder. Während er sich mit der einen Hand das wärmende Tuch ans Kinn hielt, strich er sich mit der andern über die Stirn und stieß hervor:

»Danke! Ich danke euch! Wir sind ja hier nicht in der Arena, nicht wahr!« Und zu Albina, die in der Nähe war: »Den beiden Centurionen einen Falerner auf Kosten des Hauses! Dem Antigonos auch! Und mir natürlich auch, ja!«

Dann erkundigte er sich noch nach besonderen Essenswünschen und frohlockte, als sie erklärten keinen Hunger mehr zu haben. Dann steckten sie wieder die Köpfe zusammen und redeten über Götter und die Welt, über die Parasitenplage der Speicher, das zu warme oder zu kalte, zu trockene oder zu nasse Wetter, lobten die derzeitige Ruhe in der Grenzregion, schimpften auf die Ärzte, besonders die Knochenbrecher und Zahnzieher, und so ging schnell der Nachmittag in den milden Abend über. Attonianus aber entging nicht, dass Albina ihm – nicht Gallus! – verheißungsvolle Blicke zuwarf, wenn sie in der Nähe vorbeikam . . .

Siedlungsformen

Bei den Siedlungsformen im römischen Germanien überwog bei weitem die Form des Einzelhofes. Neben den Städten mit Stadtrecht, colonia oder municipium, gab es dann noch größere Siedlungen ohne Stadtrecht, so genannte vici. Diese konnten teilweise auch Hauptort eines Stammes (civitas) sein. Während die Städte meist mit einer Mauer umgeben waren, fehlt diese in der Kaiserzeit häufig bei einem vicus. In baulicher Hinsicht kann allerdings kaum ein Unterschied zwischen einem großen vicus und Städten gemacht werden, hauptsächlich nur in der rechtlichen Stellung. Diese so genannten vici konnten aber auch kleinere Straßendörfer sein, die als Mittelpunkt eines größeren ländlichen Bezirkes anzusprechen sind. Sie entwickelten sich im Laufe der Zeit um Straßenstationen und Raststätten an den Fernstraßen. Das Bauerndorf, wie wir es heute kennen, gab es in römischer Zeit nicht. In diesen kleineren vici waren hauptsächlich Gewerbebetriebe, Heiligtümer und eben auch Herbergen vorhanden. Neben diesen Siedlungen gab es auch noch im Bereich der Lager die Lagervorstädte. Wir unterscheiden hier die canabae legionis als Lagervorstadt des Legionslagers und den einfachen vicus als Lagerstadt eines Auxiliarvicus. Diese übten eine ähnliche Stellung aus wie die eben genannten zivilen vici. In ihrer wirtschaftlichen Struktur waren sie allerdings stark vom Militär abhängig. In solchen Lagervorstädten lebten Händler, Wirte, Schauspieler, Tänzerinnen sowie die Frauen der Soldaten mit ihren Kindern. Aus solchen Lagervorstädten konnten sich auch stadtähnliche Siedlungen wie Bonn und Mainz entwickeln.

Dakerkrieg

Die Daker lebten im Gebiet zwischen Theiß und dem Karpatenbogen im heutigen Siebenbürgen in Rumänien und dem Banat. Ab Mitte des 1. Jahrhunderts n. Chr. bildeten sie ein eigenes Reich und scheuten auch keinen Konflikt mit dem Römischen Reich. 85/86 fielen sie in die römische Provinz Mösien ein. Nach einer Niederlage der Daker 88 n. Chr. wurde ein Waffenstillstand geschlossen. 101 begann ein neuer Dakerkrieg unter Trajan, der im darauf folgenden Jahr für die Römer siegreich abgeschlossen wurde. 105 brach ein weiterer dakischer Aufstand aus, der 106 zusammenbrach. An diesem zweiten dakischen Feldzug waren aus Germanien drei römische Legionen beteiligt.

Mogontiacum – Mainz

Das römische Lager Mogontiacum (Mainz) lag, ähnlich wie das von Vetera (Xanten), auf einer Hochfläche gegenüber der Einmündung eines Nebenflusses des Rheins. In diesem Fall ist es der Main, in dem anderen die Lippe. Beide Lager wurden aus demselben Grund und zur selben Zeit angelegt: Sie waren die Aufmarschbasen der augusteischen Germanienoffensive. Von Mainz aus zogen nach 12 v. Chr. die römischen Truppen den Main und die Wetterau aufwärts an die Elbe.

Bis ins Jahr 89 n. Chr. befand sich auf dem Kästrich, der Hochfläche, ein ca. 37 ha großes Doppellegionslager. Die sehr geringe Grundfläche spricht dafür, dass hier wohl nie zwei komplette Legionen zusammen stationiert waren. Wahrscheinlich waren Teile einer oder beider Legionen noch auf andere, kleinere Lager verteilt.

Nach der Zerstörung während des Bataveraufstandes wurde Mainz wieder aufgebaut und erhielt eine Fernwasserleitung. Nach dem Aufstand des obergermanischen Statthalters Saturninus 88/89 gegen Kaiser Domitian stand in Mainz nur noch eine Legion. Seit Mitte der Neunzigerjahre war es die 22. Legion, die von Xanten-Vetera hierher verlegt wurde. Sie ist in Mainz bis Mitte des 4. Jahrhunderts nachweisbar.

Südwestlich des Legionslagers entwickelte sich im 1. Jahrhundert eine Lagervorstadt, während das zivile Mogontiacum sich nordöstlich und östlich zum Rhein hin ausdehnte. Außerdem entstand in der Umgebung des römischen Hafens am Dimesser Ort eine Hafenansiedlung, die aber schon Ende des 1. Jahrhunderts an Bedeutung verlor.

Wegen der drohenden Germanengefahr wurde Anfang des 3. Jahrhunderts das zivile Mogontiacum ummauert.

Während der Germaneneinfälle von 260 und 275 wurden alle Lagervorstädte aufgegeben. Die befestigten Mainzer Anlagen wurden in dieser Zeit anscheinend nicht zerstört. Erst die Einfälle Mitte des 4. Jahrhunderts zogen diese Befestigungen in Mitleidenschaft. Hierbei ging auch die alte Legion unter. Neu befestigt wurde nur die ehemalige Zivilstadt, hier lag die Truppe zusammen mit der Zivilbevölkerung.

Obwohl nie Stadt im rechtlichen Sinn, war Mainz seit Beginn der römischen Besetzung Verwaltungssitz des oberen germanischen Heeres bzw. der Provinz Obergermanien.

Unter Kaiser Vespasian (69–79) wurde die erste steinerne Rheinbrücke, eine Holzkonstruktion auf Steinpfeilern, gebaut. Sie war ca. 600 m lang und ruhte auf mindestens 21 Pfeilern, wovon neun direkt im Fluss standen. Diese mehrfach reparierte Brücke wurde 260 zerstört, war aber um 300 wieder intakt.

Als Brückenkopf auf rechtsrheinischer Seite befand sich seit flavischer Zeit ein kleineres Kastell, das heutige Kastell. Diese Anlage war wohl im 2. Jahrhundert nicht mehr belegt. Die gleichzeitig entstandene Siedlung erreichte im 2. Jahrhundert eine beträchtliche Größe und wurde aus Furcht vor den Alamanneneinfällen Anfang des 3. Jahrhunderts ummauert. Wie alle rechtsrheinischen Römerorte ist auch Kastell Mitte des 3. Jahrhunderts zerstört worden. Anfang des 4. Jahrhunderts wurde hier zum Schutz der wieder aufgebauten Rheinbrücke erneut ein

Kastell errichtet. Dieses scheint bis Anfang des 5. Jahrhunderts bestanden zu haben.

Militärnutzland

Der Bereich direkt an der Grenze des römischen Reiches unterstand dem Militär. Auf diesem Gelände wurde direkt für die Militärverwaltung gearbeitet wie z. B. in der Landwirtschaft und in der Viehhaltung. Auch befanden sich hier vereinzelt Militärwerkstätten.

Militärziegeleien

Das römische Militär stellte seine Ziegel selbst her. Meist waren es Legionen oder Kohorten, die diese Arbeit verrichteten.

Nach dem Trocknen wurden die Ziegel in festen Öfen gebrannt, die immer wieder benutzt werden konnten. Nach dem Formen wurden die Ziegel gestempelt, um so das Militäreigentum zu bekunden. Die Armee versorgte hiermit einmal eigene Bauten und die der öffentlichen Hand. Z. B. konnte ein Forum einer Stadt mit Militärziegeln errichtet werden.

Getreidespeicher

Römische Getreidespeicher waren so konstruiert, dass sie gut belüftet werden konnten und gleichzeitig gegen Mäuseschaden gesichert waren. Der Boden eines solchen Speichers war angehoben, er lag praktisch also auf Trägern über dem Erdboden. Hierdurch konnten die Nager abgehalten und die Unterlüftung gewährleistet werden.

Wahrscheinlich wurde das Korn in Säcken im Speicher aufbewahrt. Möglicherweise gab es in den Speichern noch einen zweiten Boden, der dann über eine Außentreppe erreicht werden konnte.

Die Speicher waren lebensnotwendig für die Truppen und die Zivilbevölkerung. In ihnen wurde immer ein bestimmter Vorrat für die Truppen, mindestens ein Jahresbedarf, aufbewahrt.

Insofern war Schädlingsbefall katastrophal. Aus York (Eburacum, England) liegt das archäologische Zeugnis solch eines Parasitenbefalls vor. Die Folge war, dass der Speicher angezündet werden musste und der Brandschutt mit einer Tonschicht abgedeckt wurde, bevor der neue Speicher an dieser Stelle wieder aufgebaut wurde. Die Tonschicht wurde eingebracht, um den Brandschutt zu versiegeln.

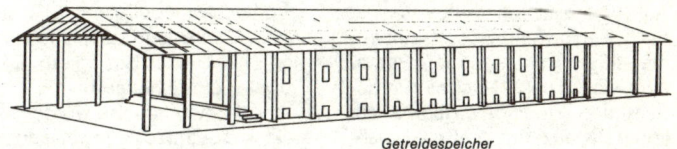

Getreidespeicher

Flusskriegsschiffe

Auf dem Rhein und der Donau wurden von der römischen Flotte leichte Aufklärer, Flottentransporter sowie Kriegsschiffe eingesetzt. Sie konnten sowohl gerudert als auch besegelt werden.

ter, dem mittelalterlichen Oberländer vergleichbar. Daneben gab es Frachter, die sowohl im Bereich der Küsten- als auch der Flussschifffahrt eingesetzt wurden.
Die Einbäume bestanden aus einem ausgehöhlten Baumstamm, die Nachen aus einem ausgehöhl-

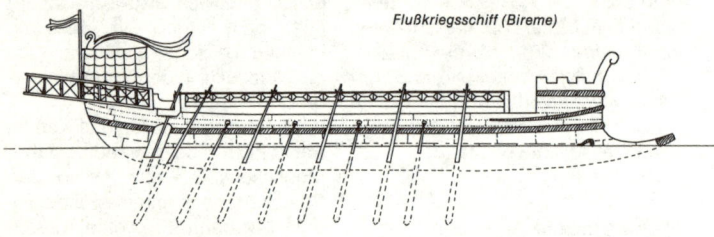

Flußkriegsschiff (Bireme)

Einer der häufigsten eingesetzten Schiffstypen war die Flussliburne. Sie war mit zwei übereinander liegenden Ruderreihen versehen. 44 Ruderer (Rojer) trieben sie an. Wie alle antiken Kriegsschiffe wies auch dieser Typ einen ausgeprägten Rammsporn auf. Solche Schiffe können eine Länge von ca. 21 m und eine Breite von ca. 3,3 m sowie einen Tiefgang von ca. 0,7 m gehabt haben.
In der Spätantike wurden diese Schiffe durch bedeutend leichtere ersetzt, die von acht Rojern gerudert wurden.

Flussschiffe

Auf den Flüssen verkehrten je nach Region und Bedarf Einbäume (Fischereifahrzeuge, Personenbeförderung), Nachen (Personen- und Frachtbeförderung auf kurze Distanz) und größere Frach-

ten Baumstamm mit zusätzlicher Verplankung und die Vorläufer der Oberländer aus einem längs aufgeschnittenen Baumstamm mit dazwischen liegender Verplankung. Daneben gab es auch völlig aus Planken gezimmerte, bis zu 30 m lange flache Prähme (Lastkahn).
Die Küstenfrachter waren sehr breit gebaute, flachbodige Schiffe mit zwei seitlichen Kielen. Ihre Länge konnte bis zu 20 m betragen, ihre Breite schwankte zwischen 5 und 7 m. Sie hatten eine Raumhöhe mittschiffs von über 2 m.
Der Einbaum und der Nachen wurden gepaddelt oder gestakt, der Oberländervorläufer konnte sowohl über Heck als auch über den Bug gesteuert werden und wurde hauptsächlich getreidelt. Wahrscheinlich bestand auch hier die Möglichkeit einer Beseglung. Die Prähme, die teilweise bis zu 100 Tonnen laden konnte, wurde gestakt und getreidelt. Sie hatte auch

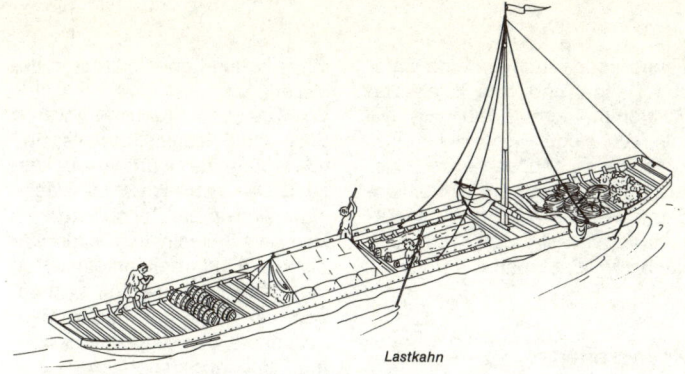

Lastkahn

ein Notsegel. Die Küstenfrachter konnten besegelt und gerudert werden.

Kräne

Von Vitruv (er schrieb ein 10-bändiges Werk über Architektur) wissen wir, wie römische Baukräne funktionierten, und von überlieferten Bildquellen kennen wir deren Aussehen. Ähnlich müssen wir uns fest installierte Hafenkräne vorstellen. Es waren höchstwahrscheinlich Bockkräne, die auf den Hafenmolen standen und von speziell ausgebildetem Personal bedient wurden.

Ein Bockkran bestand aus zwei im spitzen Winkel gegeneinander geneigten vierkantigen Balken, die unten in einer Schwelle verzapft waren. Diese Schwelle ruhte auf Rundhölzern. So war ein seitlicher Spannungsausgleich möglich und gleichzeitig konnte die Schwelle auf den Rundhölzern seitlich verschoben werden. Die Ständer wurden durch Taue in der jeweiligen Höhe und Lage gehalten. Über ein von Menschen angetriebenes

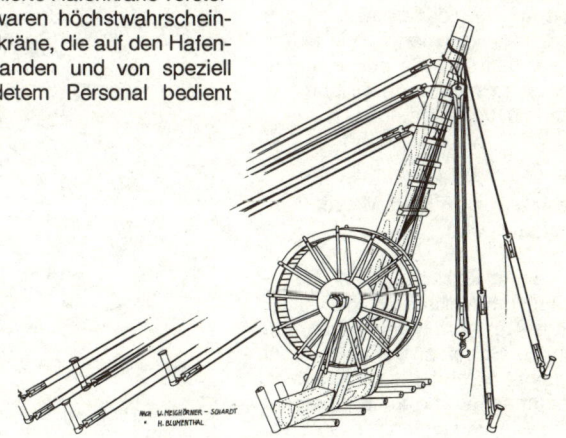

Lastkran

85

Laufrad oder auch nur eine einfache Haspel und eine zweiteilige Seiltrommel konnte die Last mittels drei- oder fünfrolliger Flaschenzüge gehoben bzw. der Kran bewegt werden. Um unliebsame Wippbewegungen zu vermeiden, musste der Kran auch nach vorn abgespannt werden.

Körperpflege

Im Gegensatz zu heute hatten die Römer nicht die Gewohnheit sich morgens und abends gründlich zu waschen. Es gab auch keine Schlafgewänder, geschlafen wurde in der Unterkleidung sowie der Tunika bzw. dem Kittel. Morgens wusch man sich dann kurz das Gesicht und die Hände. Bei den wohlhabenderen Schichten, besonders bei den Frauen, wurden die menschlichen Ausdünstungen dann mit Parfüm überlagert. Einmal am Tag suchte man aber das Bad auf. Vor der Benutzung des Bades reinigte man sich in einem Zuber mittels Seife oder schabte sich den Dreck von der Haut, erst dann besuchte man das Bad.

Tanztruppen und Musikinstrumente

In der Antike gab es den Gesellschaftstanz nicht. Es gab allerdings Tanzvorführungen von fahrenden Gruppen. Bei solch einer Gruppe befanden sich Gaukler, Spaßmacher und auch Tänzerinnen. Sie verdienten ihr Geld vor allem in den Lagervorstädten der Militärlager.

Wichtigste Instrumente waren Blas- und Schlaginstrumente, Saiteninstrumente wurden nur gezupft. Das gebräuchlichste Blasinstrument war die Doppelflöte. Von den Saiteninstrumenten war die Harfe das bekannteste. Von den Schlaginstrumenten sind neben den Hand- und Fußklappern besonders die doppelt bespannten Tamburins zu nennen.

Im weitesten Sinne auch zu den Blasinstrumenten gehört die aus der Panflöte entwickelte Wasserorgel, die mithilfe eines Wasserdruckkastens und Luft bespielt wurde. Dieses Instrument wurde, da teuer in der Anschaffung, meist von sozial höheren Schichten benützt bzw. fand auch bei Vereinen Verwendung.

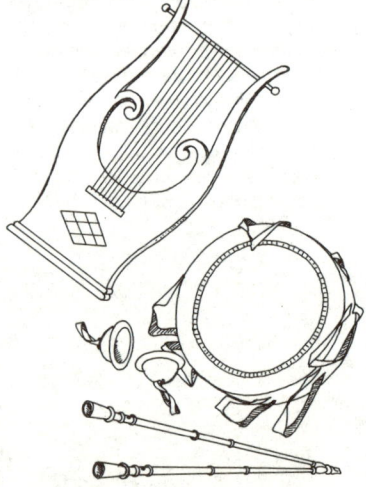

Harfe, Tambourin, Kupferbecken und Doppelflöte

Spiele

In den Kneipen wurden hauptsächlich Brett- und Würfelspiele veranstaltet. Es wurde mit drei Würfeln, deren einander gegenüberliegende Flächen wie bei den heutigen immer die Zahl 7 ergaben, gewürfelt. Dabei musste eine möglichst hohe Punktzahl erzielt werden. Als Hilfsmittel diente unter anderem ein Würfelturm, der Manipulationen unterbinden sollte.

Daneben gab es ein Spiel mit vier Knöcheln. Hierbei kam es auf die erzielte Kombination der Lage der Knöchel (Breit- und Schmalseite, die mit unterschiedlichen Punktzahlen versehen waren) an, nicht so sehr auf die Zahl der Punkte.

Von Brettspielen sind uns sechs Arten überliefert, die jedoch im Einzelnen auf Grund fehlender Informationen nicht rekonstruiert werden können. Es scheint eine Art Dame oder Schach mit 30 Steinen gegeben zu haben, ebenso eine Art Puffspiel.

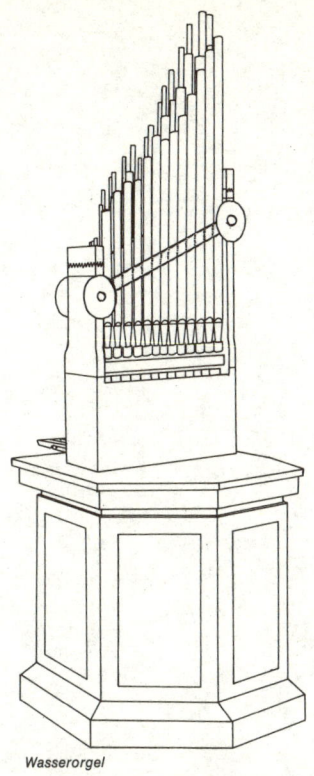

Wasserorgel

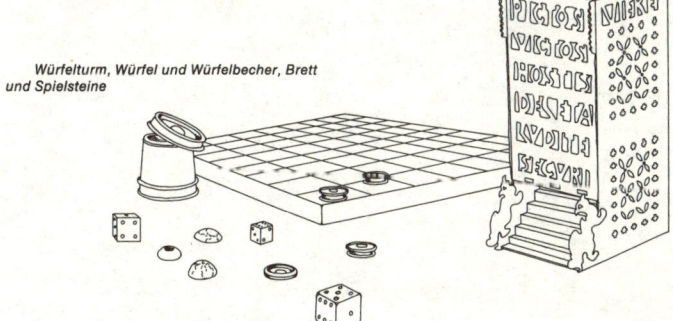

Würfelturm, Würfel und Würfelbecher, Brett und Spielsteine

Zahnarzt

Neben dem Allgemeinarzt gab es schon in der Antike ausgesprochene Spezialisten, so unter anderem auch Zahnärzte. Diese konnten bereits künstliche Zähne einsetzen, was aber sehr viel Geld kostete. Ebenso gab es Mittel, um Zahnfleischschwund zu kurieren und Zahnlöcher zu füllen. Wir müssen jedoch davon ausgehen, dass Zähne meist von Allgemeinärzten gezogen wurden.

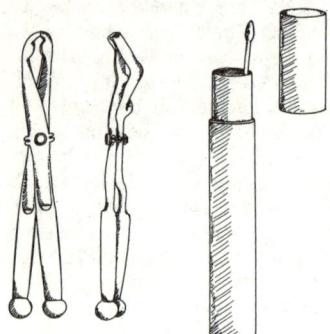

Zange und Sonde des Zahnarztes

Aufstieg

Der wirtschaftliche Aufstieg der germanischen Provinzen lockte viele Menschen in die aufstrebenden Metropolen, besonders nach Köln. Sie kamen nicht nur aus den umliegenden gallisch-germanischen Ländern, sondern auch aus dem Mittelmeerraum und dem griechischen Osten. So ging der jüngste Sohn Haldavo des Bauern Freiatto 101 nach Köln. Dort arbeitete er zuerst als Gehilfe eines Getreidehändlers und verdiente sehr gut auf Grund von nicht ganz sauberen Machenschaften mit Transporten für die römische Armee während des zweiten Dakerkrieges von Trajan. 110 machte er sich selbstständig und erwarb zwei Transportschiffe. 114 wurde er römischer Bürger und nannte sich fortan L. Secundinius Haldavo. Er heiratete 121 Valeria Procula, Tochter des Kaufmanns M. Valerius Celerinus, eines Veteranen der 10. Legion aus Köln. 122 kam die Tochter Aiva zur Welt, 125 hatte Procula eine Totgeburt, 126 wurde der Sohn Moderatus geboren, 128 Silvanus. Haldavo starb 156, drei Jahre nach seiner Frau.

Aiva heiratete in Köln und starb daselbst 162. Moderatus heiratete 152 Herodiana, die Tochter von Aurelius Turius Seneca, einem Kaufmann aus dem Osten des Reiches.

Der jüngere Sohn von Haldavo, Silvanus, baute die Spedition aus und verlegte sich besonders auf den Keramikhandel mit Britannien. Er heiratete 155 Vertinia Materna, Tochter des Quintus Vetinius Verus aus Köln.

157 wurde Severus, ein Jahr später Adventus, 160 Haldavo sowie 162 die Tochter Julia geboren. Diese heiratete 180 den Töpfer Verecundus aus dem heutigen Soller bei Düren. Verecundus hatte sich auf Spezialkeramik (Mörser und Vorratsgefäße) spezialisiert. Diese Keramik wurde von Silvanus nach England verhandelt.

Der jüngste Sohn Haldavo entwickelte schon frühzeitig eine Zuneigung zum Landleben und lebte seit seinem zehnten Lebensjahr auf dem Hof der Verwandten im Swisttal. Da dort die männlichen Erben alle schon als Kind gestorben waren, heiratete er 179 die Erbin Antonia, die zwei Jahre älter als er war.

Antonia war die Tochter von Freiatto, dem Sohn von Atto und Enkel des Freiatto.

Fakten, Daten, Hintergründe Seiten 106–114

».. . hoffen wir also, dass dieses Mal die Fracht unbeschadet in deine Hände gelangt. Ist es doch höchst selten, dass einer unserer Wagen einmal einen Achsenbruch erleidet . . .« Dabei war es der dritte innerhalb eines Vierteljahres! »Du kannst gewiss sein, dass hier alles getan wird, ein solches Vorkommnis zu verhindern. Ich hoffe, dass du wohlauf und gesund bist. Leb wohl!«

Lucius Secundinius Silvanus war während der letzten Sätze langsam auf und ab gegangen. Nun blieb er stehen, starrte wie abwesend auf die quadratischen roten Bodenfliesen und schwieg. Längst war der Schreiber mit dem Text zu Ende gekommen und schaute in Erwartung weiterer Anordnungen zu seinem Herrn. Doch Silvanus schwieg noch immer. Der Schreiber sah sehr wohl, dass sein Herr alt, sehr alt geworden war, auch wenn er erst zweiundfünfzig Jahre zählte. Schlaff hing ihm die Haut an den Backen herunter. Noch vor einem Jahr waren sie prall und rot gewesen, nun hingen sie wie die Lefzen der Doggen grau und faltig. Viel schlimmer aber schienen ihm das bläuliche Grau um die Augen, die tief eingegrabenen Falten der Augensäcke. War er krank?

»Hast du?« Endlich schien er aus seiner Abwesenheit zu erwachen. Aber es schien ihm große Mühe zu machen, hier und jetzt mit dem Diktat des nächsten Briefes fortzufahren. Wie er wohl auch kaum die bestätigende Antwort des jungen, hageren Mannes am Stehpult zur Kenntnis genommen hatte. Endlich fuhr er fort: »Ein Schreiben an . . . an diesen Tuchhändler in . . . in . . .«

». . . in Camulodunum in Britannia!«

»Ja . . . also: Lucius Secundinius Silvanus der Keramikhändler grüßt Marcus Licinius . . . Du. . . Duru. . . D . . .« Das Letzte war nur noch als Hauch über seine Lippen gekommen. Dann fasste sich Silvanus mit der Rechten nach dem Herzen, packte seine Tunika, als ob er dort den Schmerz fassen könnte, der tief drinnen zubiss, der ihn presste, ihm den Atem nahm, ihm urplötzlich kalten Schweiß auf die Stirn trieb. Dazu Angst! Todesangst! Doch nicht lange, denn ihm schwanden die Sinne. Er griff um sich, Halt suchend. Aber da war nichts. Und so wäre er in einer seltsamen Drehung seines Leibes, weit aufgerissen das Auge, zu Boden geglitten wie ein leerer Sack, hätte nicht der Schreiber augenblicklich die Gefahr erkannt, seinen Stift hingeworfen und ihn gleichsam im Sprung aufgefangen.

Der Zufall wollte es, dass im gleichen Augenblick Severus, der älteste Sohn des Patrons, in das Kontor trat und sofort zu seinem Vater hinstürzte.

»Hol die andern! Schnell!«

Im Nu waren sie da, die Knechte und Diener, die in der Nähe zu tun hatten. Man brachte den immer noch Ohnmächtigen in den Wohntrakt des Gebäudes, in sein Zimmer, und legte ihn behutsam auf sein Lager. Schnell hatte sich der Vorfall, der unerwartete Zusammenbruch, im Hause und in der Werkstatt unter dem Gesinde, den Arbeitern herumgesprochen. Und natürlich war Vetinia Materna, die Herrin, benachrichtigt worden. Nun saß sie neben dem Bett, ließ kein Auge vom Gesicht ihres Gatten, deckte ihn zu, nahm seine Rechte, hielt sie mit beiden Händen, weinte und war doch tapfer und bemüht um Haltung. Severus neben ihr stand gefasst und rechnete mit dem Schlimmsten. Ein Diener kam mit einem Becher voll Wein, reichte ihn der Herrin. Vorsichtig suchte sie Silvanus ein paar Tropfen einzugeben, wobei Severus ihr half und den Kopf des Todkranken stützte. Die Spannung löste sich ein wenig, als sie sahen, wie er mit geschlossenen Augen schluckte. Ein gutes Zeichen! Sie schauten sich an, den Glanz der Hoffnung im Blick. Er nahm noch einen Schluck. Dann legten sie ihn zurück. Lautlos begann Materna zu beten, bewegte stumm die Lippen, es war eine uralte Litanei, die sie schon oft in großer Bedrängnis gebetet. Sie spürte nicht, dass sie den Mund bewegte, aber es war eine große Kraft und Liebe in ihr, die sie weitergab an den Mann auf dem Lager. Sei es nun, dass diese unaussprechlichen Kräfte am Werk gewesen, sei es der Wein, der seine wieder belebenden Geister entfaltet hatte – Silvanus schlug endlich die Augen auf und blickte sich erstaunt im Raume um, tastete die Gesichter ab, die sich über ihn beugten, und endlich kam die Erinnerung zurück und er murmelte:

» . . . an diesen Tuchhändler in . . . in . . . Camulo. . .«

»Du musst jetzt nicht sprechen, Vater!«, mahnte Severus und da wusste Silvanus, dass er zusammengebrochen war. Er schwieg, betrachtete die besorgten Gesichter und vermisste eines:

»Wo . . . wo ist Adventus?«

»Man ist ihn holen«, nickte Severus. Adventus, der zweite Sohn, ein Jahr jünger als Severus, war oft außer Haus, denn er kümmerte sich um die Transporte, hielt die Schiffe und Wagen in Schuss, führte das Geschäft, das Haldavo, der Großvater vor Jahrzehnten gegründet hatte, weiter, seitdem Silvanus sich mehr um den Handel mit Keramik kümmerte. Schon früh hatte er sich für diesen Bereich des Unternehmens interessiert. Doch er hatte nicht den willensstarken Charakter seines Bruders Severus. Adventus tat seine Pflicht, gewiss, doch weitaus angenehmer war ihm der Verkehr in den Kaschemmen beim Hafen, abends, wenn der Bruder über den Rechnungen des Tages saß und neue Pläne schmiedete. Dann sprach er dem Wein reichlich zu, führte nach dem achten, neunten Becher große Reden, hielt eine zahlreiche Freundesschar frei und bezahlte sich selbst die teuersten Dirnen der Stadt. Und trotzdem – Severus konnte es nicht fassen – hing der Vater an diesem Sohn, als sei er der beste von allen.

»Wo ist . . . Adventus?« Wieder fragte Silvanus und man musste ihn vertrösten. Aber er redete weiter: »Und Haldavo! Mein Kleiner! Wo ist Hal. . .?«

Mutter und Sohn sahen sich an, besorgt, dass der Patron durchaus nicht bei Sinnen war. Wie sollte das enden? Haldavo! Schon mit zehn Jahren war er auf den Hof der Verwandten am Hang des Swisttales gekommen, auf jenen Hof, von dem die Gens Attoniana – wie sie von manchen stolz genannt wurde – einst herkam. (Genaues wusste niemand, es gab davon keine schriftlichen Aufzeichnungen.) Dort war Haldavo nun schon seit zehn Jahren, lebte bei den Verwandten wie deren eigener Sohn.

»Haldavo ist nicht hier, Vater. Er ist auf dem Lande, auf dem Hof des Atto!«

Severus sah, wie Silvanus Mühe hatte seine Gedanken zu ordnen, wie er dann nickte und leise fortfuhr zu reden:

»Jaja, ein guter Junge! Ein Bauer! Wie unsere Ahnen! Wie Atto!«

Er sah sie an und nickte. Sie nickten zurück, ihn beruhigend und zugleich animierend. »Ein guter . . . Und Adventus! Wo ist er?«

»Hier!«, rief eine sehr männliche, sonore Stimme von der Tür her und man machte ihm bei dem Lager Platz, dass er zum Patron ans Bett treten konnte.

»Vater . . .« Sie sahen, wie ihm das Wasser in die Augen trat. Und Materna war sehr gerührt. Severus freilich registrierte es unbeteiligt. Zwischen ihm und Adventus war nicht viel Gemeinsames, wenig Verbindendes, außer dem väterlichen Namen und der Verantwortung für das Unternehmen – aber gerade deren ungleiche Verteilung war es, die beide trennte. So war es nicht Neid, sondern ein Empfinden der Ungerechtigkeit, als Severus nun sah, wie der Patron dem Jüngeren seine zitternden Hände entgegenhielt, die Adventus griff und fest drückte und sie so lange hielt. Niemand sprach. Nach einer langen Weile ließ er sie los, denn der Patron regte sich wie zum Sprechen und er richtete sich auf:

»Ich bin voll bei Sinnen und möchte eine Erklärung abgeben . . . für den Fall, dass mir etwas zustoßen sollte . . .« Diese Erklärung ließ Materna aufschluchzen und beide Söhne legten beruhigend die Hand auf ihre Schulter. Silvanus fuhr fort: »Severus!«

»Ja?«

»Du weißt, dass deine Schwester Iulia . . .« Weiter kam er nicht, denn eine erneute Ohnmacht suchte ihn heim. Er sank zurück in die Kissen.

»Das Beste wird sein, wir lassen ihn allein in deiner Obhut, Mutter«, sagte Severus. Zusammen mit Adventus verließ er den Raum.

»Meinst du«, fragte ihn draußen der Bruder, »er wird . . . durchkommen?«

Sie schauten sich an: »Sein Leben liegt in der Hand der Götter. Er wollte eben sagen, dass wir beide uns um die Hochzeit von Iulia kümmern sollen.«

»Selbstverständlich!«, beeilte sich Adventus und nickte. Severus, der den Blick nicht von seinem Gesicht gelassen hatte, fuhr sehr ernst und eindringlich, zugleich um Wärme bemüht, fort: »Ich möchte, dass du mit mir zusammen opfern gehst im Tempel des Mercurius.«

Adventus nickte spontan. »Natürlich.«

»Ich bitte dich vor allem jedoch, dass du in den nächsten Tagen deine Sauftouren etwas einschränkst und dich mehr um die Belange der Familie kümmerst . . .«

Ihre Blicke maßen sich einen längeren Augenblick und Adventus wich dem Bruder nicht aus. Noch einmal nickte er und erklärte geradezu feierlich: »Ich verstehe . . . Ich verspreche es dir.«

Und Severus legte ihm brüderlich kurz den Arm auf die Schulter, ehe sie sich trennten und ihren wichtigen Geschäften nachgingen.

*

Obwohl es noch vor Mittag und ein schöner, ruhiger Tag war, mit einem heiteren Himmel, der sich weit und wolkenlos über Fluss, Ebene und Stadt spannte, senkte sich Trauer, ja Schwermut über das Haus und Kontor des Lucius Secundinius Silvanus. Da war keiner vom Gesinde, der nicht betroffen war, denn Silvanus war ein guter Herr und Patron gewesen, der stets gerecht, zwar streng, aber nie launisch dahergeredet hatte, heute anders als gestern oder morgen. Und viele unter ihnen dachten an diesem Morgen an die Anfänge des Hauses, das die Alten vor Jahrzehnten ja noch selbst erlebt hatten. Bisweilen ging unter denen, die die sechzig und mehr längst überschritten hatten, hinter der Hand und leise die Rede, wie Haldavo, der Vater des Patrons, es binnen kurzem zum Besitzer von zwei wohl ausgestatteten Rheinschiffen gebracht hatte. Und sie wussten noch mehr, von ihren Vätern und den Uralten, dass Haldavo gewiss krumme Sachen gemacht, dass er sein Geld bei Heerestransporten für den Dakerkrieg des großen Traianus verdient, dass er dabei seinen Chef betrogen haben musste; denn so schnell konnte man nicht, weder hier noch anderswo, eine erfolgreiche Karriere als Spediteur und Händler machen. Diese schnelle Wohlhabenheit war es dann ja auch, die ihn für den Vater der Valeria Procula so interessant machte: Er hatte einen guten alten Namen – aber kein flüssiges Geld, Haldavo besaß vom zweiten genug – entbehrte aber des Namens. So kam beides zu seinem Recht und von jenem Tage an, als die Verbindung zwischen beiden Häusern beschlossen, galt des Haldavo Unternehmen als eines der angesehensten der Stadt. Es gab nur wenige, die ihm das Wasser reichen konnten. So etwa dachten an diesem Morgen die Alten unter den Knechten und Dienern des Hauses. An solchen Tagen, da das Schicksal den Sterblichen ihre Grenzen aufzeigt, war das innere Auge wach und die Seele gespannt und sie sahen und bedachten Dinge, über die sie gemeinhin nicht grübelten. Dass es mit Silvanus, dem Patron, bald zu Ende gehen würde, war ihnen allen mit plötzlicher Gewissheit klar geworden; dass Severus die Führung des Betriebes übernehmen würde, war natürlich.

Wie aber das Verhältnis der Brüder sich fortan gestaltete, war offen. Es war zu hoffen, dass es Severus gelänge, Adventus zu sich und in die Pflicht herüberzuziehen, damit er endlich Vernunft annehme und seine Sesterzen zusammenhalte.

Gegen Mittag kam Julianus Agrippa, der Hausarzt, und was er nach einer längeren Untersuchung des Kranken sagte, das wussten sie längst. Freilich fand er, wie es einem guten Arzte anstand, die rechten Worte so zu reden, dass man noch aus dem Geringsten eine Hoffnung schöpfen konnte. Doch der Kern seiner Ausführungen besagte, dass das Leben, Wohl und Wehe des Kranken in den Händen der Götter liege; dass er wohl lange liegen müsse; dass man Aufregungen jeder Art von ihm fern halten müsse und dergleichen mehr. Was es denn sei? – Und er sprach ganz offen: dass der Schlag ihn getroffen, nicht – noch nicht – tödlich, doch fast! Und dass es sich wiederholen könne! Also Vorsicht und Rücksichtnahme in der ganzen Familie! Er verschrieb ihm gute Lüfte, nicht zu fettes Essen, Hühnchen und Hähnchen, viel Obst und natürlich Wein, vom besten. Im Übrigen werde er täglich vorbeikommen und nach dem Rechten sehen.

Dies hielt er denn auch durch, freilich wohl mehr dem Scheine nach und um einen Grund für zukünftige Forderungen zu haben. Doch spielte er seine Rolle perfekt, die Familie sah nur seine besorgten oder heiteren Mienen, je nachdem, was er erreichen wollte mit seinen Kommentaren und Mahnungen.

*

Am Nachmittag dieses Tages machte Severus einen Gang durch alle Räume des Unternehmens, sozusagen, um sich einen Überblick über den Stand der auf Lager gehaltenen Keramiken aller Art zu verschaffen. Er fragte die dafür Zuständigen unter den Arbeitern, hörte geduldig zu, stellte fest, dass die Regale, in denen das feinere schwarze Tafelgeschirr gestapelt wurde, fast wieder leer geräumt, während die andern, die das grobe Alltagsgeschirr horteten, gut bestückt waren. Erfreulich war der Absatz an verschiedenen Reibschüsseln.

Alles in allem zufrieden, solange er nicht an den erkrankten Vater dachte, ging er in den Wohntrakt zurück. Der Zustand des Patrons schien sich gebessert zu haben. Er hatte etwas gegessen, hatte Wein zu sich genommen, saß mit Kissen im Rücken gestützt auf seinem Bett und machte bereits Scherze. Severus setzte sich zu ihm, sodass die Mutter endlich einmal den Raum verlassen konnte, um nach den anstehenden Dingen im Hause zu sehen.

Silvanus schien sich indessen keiner Täuschung über seinen Zustand hingeben zu wollen, denn ohne Umschweife begann er: »Ich . . . habe das, was mein Vater mir überlassen, ausgebaut und erweitert . . . Ja, ich habe es vermehrt. Ich . . .« Er sah seinen Ältesten offen an. ». . . ich kenne sehr wohl diese bösen Geschichten, die man hinter meinem Rücken über meinen Vater erzählt . . .«

»Gerüchte!«, sagte Severus. »Aus Neid!«

»Aus Neid? Ja! Aus Neid. – Aber keine Gerüchte, mein Sohn. Ich weiß mehr, als ich euch je erklärt habe. Es war und ist auch unnötig. Es zählt nicht das Vorher. Wollte man überall auf dem Erdkreis die Anfänge der Mächte erkunden, man würde sich in einem Sumpf bewegen. Aber ich habe meine Hände stets rein gehalten. Du bist mein Zeuge!« Severus nickte und nahm erstaunt zur Kenntnis, dass sein Vater also doch noch litt unter dem üblen

Leumund seines eigenen Vaters Haldavo, der ein Fuchs, wenn nicht gar ein Wolf gewesen war, der, ohne mit der Wimper zu zucken, über Leichen ging, wenn es seinen Interessen nutzte.

»Du sollst wissen, dass ich froh bin . . . dass du dieses Handelshaus so leitest, wie es sein soll . . . Das Glück unseres Hauses wird immer von der Treue getragen werden, nie von kurzfristigen Vorteilen, vom schnellen Wechsel. Solche Zeiten kann es geben und mein Vater hat sie genutzt . . . doch nun haben sie sich geändert. Ruhe ist eingekehrt. Ordnung. Es gelten feste Abmachungen. Man muss sich daran halten . . .«

Er schwieg eine Weile und Severus ließ ihn mit seinen Gedanken zu Ende kommen. Schon nahm er den Faden wieder auf: »Nun ist da aber dein Bruder Adventus . . . Er ist nicht wie ich, nicht wie du, er ist wie mein Vater! Doch fehlt ihm die Kraft zur Beständigkeit. Du musst stets ein Auge auf ihn haben. Du darfst ihn nie allein entscheiden lassen. Er ist tüchtig in seinem Geschäft und er ist der beste Mann, wenn es darum geht, die schnellsten Routen festzulegen und zum Ziel zu kommen. Ist er aber da, vergisst er alles und lebt wie ein Narr, verschleudert das hart verdiente Geld mit Saufkumpanen und Dirnen . . . Man müsste ihm eine Frau besorgen . . .«

Auch dazu schwieg Severus, da er wusste, dass solches Unterfangen entschieden zu früh war. Adventus sollte sich austoben. Irgendwann musste er zur Vernunft kommen. Noch hatte er, Severus, das entscheidendere Wort zu reden, nun, nach dem Schlaganfall des Patrons, mehr als zuvor. Während er dies überdachte, bemerkte er, wie Schlummer über den Vater gekommen war. Leise stand er auf und verließ auf Zehenspitzen den Raum. Es passte ihm ganz gut in seinen Tagesplan, denn er hatte für den Nachmittag den Meister der Mosaikleger in den Neubau im Westen der Stadt bestellt, um die Anlage der Böden endgültig festzulegen. Er teilte es seiner Mutter mit. Dann ging er zum Hof und ließ den zweirädrigen, leichten und schnellen Wagen anspannen. Zusammen mit dem Schreiber, der seine Wachstafeln für alle Fälle dabeihatte, verließ er den Hof.

Wohnhaus und Lager des Silvanus lagen im Süden der Stadt, außerhalb der Mauer, aber ganz nahe beim Südtor. Längst konnte das Areal der ummauerten Siedlung nicht mehr die Betriebe fassen. Es waren auch die sicheren Grenzen, die solches Sichniederlassen außerhalb der Mauer gestatteten.

Severus nahm den Weg zunächst nach Westen, überquerte die Straße nach Bonna, ließ rechts die Benifiziarierstation liegen und folgte nun in einigem Abstand der Mauer. Nach etwa einer halben Meile bog er nach Norden ab, näherte sich wieder der Stadtbefestigung und folgte nun dem festen Weg, der außerhalb von Mauer und Graben die Stadt umrundete. Bei den westlichen Ausfallstraßen musste er aufpassen, denn hier war stets reger Verkehr. Reiter, Wagen, Fuhrwerke und Reisende zu Fuß suchten vor Einbruch der Nacht noch Quartier. Er passierte die Pfeiler der Wasserleitung, kurz danach das große Westtor. Nun wurde es ruhiger. Hinter dem nächsten Mauerturm würde er durch das kleinere Westtor die Stadt betreten.

Das Haus, das er gekauft hatte und das nun von Grund auf renoviert, vergrößert und verschönert wurde, lag hinter dem Tor links im Schutz der Mauer, die an dieser Stelle einen leichten Schwung nach Nordosten ausführte und dann wieder zum nordwestlichen Eckturm strebte. Hier war das entschieden teuerste und vornehmste Viertel der Stadt. Schon sehr früh hatten sich hier die gut Betuchten unter den Agrippinensiern niedergelassen. Der Grund war allen sehr einleuchtend: Da in der Ebene die Nordwestwinde vorherrschten, bestand hier kaum Gefahr, von den Ausdünstungen des Hafens, vom Lärm der Kräne, der Werkstätten und Lager am Rhein belästigt zu werden. Wer es geschafft hatte, hier zu wohnen und zu bauen, der gehörte dazu. Und war das Gefühl dafür, zu den Aufsteigern zu gehören, bei Silvanus noch sehr ausgeprägt, so war es für Severus beinahe selbstverständlich, dass die Verlegung der Wohnung in dieses Viertel lediglich eine längst fällige Aktion sei, auf die er im Übrigen schon seit langem immer wieder beim Vater gedrängt hatte. Ja, man konnte sagen, dass er dabei die treibende Kraft war, dass der Vater sich wohl bis an sein Lebensende mit dem Wohnsitz im Industrie- und Handwerkerviertel südlich des Bonner Tores zufrieden gegeben hätte. Anders Severus. Er fühlte sich als Teil der Oberschicht dieser Stadt und dieses in der Familie neue Standesbewusstsein – wenn wir von der Mutter Materna einmal absehen – verlangte nach sichtbarer Repräsentation. So waren ihm die Einrichtung, die geschmackvolle Ausschmückung des Hauses mehr als eine Fassade, wie man sie oft bei Neureichen vorfand, sondern er stand mit seiner ganzen Persönlichkeit dahinter, es ging ihm um den ihm zustehenden Lebensstil. Dies umso mehr, als die Zahl der Familien, die wie die Secundinier beinahe als autark gelten konnten, nicht groß war.

Das Haus war zweigeschossig, war Teil einer alten Insula und machte auf den ersten Blick eine heruntergekommenen Eindruck. Doch bei näherem Hinschauen wurde der Plan von Bauherr und Architekt sichtbar: Die Außenfront der Insula, dieses über hundert Jahre alte graue Gemäuer, war von Severus durchbrochen worden. Allein die Tatsache, dass diese Maßnahme von den städtischen Baubeamten und von den Ratsherren genehmigt worden war, zeigte den gewaltigen Einfluss der Secundinier bei den Etablierten des Rates. Die Änderung war notwendig geworden, weil Severus darauf bestanden hatte, die Decken der Räume im Erdgeschoss entschieden zu heben, sodass der Eindruck von großzügiger Höhe und Weite entstehen konnte, den er einmal beim Haus eines Handelspartners weit im Westen, in Gallien, bewundert hatte. Nun hatte der Baumeister es geschickt verstanden, die neue, geänderte Wandführung so in die alte Insulafront einzufügen, dass sie nicht nur nicht störte, sondern die Fläche auflockerte und ihr die Monotonie nahm.

Jedes Mal, wenn Severus sich dem Gebäude näherte, nahm er diese Änderung, diesen Wohlklang der Linien, mit Genugtuung zur Kenntnis. Gleichwohl war dies nur das Geringere; im Innern manifestierten sich Geschmack und Geld des Bauherrn. Das Nachbargebäude war einfach dazugekauft worden. Trennende

Mauern wurden niedergerissen. Innenhöfe, Säulenhallen, ein zierlicher Garten breiteten sich dort aus, wo noch vor kurzem stumpfes Holz, grauer Putz, bröckelndes Ziegelwerk verfielen und vermoderten. Am erhabensten schien ihm das zentral gelegene Peristyl und er hatte keine Mittel gescheut den besten erreichbaren Marmor für die Säulen zu beschaffen.

Man hatte drinnen wohl die Ankunft des Wagens gehört, denn als Severus das Haus betrat, fand er alle Handwerker eifrig bei der Arbeit, besonders aber die Mosaikleger. Sie füllten die Flure zwischen den Räumen mit einfacheren Gestaltungen, meist geometrischen Mustern in zwei Farben, wobei Severus sich besonders für das kontrastreiche Schwarzweiß entschieden hatte. Im alten Trakt des Gebäudes war außer den stehen gebliebenen Mauern alles erneuert worden. Auf dem glatten Innenputz strahlten nun die frischen Farben der Fresken, die pflanzliches Rankenwerk, bevölkert von allerlei Vögeln, darstellten. An anderer Stelle waren die Verputzer noch bei der Arbeit. Sie hielten inne, als sie den Bauherrn sahen, und grüßten durch tiefes Neigen des Kopfes. Er erwiderte mit einem freundlichen Nicken und Handheben.

An anderer Stelle waren die Tischler dabei, die neuen Doppeltüren aus Eiche einzupassen. Weiter nach Norden hatte es zunächst Probleme gegeben, da es fast unmöglich war, die Säulentrommeln, das große Becken für den Brunnen und andere klobige Steinteile durch den alten Eingang des Hauses zu bringen. Also musste auf der Straße ein schwerer Kran aufgestellt werden, und mit seiner Hilfe bugsierten die Leute die ungeheuren Lasten langsam, vorsichtig und sicher über die Mauer, die an dieser Stelle noch kein neues Dach bekommen hatte. Gleich zu Anfang der Arbeiten war das Wichtigste, eine neue Wasserleitung mit verschiedenen Anschlüssen, installiert worden. So konnte man an mehreren Stellen des Hauses bei Bedarf Wasser entnehmen. Und natürlich stimmte nun auch die Technik der kleinen Fontäne am Brunnen im Zentrum des Peristyls, denn man konnte mit einer mechanischen Vorrichtung den Druck des Wassers, das von der großen städtischen Wasserleitung abzweigte, regulieren oder den Hahn ganz schließen, was im Winter notwendig wurde.

Man meldete Severus, dass schon seit längerem ein Mosaikmeister auf ihn warte.

»Gut so . . .« Severus nickte und bat den Mann zu sich, während er zu den verschiedenen Wasserstellen ging und die Hähne ausprobierte. Er war zufrieden.

»Lucilius Macer, der Mosaikmeister, Herr!« Einer der Leute meldete ihm den Mann und Severus wandte sich ihm zu. Er kannte ihn nur flüchtig, hatte aber viel Gutes über ihn gehört, dass er schon in vielen Häusern römischer Siedler im Westen, besonders auch in der Augusta Treverorum, seine Steinbilder gelegt hatte. Alle seien mit ihm mehr als zufrieden gewesen.

»Du weißt, worum es geht, Lucilius?«

»Man sagte mir, du willst einen Festsaal schaffen und den Boden auslegen lassen.«

»So ist es. Komm! . . .«

Er ging voraus zu dem großen Raum im Norden. Hier waren erst die wichtigsten groben Handwerksarbeiten durchgeführt worden. Der Feinputz war noch nicht aufgetragen. Darum fragte Severus: »Was ist dir lieber: Sollen zuerst die Fresken angebracht werden oder willst *du* zuerst beginnen?«

»Lass sie erst die Fresken malen! Habe da schlechte Erfahrungen gemacht, Herr. Klecksen den ganzen Boden voll.«

»Wie du willst. Hast du den Plan?«

»Sicher. Hier . . .«

Er hatte die Rolle die ganze Zeit über in der Hand gehalten. Nun ging er zu einem der Fenstersimse des Tabliniums und rollte den Bogen auseinander, beschwerte die Enden mit Steinen. Lange studierte Severus den Entwurf, gab keinen Laut von sich, lobte nicht, tadelte nicht, sodass der Meister befürchtete, die Arbeit gefiele dem potenten Auftraggeber nicht. Doch dann hieß es:

»Doch . . . Ja . . . Die Konzeption gefällt mir. Nur an einigen Details habe ich etwas zu bemängeln . . .« Er nannte die Dinge, die ihm nicht gefielen, hier waren es Farben, dort störten ihn die zu aufdringlichen Augen eines Tieres – es handelte sich ja um ein

Jagdszenarium. Aber alles in allem war er zufrieden und Lucilius konnte aufatmen. Immerhin hatte er viele Stunden über dem Entwurf gesessen, hatte wenig von anderen Entwürfen übernehmen können, weil der Auftraggeber immer neue Sonderwünsche bezüglich der Tiere und ihrer Haltung hatte. Wenn der Plan nicht zugesagt hätte, wäre die ganze Mühe umsonst gewesen und Zeit war Geld. Vielleicht hätte dieser steinreiche Handelsherr sogar einen anderen mit der Arbeit betraut.

Severus war gerade mit Lucilius zu Ende gekommen und hatte ihm mit einem freundlichen Nicken entlassen, als unvermittelt Adventus im Türrahmen erschien. Erschrocken fuhr Severus herum:

»Ist . . . ist was mit dem Patron . . .?«

»Nein.« Adventus lächelte. »Er scheint sich zu erholen. Aber . . .«

»Ja?«

»Wir haben Besuch. Und er wollte unbedingt mit dir reden.«

»Wer denn?« Severus war neugierig geworden. Aber der Bruder brauchte nicht zu antworten, denn ein zweiter Mann mit Reisemantel trat hinter Adventus und rief nicht ohne Schwung:

»Salve, Severus!« Sie begrüßten sich gut gelaunt. Verecundus, zwölf Jahre älter als Severus, war Besitzer einer gut gehenden Töpferei weiter im Westen, bei Tolbiacum, am Rande des Gebirges. Sie kannten sich schon seit längerem, denn Silvanus hatte seine Söhne öfters mit auf Fahrt genommen, wenn er den einen oder anderen Lieferanten der Region besuchte. Und noch zu Lebzeiten von Verecundus' Vater – er war vor einem Jahr gestorben – war man sich einig geworden, dass eine eheliche Verbindung zwischen beiden Häusern für alle Beteiligten nur von Nutzen sein könnte. Verecundus junior, der schon zu wiederholten Malen in Colonia Agrippinensis gewesen, kannte die Familie des Silvanus und natürlich die jetzt achtzehnjährige Secundinia Iulia.

Einige kleinere Räume waren bereits fertig überarbeitet und mit Mobiliar bedacht worden und in eines dieser Zimmer bat Severus den Besucher. Severus erwartete Fragen oder Anregungen zu der bevorstehenden Hochzeit seiner Schwester, doch Verecundus begann mit etwas ganz anderem.

»Ich war, ehe ich hierher kam, in eurem Lager vor der Mauer und . . .« Verecundus hustete mehrmals, doch es schien Severus, dass es mehr eine Geste war, Zeit zu gewinnen. »Ja, ich sah da leere Regale. Wie kommt das?«

Severus erklärte es ihm: dass es keineswegs mangelndes Interesse der Käufer, sondern Lieferschwierigkeiten der Hersteller seien. Das schwarze feine Trinkgeschirr sei zur Zeit sehr gefragt. Es sei geradezu eine neue Mode, die sich ausbreite, und zwar nicht nur bei denen, die das teure Zeug ohne weiteres kaufen könnten, sondern neuerdings auch bei Leuten, für die es eigentlich zu teuer sei, die es sich absparen müssten, um der Tochter eine entsprechende Mitgift bereitzustellen.

»Na wunderbar!«, erklärte Verecundus. »Ich habe die gleiche Beobachtung gemacht und höre auch von kundigen Handelspartnern Ähnliches. Darum bin ich hier. Ich . . .« Er lächelte den zukünftigen Schwager kurz an und fuhr fort: »Ich möchte dir einen Vorschlag machen . . .«

Der Gedanke war einfach: Verecundus verlegte seine Produktion vornehmlich auf Reibschüsseln, produzierte aber auch das schwarze Trinkgeschirr. Das Handelshaus der Secundinier übernahm fast die gesamte Menge des Geschirrs und sorgte dafür, dass die Wünsche der Käufer in der Nähe, vor allem aber jenseits des Meeres, in Britannia, befriedigt wurden. Gerade drüben hatte sich nun ein großer Markt eröffnet.

»Wenn wir aufpassen«, schloss Verecundus, »gehört der Handel uns! Die Konkurrenz schläft nicht! Wir sollten nicht lange zögern . . .«

Dann wurde über den wirtschaftlichen Teil der bevorstehenden Verbindung gesprochen. Zur Mitgift der Braut würden einige Rheinschiffe gehören. Dazu eine erkleckliche Summe Geld. Verecundus würde – er hatte es unausgesprochen soeben schon angedeutet – erhebliche Anstrengungen machen, um das Versprochene liefern zu können. Das hieß zum Beispiel, dass neue Leute eingestellt werden mussten, dass die Brennöfen überholt und auf den neuesten Kenntnisstand gebracht wurden. Und natürlich mussten die Transporte, die Wagen, die Zugtiere, die Knechte, die

Verpackung so eingesetzt werden, dass sie größtmöglichen Gewinn abwarfen. Im Laufe des Gesprächs erklärte sich Verecundus bereit seinerseits einiges Geld in den Bau weiterer Transportschiffe zu stecken, und zwar auch solcher, die seefest genug waren, über das Meer nach Britannien zu segeln. Adventus, der zu diesem Gedankenaustausch wenig beigetragen hatte, erklärte sich gerne bereit besonders über Transportfragen, Ausstattung der Schiffe, Anwerbung von Seeleuten und alles, was für ihn als Leiter der Spedition wichtig war, nachzudenken und den Bruder wie den Schwager in spe auf dem Laufenden zu halten. Severus nahm diesen brüderlichen Eifer mit Genugtuung zur Kenntnis und hoffte, dass es sich dabei nicht um ein Strohfeuer handeln würde.

Als die drei eine halbe Stunde später das alte Haus der Familie in der Nähe des Südtores betraten, schlug ihnen aus der Küche ein herrlicher Bratenduft entgegen und sie warfen sich einen erwartungsfrohen Blick zu.

Wenn auch Silvanus vom Arzt verboten war das Lager zu verlassen, so setzte er seinen Willen durch und man bettete ihn auf einen Korbsessel, stellte zwei Hocker davor, legte Kissen darüber, sodass er es so bequem wie möglich hatte und dem Essen, den Gesprächen und der Musik folgen konnte. Vetinia Materna aber, wie so viele Frauen, hatte in diesen Dingen eine Art sechsten Sinn; und sie machte sich bewusst, dass dies vielleicht das letzte Zusammentreffen der Familie mit dem Vater sein konnte. Zu schnell konnten die Götter ihre Entscheidungen ändern. Sie hatte es so oft an sich und an befreundeten Familien erfahren. So kam es, dass dieser Abend einer jener werden sollte, die man noch nach vielen Jahren in deutlicher Erinnerung hatte, weil etwas Seltenes unausgesprochen zwischen den Menschen war: Harmonie . . .

Keltisierung

Seitdem mit Anfang des 2. Jahrhunderts in den germanischen Provinzen keine größeren Bevölkerungsverschiebungen durch neue Truppenkontingente stattgefunden hatten und die Truppen jetzt aus ihren Standorten rekrutiert wurden, blieb die Bevölkerungsstruktur homogen. Dies hatte zur Folge, dass sich jetzt die germanisch-keltischen Traditionen verstärkt bemerkbar machten. Ein typisches Beispiel hierfür ist die Ablösung der römischen Meile durch die keltische Leuge (1 1/5 Meile) im 2. Jahrhundert. Ebenso verschwanden die Öllampen, die Beleuchtung erfolgte wieder mit einheimischen Beleuchtungsarten: Kienspan, Talglampe, Kerze.

Bei der Uniform der Soldaten treten einheimische geschlossene Stiefel an die Stelle der durchbrochenen Soldatenstiefel (caligae). Auch wurde in den germanischen Provinzen bald die Hose als Uniformbestandteil eingeführt.

Man kann also feststellen, dass die Kultur in den gallisch-germanischen Ländern durchaus unterschiedlich zu der italischen im 2. Jahrhundert war.

Römische Namen

Die unterschiedliche Bevölkerungsstruktur in den germanischen Provinzen schlug sich auch in der römischen Namensgebung nieder. Grundsätzlich kann davon ausgegangen werden, dass seit claudischer Zeit die Tria Nomina gebraucht wurde. Dies bedeutete, dass Vornamen (praenomen), Familiennamen (nomen gentile) und Beinamen (cognomen) geführt wurden. Gaius Flavius Attonianus: Gaius (Vorname) Flavius (Familienname) Attonianus (Beiname).

Der eigentliche Rufname in den Provinzen war der Beiname. Der Vorname hatte ab dem 2. Jahrhundert keine richtige Funktion mehr und war nur noch Bestandteil des amtlichen römischen Namens; ab dem 3. Jahrhundert verschwand er.

Die vielen keltischen Orts- und Stadtnamen in den germanischen Provinzen, in denen keine keltische Urbevölkerung mehr lebte, sind sicher von den ersten Truppen mitgebracht worden, die meist aus Gallien stammten. Solche Ortsnamen sind die von Remagen (Rigomagus), Dormagen (Durnomagus) usw. Einheimische Namen sind die von Bonn (Bonna) und Trier (Augusta Treverorum, nach der Hauptstadt der Treverer).

Grabritus

Bei den Römern war es verboten, die Toten in den Siedlungen zu begraben. Dies bezieht sich allerdings nur auf die Städte, die mit einer Mauer umgeben waren. Bei den kleinen vici können wir feststellen, dass häufig die Toten einer Familie geradewegs im Gartenbereich eines Hauses bestattet wurden. Normalerweise wurden aber die Toten außerhalb der Siedlungen, meist an den Ausfallstraßen, begraben.

Wie die gesamte antike Welt gingen auch die Römer davon aus, dass die Toten im Jenseits ähnliche Bedürfnisse wie zu Lebzeiten hätten. Dementsprechend wurden für das Leben im Jenseits Speise und Trank sowie Gegenstände des täglichen Lebens (Lampen, Rasierzeug, Spiegel und Kämme) mitgegeben. Außerdem bekam der Tote eine Münze, um damit den Fährmann über den Totenfluss bezahlen zu können. Frauen erhielten oft ihren Schmuck mit ins Grab, Handwerker manchmal ihr Werkzeug.

Bis ins 2. Jahrhundert n. Chr. hinein war die Leichenverbrennung vorherrschende Bestattungssitte. Mitte dieses Jahrhunderts begann sich dann die Körperbestattung durchzusetzen. Ab dem 4. Jahrhundert gab es dann keine Verbrennungen mehr.

Die Verbrennung fand auf einem Scheiterhaufenplatz in der Nähe des Friedhofes statt. Der Leichnam lag auf dem Scheiterhaufen, er war gewaschen und in seine Festtagsgewänder gehüllt. Neben ihm waren die Totenbeigaben aufgestellt. Die Familie und bestellte Klageweiber sangen die Totenklage. Bevor der Scheiterhaufen angezündet wurde, kam es noch zu einer Weinspende.

Nach Abkühlung der Reste des Scheiterhaufens wurden die übrig gebliebenen Knochen sorgfältig ausgelesen und in eine Urne gelegt. Diese war ein Gefäß des täglichen Lebens und konnte aus allen dafür verwendeten Materialien bestehen.

Die Körperbestattungen ab Mitte des 2. Jahrhunderts wurden meist in Holzsärgen – nur die Begüterten konnten sich Steinsarkophage leisten – durchgeführt. Jedes Grab war mit einem Mal bezeichnet, einem Grabstein oder einem andersartigen Grabmonument, bei den Armen bestand dieses Mal meistens nur aus einem Holzbrett.

Kataster

Das gesamte Land einer Civitas oder einer Stadt war parzelliert und die Urkunde darüber im Katasteramt des Hauptortes niedergelegt. Eine Kopie davon lag in Rom. Wie heute beruhte das Kataster auf einer Landvermessung. Die Besitzer der einzelnen Parzellen wurden in Katasterurkunden festgehalten. In der Spätantike war das Kataster die Grundlage der Steuerorganisation.

Aus römischer Zeit haben sich Katasterunterlagen der Städte Orange (Frankreich) und Ostia (Italien) erhalten. Vereinzelt hielten sich die Katastereinteilungen von der Spätantike bis in die heutige Zeit, so z. B. in der Nähe des Kastells Krefeld-Gellep.

Colonia Agrippinensis – Köln

Der volle Name dieser Stadt lautete: Colonia Claudia Ara Agrippinensium. Auf Veranlassung von Agrippina, der Frau des Kaisers Claudius, die hier 16 n. Chr. geboren wurde, wurde ihr 50 n. Chr. das Stadtrecht verliehen.

Die Stadt wurde gleich mit einer Mauer umgeben. Diese war 4 km lang, 2,4 m breit und möglicherweise 10 m hoch, hatte vier Doppelturmtore und fünf Einzelturmtore und umschloss ein Areal von 96,8 ha. In der Stadt lebten ca. 15 000 Menschen.

Das Straßensystem war rechtwinklig angelegt und umfasste 78 Insulae, Straßenquartiere. Die Straßen waren in den ersten beiden Jahrhunderten gekiest, im 3. Jahrhundert wurde eine Pflasterung mit Säulenbasalten eingeführt. Die Hauptstraßen (cardo maximus und decumanus maximus) waren ca. 22 m breit, die anderen Straßen 11–14 m.

An der Ostseite der Stadt lagen der Rheinhafen und eine schützende Insel im Fluss. Eine Brücke verband Stadt und Insel. Auf der Rheininsel befanden sich Speicherbauten.

Das Forum, am Schnittpunkt der Hauptstraßen gelegen, umfasste wahrscheinlich die Fläche von sechs Insulae.

Zwischen Hafenmauer und dem Cardo maximus lag der Statthalterpalast, das Prätorium.

Im Süden, hinter der Hafenmauer, befand sich unter der heutigen Kirche Maria im Kapitol der römische Kapitolstempel, der mit seinem Tempelhof die gesamte insula einnahm.

Wo sich heute der Dom befindet, stand ein kleinerer Tempel für Mercurius Augustus. Zwei gallische Umgangstempel lagen an der Westseite der Stadt. Von der Privatbebauung konnten bislang nur im Dombereich größere Partien untersucht werden. Wir können hier Häuser wohlhabender Bürger feststellen, die ihre Räumlichkeiten mit Mosaiken, z. B. dem Dionysosmosaik, und Wandmalereien schmückten. Im Westen der Stadt wurden ähnliche Anlagen ausgegraben.

Vor der Stadt, im Bereich der vier großen Ausfallstraßen, produzierten bis zum Germaneneinfall von 275 Töpfereien, Buntmetallschmelzen, Ziegeleien, Glasöfen, Gerbereien, Steinmetz- und Leder verarbeitende Betriebe.

Die Stadt entwickelte sich aus der Siedlung der Ubier und war Hauptort der Civitas Ubiorum. An dieser Stelle entstand noch vor Christi Geburt ein römischer Militärstützpunkt, der später vom Doppellegionslager der legio I (Germanica) und der legio XX Valeria victrix abgelöst wurde. Vor dem Lager befand sich das oppidum Ubiorum, eine Zivilsiedlung. Diese Siedlung muss gleichzeitig mit der ersten Militärsiedlung angelegt worden sein, keinesfalls ist sie älter als diese. Nach Abzug der zwei Legionen zog die Zivilbevölkerung in das aufgelassene Lager, die Straßenfluchten blieben dieselben. Gleichzeitig entstand südlich des Oppidums das Flottenlager der classis Germanica im heutigen Köln-Alteburg.

69 wurde in Köln der Statthalter Niedergermaniens, Vitellius, zum Kaiser ausgerufen. Trajan übernahm hier 98 nach dem Tod von Nerva die Regierungsgewalt.

257 erhielt Köln eine Münzstätte. Hier regierten zwischen 259 und 274 auch die Kaiser des gallischen

Sonderreiches. Sie konzipierten ihre Hauptstadt als zweites »Rom«.

Unter Konstantin d. Großen wurde Köln durch eine feste Rheinbrücke mit dem Brückenkopf Deutz verbunden. Infolge der Frankeneinfälle wurde 353 auch Köln zerstört. Unter Julian (361–363) und Valentinian (364–375) wurden die Kölner Befestigungen wieder aufgebaut. Ab 456 saßen die Franken fest in Köln, ohne dass es zu einer erneuten Belagerung gekommen war.

Stadtverwaltung

Oberstes Organ der Stadt war der Stadtrat (ordo decurionum). Ihm gehörten ca. 100 Stadträte (decuriones) an. Sie wurden von den Bürgen lebenslänglich in dieses Ehrenamt gewählt. Voraussetzung dafür waren Vermögen und Grundbesitz.

Aus dem Kreis der Stadträte wurden jährlich zwei Bürgermeister gewählt (duoviri), ein Kollegium für die Kassenverwaltung (quaestores) und ein solches für die Polizei (aediles).

Aufgabe der Stadtverwaltung war es, die allgemeine Verwaltung durchzuführen, für Ruhe und Ordnung zu sorgen, die lokale Rechtsprechung auszuüben und die Veranlagung und Einziehung der Steuern zu kontrollieren.

Selbstverwaltung – Civitas

Wie in den Städten standen auch den Civitates eigene kommunale Selbstverwaltungen voran. Bis zum Jahr 212, als allen Bürgern das römische Bürgerrecht verliehen wurde, bestand die Bevölkerung einer Civitas aus Vollbürgern und Nichtbürgern (peregrini). Die Bürger wählten den Rat, den ordo decurionum, dessen Mitglieder vermögend sein mussten. Tagungsort war der Ratssaal (curia) des Hauptortes. Der Rat wählte einmal jährlich die zwei Bürgermeister (duoviri). Dazu gab es noch die aediles, die für die öffentlichen Einrichtungen, und die quaestores, die für die Finanzen zuständig waren.

Die Civitas erhob von ihren Mitgliedern Kommunalsteuern. Diese Steuern wurden auf Grund einer alle fünf Jahre durchgeführten Vermögensschätzung (census) erhoben. Hierzu wurden besondere Listen erstellt. Nur wer in solchen Listen aufgeführt war, galt als Mitglied der Civitas.

Der Rat der Civitas war wie in den Städten zuständig für kleinere Rechtsvergehen. Kapitalverbrechen wurden vom Provinzstatthalter geahndet.

Wasserversorgung

Das römische Köln erhielt im 1. Jahrhundert sein Wasser aus dem westlich liegenden Vorgebirge. Es wurden Leitungen gebaut, die das Wasser von vier Quellgebieten anzapften und dann in die Stadt zum

Hauptverteiler brachten. Ende des 1. Jahrhunderts erwies sich das Wasseraufkommen als zu gering. Deshalb wurde eine große Leitung aus der Eifel gebaut, die sowohl das Flusssystem des Rheins als auch das der Maas anzapfte. Die Leitung wurde meist unterirdisch verlegt, mit Kontrollschächten in regelmäßigen Abständen. Das Tal der Swist wurde mit einem großen Aquädukt überspannt. Aus dieser Leitung strömte täglich eine Wassermenge von 30 Millionen Litern nach Köln.

Innerstädtisch gelangte das Wasser über Eichenrohre zu den einzelnen Stadtquartieren und dann über Hausanschlüsse in die Privatquartiere. Die Leitungen verliefen unter den Kolonnaden in geringer Bodentiefe. Die Hausanschlüsse mussten bezahlt werden, man konnte eine bestimmte Durchflussmenge mit einer geeichten Drosselklappe kaufen.

Neben Brunnen und Zisternen gab es öffentliche Laufbrunnen, aus denen die Allgemeinheit, die keinen eigenen Wasseranschluss hatte, ihr Wasser holen konnte. Bei den Germaneneinfällen von 275 wurde diese Fernwasserleitung beschädigt und nicht wieder repariert.

Unterhaltung

Für die Unterhaltung gab es in größeren Siedlungen Amphitheater und teilweise sogar Theater. Im Amphitheater fanden Tierhetzen und Gladiatorenkämpfe statt. Wenn Theater gespielt wurde, dann nicht so sehr das klassische griechische, sondern einfache Volksstücke, die dem Publikumsgeschmack entsprachen. Außerdem gab es noch das fahrende Volk, das auf den Marktplätzen seine Kunststücke feilbot.

Wohnverhältnisse

Die Wohnverhältnisse auf dem Land waren so, dass die Hauptgebäude der Gutshöfe, die meist eingeschossig waren, genügend Platz für die Familien boten. Auch die Gesindehäuser waren geräumig genug, um die Familien des Personals aufzunehmen. Auf allen Höfen war mindestens ein gut beheizbarer Raum und immer ein Bad. Reichere Gutshöfe hatten auch ein eigenes Gesindebad.

In den Siedlungen waren die Platzverhältnisse etwas bedrängter, da die Häuser ziemlich eng standen. Auch hier muss eingeschossige Bauweise angenommen werden. Räumlichkeiten standen für die Besitzer und deren Angestellte genügend zur Verfügung, obwohl nicht in dem Maße wie auf den Höfen.

In den Städten hatte die Oberschicht geräumige Häuser. Bislang sind allerdings keine Gebäude für die Unterschicht, die Arbeiter und Handwerker, gefunden worden. Wenn die Verhältnisse aus Ostia übertragen werden können, dann war hier der Platz sehr beengt. Es gab keine Kochstellen, die Leute aßen in Garküchen und wuschen sich in den öffentlichen Bädern. Wasser gab es an den Brunnen.

Heizung

Neben der Möglichkeit, Räume direkt mit einem offenen Feuer in einem Kamin oder mit einem Kohlebecken zu heizen, gab es zwei Arten von indirekter Heizung: die Fußbodenheizung als Hypokaust- oder als Kanalheizung. In beiden Fällen befand sich die Feuerstelle außerhalb des zu beheizenden Raumes. Bei der Hypokaustheizung lag der eigentliche Zimmerboden auf Ziegelsäulen, die ca. 50 cm hoch waren. An der Zimmerwand befanden sich Hohlräume, durch die die Rauchgase entweichen konnten.

Bei der Kanalheizung führten von der Feuerstelle Kanäle zu den Zimmerecken, wo die Rauchgase nach oben ausgeführt wurden.

Bei beheizten Baderäumen wurde die Wand meist mitgeheizt. Die Wand war dann doppelt, in dem Zwischenraum konnte die Warmluft mit den Rauchgasen nach oben geführt werden. Austrittsöffnungen für die Rauchgase befanden sich im obersten Drittel der Raumhöhe.

Geheizt wurde mit Holz oder Holzkohle. Wo es möglich war, wurde auch Steinkohle benutzt. In der Römerzeit wurde im Bereich von Aachen Steinkohle obertägig abgebaut.

Mit einer Fußbodenheizung konnten nicht alle Räume eines Hauses beheizt werden. Bei Räumen im Obergeschoss war nur Wandheizung möglich, im Erdgeschoss wurden meist nur einige Repräsentationsräume erwärmt, die Bä-

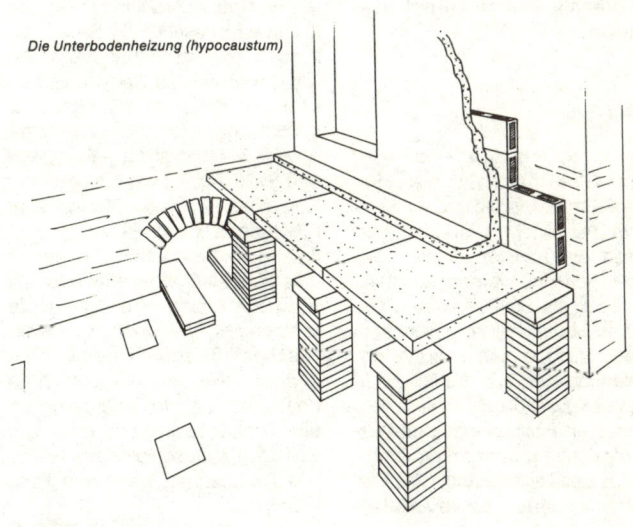

Die Unterbodenheizung (hypocaustum)

111

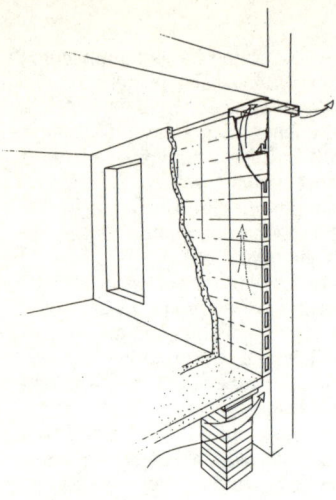

Die Wandheizung

der waren allerdings immer geheizt. Ansonsten behalf man sich mit Kohlebecken, im Küchenbereich brannte sowieso meist das Herdfeuer.

Fenster

Im römischen Germanien sind Fenster mit Glasscheiben schon früh nachweisbar. Daneben gab es auch die nur mit einem Holzladen geschlossenen Fenster. Wenn die Fenster geöffnet werden konnten, dann meist als Schiebefenster, die seitlich in Mauerschlitze geschoben wurden. Nach außen wurden die Fensteröffnungen mit Eisen- oder Holzgittern geschützt.
Die ältesten Fensterscheiben aus dem römischen Germanien stammen aus der Zeit um 40 n. Chr. Die Scheiben kommen in zwei Größen

vor: einer fast quadratischen von ca. 26 x 24 cm und einer rechteckigen von ca. 54 x 36 cm. Aus Pompeji liegt auch eine Größe von 33 x 27 cm vor. Sie waren in hölzerne Rahmen gefasst.
Die Fensterscheiben wurden entweder in einen Holzrahmen gegossen oder aber als Hohlzylinder geblasen, der dann aufgeschnitten wurde. Die Glasstärke betrug 3–6 mm. Die Farbe war meist blaugrün, entfärbte Scheiben sind nicht bekannt.

Haushaltsgeschirr

Auch zur Römerzeit benutzte man verschiedene Geschirre: Koch-/Küchen-, Ess- und Vorratsgeschirr. Das Koch-/Küchengeschirr, Kochtöpfe, Pfannen und Schüsseln, die zum Vorbereiten von Speisen dienten, war meist gröber in der Machart als das Essgeschirr. Zu diesem gehören Teller, Soßennäpfe, Vorlegeplatten und die Becher, Schüsseln und Krüge fürs Trinken. Zusätzlich gab es noch Vorratsgeschirre wie Tonfässer für Getreide und Salz, Töpfe zum Einlegen und Konservieren von Fleisch und Früchten in Honig.
Je nach Geldbeutel bestanden diese Gerätschaften entweder aus Bronze/Messing wie Kochtöpfe, Weinsiebe, Weinkrüge, Weinmischgefäße oder Silber wie Trinkbecher, Weinkrüge, Essplatten, oder aber aus glasiertem Ton wie alle Trinkgeschirre und auch zum Teil das Essgeschirr oder aus Glas wie Trinkbecher, Teller und Trinkkrüge.

Töpferei

Zu einem guten Töpferstandort gehörte neben den entsprechenden Tonvorkommen ständig vorhandenes Wasser und genügend Holz. Der Ton musste zuerst gestochen, in der Maukgrube überwintert und mit Magerungszusätzen vermischt werden, bevor er zu Gefäßen verarbeitet werden konnte. Die Gefäße wurden auf der Drehscheibe hochgezogen und dann zum Trocknen regensicher gelagert. Waren sie trocken, konnten sie gebrannt werden.

Die römischen Töferöfen waren meist im unteren Teil in den Boden eingetieft, d. h. dass die Brennkammer und die Arbeitsgrube aus dem Boden ausgehoben wurden. Nach oben war die Brennkammer mit einem gelochten Zwischenboden abgeschlossen. Hierauf stand das Brenngut. Die römischen Öfen wurden von oben beschickt. War der Ofen gefüllt, wurde er mit großen Scherben zugedeckt. Dann wurde das Feuer im Ofenfuchs angesteckt. War eine ausreichende Glut im Ofen vorhanden, wurde die Scherbenabdeckung mit Grassoden luftdicht abgeschlossen. Nachdem der Ofen abgekühlt war, wurde die Abdeckung entfernt und der Ofen geleert.

Verecundus aus Soller

Aus der Töpferei bei Vettweiß-Soller, Kreis Düren, liegen Fehlbrände mit dem Töpferstempel Verecundus vor. Derselbe Stempel kommt auch auf Gefäßen aus Fundstellen am Niederrhein vor. In Nordengland tauchen sie ebenfalls auf. Alle sind sie in Soller her-

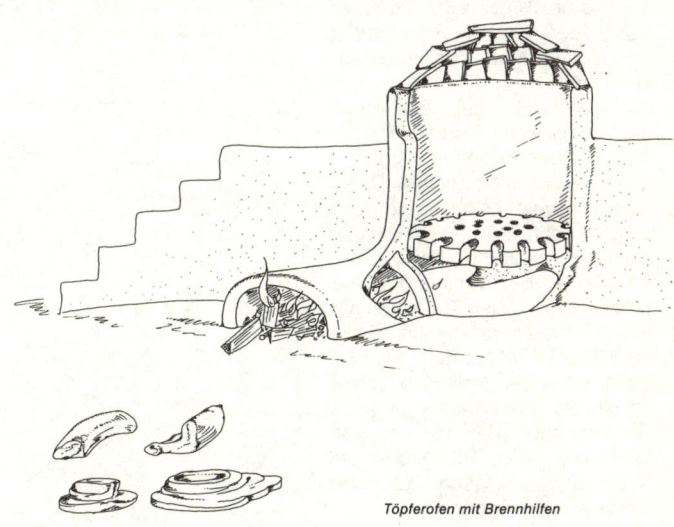

Töpferofen mit Brennhilfen

113

gestellt worden. Verecundus produzierte hauptsächlich Reibschüsseln und große Tonflaschen, die zur Aufbewahrung von Lebensmitteln dienten, daneben aber auch Glanztongeschirr, besonders Becher. Die Tätigkeit des Verecundus begann um 170 n. Chr.

Handel und Verkehr/Keramikhandel

Der römische Fernhandel vollzog sich meist auf dem Fluss, da hier die einzige Möglichkeit bestand schwere Lasten ohne Schwierigkeiten und kostengünstig über große Entfernungen zu transportieren. Für den Straßenverkehr gab es gut ausgebaute Fernstraßen und ebensolche Regionalstraßen. Rhein und Donau waren die Hauptverkehrswege der germanischen Provinzen. Hierüber wurde der gesamte Fernhandel mit England bzw. Pannonien abgewickelt.

Der Keramikhandel, besonders der spezialisierte Keramikhandel, lag meist in den Händen von einigen wenigen Fernhändlern. Diese kauften direkt beim Töpfer und sorgten dann für den Weitertransport zum Verkäufer. Wegen der Zerbrechlichkeit der Ware wurde normalerweise der Transport per Schiff vorgezogen. Während die großen Gefäße, die für die Küche bestimmt waren, meist von vornherein als Stapelware produziert wurden, gelangten die feineren Geschirre wie Trinkbecher in Transportbehältnissen (Fässern) verpackt zum Versand.

Aus dem Rhein-Maas-Delta liegen aus dem Heiligtum der Dea Nehalennia bei Colijnsplaat (Niederlande) viele Hinweise auf rheinische Keramikhändler vor, die den Handel rheinischer Keramiken nach England organisierten.

Für den Handel über Provinzgrenzen hinweg gab es Binnenzollbezirke, in denen mehrere Provinzen zusammengefasst waren.

Zur öffentlichen Nachrichtenübermittlung gab es die Post. Die Zentralstelle befand sich in Rom. Dieser unterstanden einzelne Postdirektoren, deren Sprengel aus mehreren Provinzen bestanden. Die beiden Germanien und die Belgica bildeten so einen Postsprengel. Die Gemeinden mussten die Transportmittel stellen, die Fuhrbetriebe selbst waren verpachtet.

Im Lager der Legion

Wie in Niedergermanien befanden sich im 2. Jahrhundert in Obergermanien zwei Legionen, die in Mainz und Straßburg stationiert waren.

C. Flavius Attonianus wurde 97 als ältester Sohn des ehemaligen Hilfstruppensoldaten Friannius auf dessen Hof bei Mainz geboren. 115 trat er in die 22. Legion in Mainz ein, 125 wurde er Centurio, 135 quittierte er den Soldatendienst und siedelte sich südlich von Straßburg bei Helellum (Ehl) an. Ein Jahr später heiratete er Primnia Comitilla, eine Mediomatrikerin, geboren 119 in der Umgebung von Metz. 137 wurde der älteste Sohn Aventinus geboren, der aber schon mit zwei Jahren an Lungenentzündung starb. Die Tochter Apronia kam 138 zur Welt. Sie heiratete 153 nach Augsburg, wo sie 166 starb.

142 wurde Aeternus geboren. Primnia starb 153 auf dem Hof. Der Sohn trat 160 in die 8. Legion ein, wo er 170 Centurio wurde. Er heiratete 174 Octavia Capitolina, geboren 149 in Augst. 175 kam Nepotianus und 177 Lucilla auf die Welt.

Fakten, Daten, Hintergründe Seiten 133–142

Obwohl der alte Mann in ziviler Kleidung, zumal in sehr einfacher, ja bäuerlich derber, vor ihnen stand, wurde er von den Posten an der Porta decumana, dem rückwärtigen Lagertor, nicht nur freundlich, sondern geradezu zuvorkommend gegrüßt. Es war jene seltsame Mischung aus Ehrerbietung, Achtung und einer gewissen Nachsicht, wie man sie nur zwischen aktiven jungen Soldaten und ausgeschiedenen, alten Veteranen findet: Man respektiert die Verdienste des ehemaligen Vorgesetzten – und weiß doch, dass er nicht mehr mitreden, nicht mehr strafen, nicht mehr schaden kann. Umso mehr nimmt man ein Lob des alten Herrn entgegen, der im Übrigen selbst weiß, was die jungen Leute denken, und es – wenn er Humor hat – mit einem Schmunzeln zur Kenntnis nimmt.

So auch Attonianus, den wir hier wieder treffen. Dreiundachtzig ist der geworden. Sein Bruder Romanus war längst in den Hades abgegangen, ebenso seine Schwester Flavia Prima und sein zweiter Bruder Tertius. Die andern hatten es nie für möglich gehalten, dass ausgerechnet Attonianus sie alle überleben würde, zumal er in den letzten Jahrzehnten oft über längere Zeit krank gewesen war. Aber er selbst hatte seit frühesten Jahren das sichere Gefühl, nein, das Wissen, dass er alt, sehr alt werden würde. Und nun war er dreiundachtzig! Der Segen der Götter lag auf ihm, denn er war nicht nur alt, sondern – und das war ihm das Wichtigste – er war gesund, abgesehen natürlich von gewissen Beschwerden des Greisenalters, wie Rheuma, das ihn in regelmäßigen Abständen heimsuchte, Verstopfung, Gicht und zunehmender Schwerhörigkeit. Aber sonst war der Körper intakt, gehorchte seinem Willen, ließ ihn nicht im Stich, wenn er sich morgens vom harten Lager erhob. Er tat dies früh, wie immer, denn auch nach seiner Entlassung aus dem aktiven Dienst blieb er innerlich Soldat.

Der Wunsch seiner jungen Jahre hatte sich erfüllt. Er hatte den Hof in der Nähe des Garnison von Argentorate bekommen. Und er hatte ein Weib bekommen, wie er es sich einst vorgestellt hatte: zupackend, robust, rundlich und mit prallen Brüsten, die den Kindern Kraft gaben. Solange sie stillte, blieben die Kleinen gesund. Trotzdem war Aventinus, der zweite Sohn, bereits zwei

Jahre nach seiner Geburt gestorben. Und seine einzige Tochter Flavia Apronia war im Alter von achtundzwanzig Jahren von einer plötzlich hereinbrechenden Fieberepidemie dahingerafft worden. So war von den drei Kindern nur Aeternus geblieben. Und er nun schien der Liebling aller guten Götter zu sein. Er war gesund, mit großem Verstand und intuitivem Gefühl für das Machbare ausgestattet. Attonianus brauchte ihn nicht zu drängen, er strebte von sich aus nach einer militärischen Karriere, wollte es weiter bringen als der Vater.

Aeternus begleitete den alten Vater und der Gruß der Posten, der ihm galt, war dann auch entschieden zackiger und eifriger als jener, mit dem man den uralten Veteran geehrt hatte. War Attonianus schon vor vierzig Jahren aus dem Militärdienst ausgeschieden, so befand sich der Sohn kurz vor dem Höhepunkt seiner Laufbahn; und das war denn auch der Grund, warum Attonianus ihn an diesem Tage ins Lager der 8. Legion zu Argentorate begleitete. Aeternus stand vor der Beförderung zum Primus pilus, dem Centurio der 1. Kohorte. Augenblicklich rangierte er noch als der zweite unter den Centurionen der 1. Kohorte.

Stolz führte der Sohn den Vater durchs Lager und stolz ließ der Alte sich geleiten. Primus pilus! Mehr konnte einer, der als einfacher Soldat begann, nicht werden. Es war die Ochsentour. Man fing, wenn man denn schon Führer einer Centurie wurde, in der 10. Kohorte an als Hastatus posterior. Arbeitete sich mit Ausdauer, Fleiß, absoluter Disziplin, Zuverlässigkeit, Können und Fachwissen von Stufe zu Stufe höher. Erreichte schließlich nach Jahren, nach Jahrzehnten die 3. oder gar die 2. Kohorte. Und nur einer kam bis zum Primus pilus.

Zwar hatte Aeternus es dem Vater schon einmal erläutert; doch der Alte, sei es dass er vergesslich war, sei es dass er es noch einmal hören und genießen wollte, er fragte den Sohn, nachdem sie das Tor passiert hatten: »Wieso bist du eigentlich so schnell befördert worden?« Er hüstelte, denn es war Spätherbst und die Luft kühl und feucht. Er legte sich seinen Wollschal enger um den Hals. Bis vor einer Stunde hatte es geregnet.

Aeternus, der ununterbrochen von Soldaten, Prinzipalen und

rangniedereren Centurionen gegrüßt wurde, war in Sorge um die Gesundheit des alten Vaters und schickte einen Mann los einen Soldatenmantel zu holen. Nach wenigen Augenblicken war er zurück und Aeternus selbst legte dem Vater das Wolltuch um. Attonianus ließ es geschehen, denn er sah sehr wohl, wie alle Chargen in der Nähe die Fürsorge seines Sohnes zur Kenntnis nahmen. Dann erst antwortete Aeternus:

»Du weißt doch . . . Der Krieg gegen die Markomannen! Fürchterliche Verluste! Gerade auch unter den Centurionen, die in vorderster Front standen . . .«

Viele Jahre hatte er in den gefährdeten Regionen gestanden, hatte alle großen Schlachten der letzten Sommer unter Kaiser Mark Aurel mitgemacht. Die Führung war bald auf ihn aufmerksam geworden. Er hatte einmal seinem Legaten das Leben gerettet. Das verpflichtete. Auch verlangte er von sich das Letzte! Hielt auf Ordnung und Disziplin, duldete nicht die geringste Schlamperei bei seinen Untergebenen, strafte gerecht, aber hart. So war er unaufhörlich gestiegen, hatte auch in mehreren Legionen gedient, manchen Rang innerhalb der Kohorte übersprungen und war vor zwei Jahren zum 2. Centurio der 1. Kohorte der Legio VIII Augusta avanciert. Zuletzt wunderte es ihn nicht mehr.

Während der Zeit seiner mittleren Laufbahn fand er das schnelle Fortkommen immer wieder überraschend. Dann hatte er sich daran gewöhnt. Natürlich gab es Neider. Männer, die länger gedient hatten. Männer mit Verdiensten. Aber ihnen fehlte seine wache Intelligenz, seine Härte. Sie straften oft, um ihre eigene Unzufriedenheit, ihre Enttäuschung über die Zurücksetzung loszuwerden. Sie waren nicht beliebt, wohl gefürchtet. Aber man nahm sie nicht so für voll wie ihn, und das galt für beide Seiten, seine Untergebenen wie seine Vorgesetzten. Nicht unwichtig bei seinem rasanten Avancement war gewesen, dass er lesen und schreiben konnte. Sein Vater hatte in frühen Jahren darauf bestanden, hatte eine Menge Geld für Privatstunden bei teuren Lehrern ausgegeben. Nun hatte es sich bezahlt gemacht.

Sie gingen gemächlich die Via decumana entlang, die rechts und links von langen, einstöckigen Steingebäuden gesäumt wurde, den Unterkünften der Legionsreiter.

»Alles besser heute!«, brummte Attonianus und Aeternus wusste, was er meinte: Heute standen allenthalben Gebäude aus Stein auf festen Fundamenten. Attonianus hatte in seinen frühen Jahren noch Bauten aus Holz und Lehm kennen gelernt.

So erreichten sie die Principia, innerhalb der das Lagerforum, der Exizierplatz, lag. Im Karree standen einige hundert Soldaten, schweigend, zum Teil mit betroffenen Gesichtern. Dann blickten alle nach links, von wo eine Gruppe Offiziere sich dem Platz näherte. An der Stelle, wo sich die Tribüne befand, nahmen sie Aufstellung. Einer von ihnen, es musste der Tribunus laticlavius sein, nahm die wenigen Stufen zum Podest. Er wartete, bis alle Blicke auf ihn gerichtet waren. Dann gab er ein Zeichen und einige Optiones vom Sicherheitsdienst brachten einen Mann nach vorne, dem Angst und Schrecken über das, was ihm bevorstand, im Gesicht geschrieben standen.

»Was hat er verbrochen?«, fragte Attonianus seinen Sohn.

Seltsamerweise lachte Aeternus kurz auf und es klang geradezu belustigt. Dann erklärte er: »An sich nichts Kapitales . . . War aber so blöd sich erwischen zu lassen! Da sich in letzter Zeit aber solche Dinge häufen, muss ein Exempel statuiert werden!«

»Ja, aber was hat er denn . . .?« Attonianus ließ den Blick nicht von der Menschenmasse, als er fragte. Dann hüstelte er zwei-, dreimal. Spuckte aus. Alles, ohne wegzusehen.

»Der Mann hatte im Hause des Legaten zu tun . . .«

»Privat?«

»Ach, Vater, du weißt doch, wie das läuft: Der Alte holt sich diesen und jenen, damit er dies und jenes in Ordnung bringt . . . Ein kaputtes Türschloss . . . eine lose Treppenstufe . . . Also, der Bursche reparierte alles ordentlich – er ist gelernter Zimmermann –, aber dann stellte er fest, dass er sich ganz in der Nähe der Speisekammer des Prätoriums befand . . .« Aeternus grinste viel sagend und Attonianus sah es, weil er in diesem Augenblick hinschaute, um zu sehen, warum Aeternus nicht weiterberichtete.

»Und?«, fragte Attonianus. »Was ließ er mitgehen?«

»Ein paar Würste und Wein.«

»Und wie fiel das auf? Lief er der edlen Herrin über den Weg?«

»Viel dusseliger!«, lachte Aeternus. »Er versuchte den Wachtposten zu bestechen, als der nach dem Inhalt des Bündels fragte, mit dem er nach draußen wollte.«

Attonianus schüttelte den Kopf und zog sich den Schal enger um den Hals. »Ist ja nicht zu fassen . . .« Es blieb unklar, ob er damit das Vergehen oder die Dummheit des Soldaten meinte, wahrscheinlich beides. Aber dann hängte er noch an: »Und wieso bist du nicht dabei?«

Er hatte längst bemerkt, dass die in der Nähe stehenden Soldaten den Princeps prior gesehen hatten, ihre Kameraden aufmerksam machten und entweder scheu einen Augenblick lang herüberblickten oder bewusst in eine andere Richtung schauten. Fast jeder Soldat bekam ein schlechtes Gewissen, wenn der ranghohe Centurio der 1. Kohorte auftauchte. Man konnte nie wissen . . .

»Publius Ferrasius, bisher Primus hastatus prior der Ersten, hat bereits kommissarisch meine Aufgaben übernommen . . . Da vorne, der Große, Lange! Das ist er! Ferrasius aus Saraka!«

»Saraka? Ist das nicht in Arabia? In der Nähe von Petra?«

Aeternus nickte. »Ja. Er ist Araber. Ein guter Mann! Ich wüsste keinen Besseren für den Posten.«

Ferrasius stand in voller Montur unterhalb des Tribuns und wartete, dass dieser ihm das Zeichen zum Beginn gab. Aeternus aber fragte:

»Petra? Warst du schon mal da unten?« Erstaunt blickte er in das Gesicht seines Vaters, das von feinsten Falten wie von mehreren kleinen Spinnennetzen überzogen war.

»Nein. Aber wir hatten da mal einen, der kam aus Petra. Redete einen ganz unglaublichen Sermon! Ist dann nach kurzer Zeit gefallen.«

Aeternus machte »Hm!« und ergänzte: »Ferrasius kommt aus gutem Hause. Sein Vater soll so eine Art Scheich sein. Spricht fließend Griechisch, Syrisch und Latinisch. Neuerdings fängt er auch an die hiesigen Dialekte zu lernen. Wird wohl noch weiter nach oben steigen . . .«

Er mochte ihn. Sie waren fast gleichaltrig. Ferrasius hieß eigentlich anders, aber seinen Geburtsnamen konnte hier niemand aussprechen. Und so nannte er sich Ferrasius, nach einem Dorf irgendwo in Spanien, das Ferrasia oder ähnlich hieß. Als Aeternus das alles kurz erklärt hatte, fragte Attonianus: »Und warum? Warum nennt er sich so?«

»Er hatte dort mal ein Mädchen.«

»Nicht schlecht! Schade, dass sie es nicht weiß.«

»Sie weiß es. Er lebt mit ihr zusammen.«

»Hm . . .«, machte jetzt Attonianus und wischte sich mit dem Handrücken den großen Tropfen von der Nase. »Und du?«, fragte er.

Erstaunt starrte Aeternus den Greis an: Also doch! Also fängt's jetzt doch an mit der Vergesslichkeit!

»Beim Herkules! Du kennst sie doch, Vater!«

»So?«

»Sicher. Octavia Capitolina!«

»Octa. . . Jaja, natürlich! Natürlich! Eine Domina. Aus gutem Hause!«

Er nickte sich selbst zu und Aeternus wusste, erst jetzt fiel ihm ein, dass er selbst es doch gewesen war, der diese Verbindung angestrebt hatte. Octavia war die einzige Tochter eines wohlhabenden Gutsbesitzers. Die Mitgift war entsprechend. Neuerdings war es den höheren Chargen gestattet, vor Ablauf ihrer Dienstzeit zu heiraten. Anders hätte er diese Frau auch nicht bekommen, die zu stolz, zu gebildet, zu wohlerzogen war, lediglich als Konkubine Bett und Tisch mit ihm zu teilen.

»Jaja . . .« Attonianus bewegte die Lippen, schluckte und fuhr leise fort: »Octavia . . . Ein feines Mädchen . . . Und die Kinder . . . Wie geht es Nepotianus?«

Es war bezeichnend, dass er nach diesem und nicht nach dessen Schwester fragte. Gewiss war Lucilla zwei Jahre jünger, aber Nepotianus war eben ein Junge.

Nun kam von der Tribüne das Zeichen, der Princeps gab es weiter an die zuständigen Leute. Man entkleidete den Mann. Die Strafe wurde bekannt gegeben: zwanzig Schläge mit der Vitis, dem Stab der Centurionen. Dazu die Einbehaltung seines Soldes für zwei Monate.

Aeternus hörte, wie ein Mann in der Nähe zu Kameraden sagte: »Das ist hart!«

Ja, es war hart. Aber nur so konnte man die Truppe bei der Stange halten. Aeternus wusste es. Auch Attonianus wusste es. Und beide verfolgten die nun hart und unbarmherzig einsetzenden Hiebe auf den bloßen Rücken mit dem sachlichen Interesse von Fachleuten, die wissen, dass man ohne drakonische Maßnahmen nicht auskommt, weil die Natur des Menschen, zumal in der reinen Männergesellschaft, danach verlangt. Der Mann stand es dann auch durch, ohne einen Laut von sich zu geben, und damit kaufte er sich einen Teil seiner Ehre zurück. Man würde ja noch lange darüber reden.

»Komm, ich zeig dir das Fahnenheiligtum, Vater!«

Er wusste, dass diesen alles interessierte, was hier vorging. Und so machte es ihm Freude, den Vater herumzuführen und ihn teilhaben zu lassen an der offensichtlichen Achtung und Ehrfurcht, mit der die rangniederen Centurionen, Principales und Immunes ihm begegneten.

*

Aeternus, während er den Vater so langsam durch das Zentrum des Lagers führte, ihm seine Wohnung im Offiziershaus zeigte – es kam durchaus vor, dass er aus dienstlichen Gründen genötigt war, im Lager zu übernachten –, Aeternus entging dabei nicht, dass dieses Hüsteln des alten Mannes zunahm und dass dahinter mehr als eine Angewohnheit stecken mochte. So führte er ihn, nachdem er die schön bemalten Räume in der Unterkunft gesehen und von den Burschen des Princeps prior äußerst respektvoll gegrüßt worden war, ganz allmählich an der Kommandantur vorbei. Sie überquerten die Via praetoria, passierten die Quartiere der Militärtribunen und bogen nach etwa hundert Schritt links in eine Lagerstraße ein, die parallel zur Via decumana verlief. Wenig später folgten sie einer von dort abzweigenden schmaleren Gasse und Attonianus fragte verwundert, wohin der Sohn ihn denn führe.

Statt einer Antwort wies Aeternus lächelnd und einladend zu einem offen stehenden Doppeltor, das in einen Hof führte, um den sich ein inneres und ein äußeres Karree gruppierten. Der Hof war etwa hundert Schritt lang und an den Schmalseiten dreißig Schritt breit. Sofort wusste Attonianus, wohin ihn Aeternus gebracht hatte.

»Was soll das?«, schimpfte er. »Ich bin gesund! Habe alle Sinne beisammen! Und die Knochen stimmen auch alle!«

»Sicher . . .«, meinte Aeternus. »Aber dein Husten macht mir Sorge.«

»Ach was! Lockert den Schleim! 'n gutes Zeichen, dass ich gesund bin!«

Das wurde von einem längeren Hustenanfall begleitet, es wurde Schleim ausgespuckt, und erst als Aeternus dem Vater mehrmals vorsichtig den Rücken klopfte, trat wieder Ruhe in die Atemwege ein. Aber die Verkrampfung hatte den alten Mann doch sichtlich mitgenommen. Seine Wangen hatten sich unnatürlich gerötet. Um die Lider zeichnete sich Blässe ab. Die Augen selbst schwammen im Wasser und er musste sich mehrmals mit der Hand darüber wischen, doch blinzelte er noch lange.

Aeternus hatte geduldig gewartet. Nun nahm er den Vater kurz am Arm und nötigte ihn weiterzugehen. Mit einem unwirschen, nicht verständlichen Murren folgte er. Aeternus betrat das innere Gebäude an der Schmalseite. Rechts und links vom Gang zweigten Räume ab und ein Posten kontrollierte den Ein- und Ausgang. Als er des hohen Centurios ansichtig wurde, schoss er in die Höhe, grüßte und machte Meldung, nannte die Zahl der anwesenden Soldaten, ebenso der Kranken, der Medici und schloss mit einem zackigen »Keine besonderen Vorkommnisse!«.

»Weitermachen!«

Erleichtert nahm der Mann zur Kenntnis, dass der Centurio heute keine Fragen oder Rügen parat hatte. Er schien mit diesem uralten Mann sehr beschäftigt zu sein. Verwundert registrierte er außerdem, wie der härteste aller Centurionen den Alten geradezu mit Zärtlichkeit vorsichtig dirigierte.

Dieses »Keine besonderen Vorkommnisse!« konnte allerdings für einen Zivilisten erstaunlich klingen, wenn er gesehen hätte, welche Fälle von Verletzungen, Fiebererkrankungen, Hautausschlägen, Durchfällen, Krämpfen, Augen- und Ohrenleiden, entzündeten Gliedmaßen und Vereiterungen innerhalb dieses Gevierts behandelt oder doch zumindest beobachtet wurden. Das Valetudinarium, das Lagerlazarett, kannte keinen Leerlauf, auch nicht in friedlichen Zeiten; denn bisweilen konnten die Folgen einer handfesten Schlägerei ohne weiteres den Anschein erwecken, als ob hier Krieger aus einem Treffen mit Germanen in die Etappe zurückgekehrt seien. Doch »Keine besonderen Vorkommnisse!« schloss jedenfalls für heute solche Fälle aus.

»Wo ist Ulpius Iulianus?«, fragte Aeternus.

»Bei dem . . . bei dem Delinquenten, Herr!«

»Er soll kommen!«

»Jawohl!« Der Mann nahm kurz Haltung an, grüßte und machte sich auf den Weg. Währenddessen gingen Aeternus und Attonianus weiter, erreichten den inneren Hof und Attonianus, der seine Kräfte wiedergewonnen hatte, blickte sich um: »Alles Krankenquartiere?«

»Ja. Bei fast doppeltem Platzangebot in den Räumen liegst du hier besser als in den Quartieren!«

Attonianus wusste, was damit gemeint war: Die Wohnfläche für ein durchschnittliches Contubernium betrug etwa zweiunddreißig Quadratmeter, die sich acht Kameraden teilen mussten. Dagegen war also die Raumnutzung hier im Valetudinarium gerade verschwenderisch.

Schon kam Ulpius Iulianus aus dem Behandlungsraum und näherte sich mit nicht übermäßig schnellen Schritten und ein Kenner hätte gar den Eindruck gewinnen können, als ob er sich bewusst zurückhielt. Er mochte etwa vierzig sein. Sein dunkles Haar hatte sich stark gelichtet, war von der Stirn schon weit zurückgetreten. Er schien diesen Mangel wettmachen zu wollen mit einem Vollbart, der freilich kurz und straff gehalten wurde, seinen Träger aber älter machte, als er war.

Ulpius blieb vor Aeternus stehen, ohne dabei eine übertriebene militärische Haltung einzunehmen. Aeternus verlangte sie auch nicht von ihm. Andere Centurionen taten es. Manchmal nicht direkt, sondern hinter dem Rücken des Arztes, indem sie sich beim 1. Tribunen oder beim Lagerpräfekten beschwerten. Aeternus dagegen wusste sehr wohl den feinen Unterschied zu erkennen, der die Welt des Medicus von der soldatischen des übrigen Lagers trennte. Entscheidend war ihm nur dies: Ob der Arzt seinen Mann stand! Ob er ein guter Chirurg war! Ob er unter schwierigsten Bedingungen, hinter der Gefechtslinie etwa, seine Operationen durchführen konnte. Und gerade das hatte er oft bewiesen.

»Princeps . . .!?«, redete er Aeternus an.

Das war zugleich korrekt und doch, weil es nur der halbe Titel war, in einer gewissen Weise kameradschaftlich. Ulpius war der einzige der niederen Chargen, der sich diesen Ton gegenüber dem Centurio Aeternus herausnehmen durfte. Es war auf eine kaum in Worte zu fassende Weise ein Verstehen zwischen ihnen, ein Einverständnis darüber, dass man die Welt so zu nehmen hatte, wie sie war. Beide waren sie vorab Praktiker. Sie verabscheuten altkluges Geschwätz, sei es von Rekruten oder Veteranen, von philosophischen Weltverbesserern oder religiösen Spinnern. Und in der langen Zeit ihres Zusammenlebens innerhalb der eng gesteckten Grenzen dieses oder anderer Militärlager hatten sie nach getaner Arbeit – auch Dienst war Arbeit – sich ausgetauscht bei einem guten Becher Falerner. Sie konnten sich das leisten, denn Ulpius erhielt Geschenke von Genesenden. Dadurch war Aeternus auch stets auf dem Laufenden über die Verhältnisse, die Schwierigkeiten, die Operationen, die Erfolge oder Misserfolge der Mannschaft des Valetudinariums, die ja einen täglichen Kampf führten gegen Unfälle, Gebrechen, Seuchen, Fieber, Eiterungen, Brüche, Verletzungen der Männer; und es schien ihnen bisweilen, als ob die gesamte Menschheit nur noch aus Kranken und Krüppeln bestünde.

Während Ulpius noch fragend zwischen Aeternus und dem alten Mann an seiner Seite hin und her blickte, kam schon die Erklärung, denn Aeternus fragte:

»Hast du was Gutes gegen . . .« Er brauchte es nicht lange zu erklären, denn genau in diesem Augenblick wurde Attonianus von einem erneuten längeren Hustenanfall heimgesucht, sodass Aeternus nur sagte: ». . . gegen das da!«

Ulpius nickte lächelnd und nahm den Greis am Arm. Längst war ihm die Ähnlichkeit zwischen den beiden aufgefallen. Und es hätte nicht der folgenden Erklärung von Aeternus über die verwandtschaftlichen Verhältnisse bedurft, denn der Medicus hatte selbst seine Schlüsse gezogen.

Sie gingen in den Behandlungsraum. Attonianus schaute sich um und fand sich bald wieder in seine jungen Jahre zurückversetzt. Nichts hatte sich verändert. An den Wänden standen Regale und Truhen. Darauf Behältnisse aus verschiedenen Materialien, aus Holz, aus Ton, aus Glas oder Metall. Alle nur möglichen Formen waren vertreten, längliche, schmale Fläschchen, dickbauchige Krüge, Becher verschiedener Größen, Schalen, Teller, auch Kästen, gesichert mit kleinen Schlössern. An der Innenwand ein Schrank, dessen Türen offen standen. Darin all die zahlreichen groben und feinen Gerätschaften des Chirurgen, die er brauchte, um Wunden zu sondieren, Knochensplitter aus der Tiefe des Leibes zu holen, einen Eiterherd leer zu löffeln, Schienen anzulegen oder nur – natürlich gehörte es dazu – einen Backenzahn zu ziehen.

Seitlich im Raum der große, über sieben Fuß lange Behandlungstisch. Und darauf lag der Mann, der vor einer halben Stunde öffentlich auf dem Forum gestraft worden war. Er lag auf dem Bauch und gab keinen Laut von sich, als zwei Gehilfen des Ulpius ihm den Rücken mit einer übel riechenden Paste vorsichtig einschmierten, dann den Mann sich setzen ließen und ihm mit großer Routine einen Verband um den ganzen Körper legten. Und wortlos – weil er des Princeps ansichtig geworden – wollte er sich davonmachen, als Ulpius ihn an der Tür zurückhielt:

»Morgen um die gleiche Zeit! Hier! Verbandwechsel! Nicht vergessen!«

Der Mann schluckte, bewegte wortlos die Lippen, verbeugte sich vor Ulpius, nahm vor dem »Zweiten« Haltung an – das heißt er versuchte es unter Schmerzen – und Aeternus entließ ihn mit einem Lächeln, das mehr einem Grinsen glich, und der Soldat wusste es sehr wohl zu deuten: Idiot! Warum hast du dich erwischen lassen!

Der Vorfall war nicht weiter der Rede wert. Solche Dinge geschahen mehrmals im Jahr. Und doch erklärte der Arzt dem Offizier auf seine nicht gestellte Frage: »In acht Tagen ist er wieder der Alte. Falls sich zwei tiefere Verletzungen nicht entzünden.«

Aeternus nickte dazu; es galt immer, das rechte Maß einer Strafe zu finden. Man wollte die Übeltäter ja nicht totprügeln, weil man sie brauchte. Und nur einen gesunden Mann konnte man brauchen. Also wurde nach Strafaktionen wie der vorherigen mit allen Mitteln der ärztlichen Kunst versucht den Burschen in der schnellstmöglichen Zeit wieder auf die Beine zu bringen, damit er seinem Dienst nachgehen konnte.

»Was macht dein Gesuch?«, wechselte Aeternus unvermittelt das Thema, während Ulpius sich schon an einem Regal zu schaffen machte und eine bestimmte Salbe suchte.

»Noch nichts gehört.«

Er hatte den Salbentopf gefunden, holte ihn vom Regal, stellte ihn auf einen kleinen Tisch an der Wand, öffnete ihn und roch an seinem Inhalt. Nickte. Und im Raum verbreitete sich der Duft ätherischer Öle, einer ungemein das Atmen erleichternden Mischung aus Minze, Balsam, Tanne und noch anderen Stoffen. Ulpius entnahm dem Topf mit einem flachen Holzstäbchen etwa einen halben Becher voll von der Salbe und füllte sie in einen kleinen Salbenbehälter aus Ton, strich den Inhalt fein säuberlich glatt und schloss das Gefäß mit einem Deckel. Dann nahm er sich mit Geduld den alten Mann vor, horchte von Brust und Rücken her an seine Lunge, nickte dabei, klopfte ihm mit den Fingerknöcheln den Rücken ab, fragte, ob und wo es ihm vielleicht weh täte, und salbte ihn dann kräftig mit der Paste aus dem großen Behältnis ein.

»Täglich mehrmals! Am wichtigsten vor dem Schlafengehen! Wenn's alle ist, schick ich neues.«

Als Attonianus zu allem artig nickte, wurde Aeternus an ein Kind erinnert, das folgsam verspricht, alles so zu tun, wie man es verlangte.

»Hast *du* was gehört?«, fragte nun Ulpius und er spielte damit auf die guten Beziehungen von Aeternus zum Legaten an.

»Nein. Aber ich kann ihn ja mal fragen. Sag mal, warum willst du eigentlich weg?« Er wusste es selbst, wollte es aber bestätigt haben: Ulpius konnte hier, im Lager der Achten Augusta, nicht avancieren.

Dies alles deutete Ulpius in kurzen Bemerkungen, mehr halben Sätzen an, und Aeternus nickte verständnisvoll. Sagte aber: »Schade!« Nickte wieder. Dabei behandelte Ulpius mit sicheren Händen und ruhigem Blick den alten Mann.

»Vielleicht . . .«, fuhr er fort, »wenn's nichts wird . . . Werde mich vielleicht als Privatmann niederlassen . . .«

Noch während er dies sagte, verfinsterte sich sein Blick, denn er sah durch die offen stehende Tür in den Nachbarraum, wo Gehilfen dabei waren, alte Leinentücher in handliche Stücke zu reißen, damit man sie als Verbandsmaterial gebrauchen konnte.

»He! Wollt ihr wohl kleine Streifen machen! Halunken! Faulpelze! Oder ich lasse euch den Boden schrubben, wenn euch das lieber ist!«

Und zu Aeternus: »Immer dasselbe! Immer das. . .! Können kaum bis drei zählen! Warum schickt ihr mir immer solche Schlafmützen?«

Er wusste es selbst. Diese Leute waren hier, weil man sie andernorts nicht gebrauchen konnte. Sie hatten etwa Durchfall, waren Rekonvaleszenten, mussten gebrochene und wieder gerichtete Knochen schonen. So konnten sie draußen nicht gedrillt werden, durften nicht an den Märschen teilnehmen – drei mal zwanzig Meilen im Monat – und wurden darum gern ins Valetudinarium abkommandiert.

»Besser sie, als du machst es!«, kommentierte Aeternus lächelnd.

Längst war Attonianus wieder angekleidet, stand aber, da das alles ihn erheblich mitgenommen hatte, mit einem Male auf recht wackligen Beinen.

»Solltest dich nun etwas hinlegen, Vater! Bei mir!« Er warf

Ulpius einen Blick zu und der Medicus nickte ermunternd. »Meine Burschen werden sich um dich kümmern. Wenn du Hunger hast . . .«

Der Alte verneinte energisch, während er sich auf die Kante einer Liege setzte. »Ich habe keinen Hunger. Ich . . . Mir geht es gut . . . Ich will das Mithräum . . . das Mithräum sehen!«

»Sicher«, nickte Aeternus. »Aber du solltest erst zwei Stunden ruhen. Dann werden wir sehen . . .«

Sie gingen und Ulpius begleitete sie nach draußen, ja, bis sie die Lagerstraße wieder erreicht hatten.

*

Als Aeternus sich etwa zwei Stunden später auf den Weg zu seiner Dienstwohnung im Lager machte, hatte es wieder zu nieseln begonnen und es war erheblich kühler geworden. Er hatte in der Zwischenzeit kurz mit dem Legaten über die vollzogene Strafe des Weindiebes gesprochen, hatte dabei erfahren, dass in Kürze einige neue Tribunen kämen und die bisherigen zum Teil andere Aufgaben erhielten oder zurück nach Rom gingen. In diesem Zusammenhang hatte er nach der Entscheidung über Ulpius Iulianus gefragt und die inoffizielle Mitteilung erhalten, dass dem Versetzungsgesuch des Medicus mit großer Wahrscheinlichkeit stattgegeben werde. Unaufgefordert hatte der Legat zum Schluss durchblicken lassen, dass er, Gaius Flavius Aeternus, Primus princeps prior der Achten Legion Augusta, wohl noch vor Jahresende zum Primus pilus befördert werde. Dabei hatte Aeternus feststellen können, dass es den Legaten freute, ihn hier im Lager behalten zu können. Sie waren in bester Weise aufeinander eingespielt. Es hatte nie größere Probleme in den hinter ihnen liegenden Jahren gegeben.

Danach hatte er einige Kameraden getroffen und mit ihnen kurz über größere bevorstehende Übungen gesprochen. Im Übrigen erwarteten sie täglich neue Instruktionen aus der kaiserlichen Kanzlei bezüglich einer anderen Art und Weise die Grenze zu verteidigen.

129

Nun machte er sich auf den Weg zu Attonianus. Er wollte ihm unbedingt das Mithräum zeigen. Attonianus hatte zu seiner Zeit keines kennen gelernt. Erst in den vergangenen drei, vier Jahrzehnten hatten sie sich im Westen des Reiches, hauptsächlich in den Garnisonen entlang der Grenze ausgebreitet. Es gab kaum einen Ort, in dem Militär lag, der nicht über ein kleineres oder größeres Heiligtum des Gottes verfügte. Die größeren Siedlungen besaßen deren schon drei und mehr und sie wetteiferten bereits untereinander das am prächtigsten geschmückte zu besitzen. Er kannte Fälle, dass ein noch nicht zwanzig Jahre altes Mithräum von Grund auf umgestaltet, neu ausgemalt und mit edelsten und teuersten Bildwerken ausgeschmückt war.

Mithras der Gottesstreiter! Immer kampfbereit! Immer jung, begeistert und so seine Anhänger begeisternd. Sein Dienst war Kriegsdienst, das Erdenleben ein Kriegszug für den Segen bringenden Gott. Kein Wunder, dass römische Soldaten aller Ränge mächtig angezogen wurden. Manneszucht wurde verlangt. Täglich. Korpsgeist war gefordert! Gleich unter welchen Bedingungen. Der Gott gewährte Hilfe in jeder bedenklichen Lage, vor allem auf dem Schlachtfeld. Er belohnte im Jenseits. Bereits bei seiner Geburt in der Felsengrotte war er mit dem Bogen ausgerüstet. Er war der beste aller Reiter. Er war unüberwindlich.

Als Aeternus seine Unterkunft betrat, hatte sich Attonianus schon längst erhoben. Es war die Unrast des Alters, die ihn nicht ruhen ließ, und eine gewisse Erregung über den bevorstehenden Besuch des Heiligtums. Aeternus unterließ jede tadelnde Bemerkung, sondern brach sogleich mit dem Vater auf.

Das Mithräum lag außerhalb des Lagers, im Westen, nicht weit von der Porta decumana. Attonianus hatte darauf bestanden, zu Fuß zu gehen. Aeternus wusste aus langer Erfahrung, dass er sich in solchen persönlichen Dingen nicht gegen den Willen seines Vaters durchsetzen konnte.

Das Sacrarium, wie das Heiligtum auch genannt wurde, lag zum Teil in der Erde, freilich nicht allzu tief, weil der hohe Stand des Grundwassers das höhlenartige Versenken im Boden verbot. Doch erweckten schon die wenigen Stufen, die nach unten führten, den Eindruck einer Höhle. Über einen Vorraum, den Pronaos, gelangte man in einen kleinen Vorsaal, das Apparatorium, das als Sakristei diente. Von hier aus erreichte man über weitere Stufen das eigentliche Heiligtum, die Krypta.

Es ging langsam, denn Attonianus schritt bedächtig, so als ob er sich jeden Winkel, jede Nische, jeden Gegenstand einprägen wollte. Noch nie war er hier gewesen. Man konnte nicht einfach herkommen und hineingehen. Das Haus wurde bewacht. Erst das Amt und die Würde des Sohnes öffneten alle Türen.

Attonianus sah, dass die Decke, obwohl sie nicht aus gewachsenem Fels bestehen konnte, dennoch diesen Eindruck erweckte. Später erfuhr er, warum. Wenn man eine gemauerte Wölbung nicht herzustellen vermochte, erzeugte man den Eindruck durch eine gewölbte Decke aus Flechtwerk, das mit Gips bestrichen wurde.

Sie traten in die Krypta ein, standen wieder vor einem Treppenabsatz, der die ganze Breite des Saales einnahm. Doch von der ersten Stufe an schied sich der Raum in drei Teile, einen zentralen Flur, etwa neun Fuß breit, und rechts und links zwei gemauerte Podien, die an den Seitenwänden entlangliefen.

Attonianus schaute nach vorne, sah die beiden Altäre zu den Seiten, auf denen das heilige Feuer brannte, das dem Raum als einzige Beleuchtung diente. Dahinter, am Ende des Saales, erkannte er eine erhöhte Apsis und dort erhob sich die hieratische Gruppe des Stier tötenden Mithras in Gesellschaft anderer Götter und Hirten.

War er auch noch nie hier gewesen, so wusste er doch einiges um die wundersamen Geschichten, die man von ihm, vom Herrn des Lichts, erzählte. Von seiner Wundergeburt aus dem Felsen. Von seinem Kampf mit dem Stier. Vom Wasserwunder, als er das kostbare Nass aus einem Felsen hervorschoss mit dem Pfeil. Schließlich seine Himmelfahrt.

»Das . . . ist . . . wunderschön! . . . das ist . . .«

Er rührte sich nicht vom Fleck, schaute, dachte nach und im matten Schein der beiden Flammen vorne erkannte Aeternus, dass der Vater die Pupillen weit geöffnet hielt. Die Hände hielt er gefaltet. Betete er? Nach einer Weile löste sich die Starre und der Greis murmelte:

»Ich möchte . . . ist es möglich, dass ich . . .?«

»Ja natürlich, Vater!«

». . . ich meine, vor meinem Tode . . .«

Aeternus ahnte, was in dem alten Mann vorging. Täglich, stündlich rechnete er mit dem Tode. Und er wollte ihn gefasst auf sich nehmen, in der festen Gewissheit, dass es drüben ein anderes, ein besseres Leben gäbe. Sie verließen das Heiligtum . . .

Argentorate – Straßburg

Argentorate (Straßburg) war wahrscheinlich der einheimische Name des Hauptortes der Triboker, der auf der durch zwei Illarme gebildeten Insel lag. Um Christi Geburt stand hier eine Ala, eine Reitereinheit, in einem 5,2 ha großen Lager auf dem heutigen Münsterhügel. Wo die einheimische Siedlung lag, ist unbekannt. Wahrscheinlich wurde 17 n. Chr. ein Holzerdelager für die legio II Augusta errichtet. Diese wurde unter Claudius nach England verlegt, hierfür kam die legio XXI repax kurze Zeit nach Straßburg. Nach dem Bataveraufstand, in dem auch Argentorate zerstört wurde, lag ab 71 n. Chr. die legio VIII Augusta als Haustruppe bis in die Spätantike in Straßburg. Das in Stein errichtete Lager hatte eine Grundfläche von ca. 18 ha. Die Mauern waren 1,5 m stark, dahinter muss sich noch ein angeschütteter Wall befunden haben. Ende des 1. Jahrhunderts wurde das Lager wie auch andere Rheinlager durch eine Feuersbrunst zerstört, das Gleiche geschah noch einmal 235. Im 4. Jahrhundert wurde es wieder zerstört, Julian erfocht bei Argentorate 357 einen glänzenden Sieg über die Alamannen.

Die Lagervorstadt befand sich auch auf der Insel, und zwar im Westen des Lagers. Wegen häufiger Hochwasser im 2. Jahrhundert wurden die direkt am Wasser liegenden Quartiere aufgegeben.

Die spätantike Festung war noch bis ins 5. Jahrhundert bewohnt.

Der lateinische Name wurde wahrscheinlich zu Beginn der fränkischen Landnahme durch den germanischen Namen Straßburg ersetzt. Der Name rührt von der römischen Fernstraße her, an der Straßburg lag.

Militärlager

Alle römischen Militärlager waren ähnlich aufgebaut und eingerichtet, ob sie nun für eine Einheit von 140 Mann oder für 6 000 Mann errichtet waren. Mittelpunkt des Lagers war das Verwaltungsgebäude, die principia. Diese lag an der Lagerhauptstraße, die das vordere und hintere Lager voneinander trennte. Um das Verwaltungsgebäude herum waren die Wohnhäuser des Kommandanten (Prätorium) und der Stabsoffiziere, die Kasernen und Wirtschaftsgebäude gruppiert. Hinzu kamen noch Lazarett und Werkstätten sowie Wagenremisen und Ställe. Je nach Lagergröße bzw. dort stationierter Truppe waren diese Gebäudetypen häufiger oder nur einmal vertreten. Ein Legionslager mit zwei zusätzlichen Hilfstruppen wie das Bonner Lager benötigte, um 7 000 Mann unterzubringen, einen Grundriss von ca. 27 ha. Ein Alenlager, in dem eine 500 Mann starke Kavallerieeinheit stationiert war, kam mit ca. 3 ha aus. Ein Kohortenlager für 500 Mann Infanterie benötigte dagegen nur 1,8 ha, ein noch kleineres Numeruskastell für ca. 140 Mann ca. 0,6 ha.

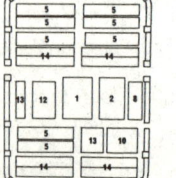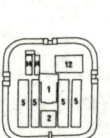

*Römische Militärlager des 2. Jh. n. Chr.
Legionslager (am Beispiel von Bonn), Kohortenlager (Gelligaer/Wales), Alenlager (Chesters/
England) und Numeruskastell (Hesselbach). 1
Verwaltungsgebäude (Principia), 2 Kommandan-
tenwohnhaus (Prätorium), 3 Unterkünfte der
Stabsoffiziere, 4 Unterkünfte Unteroffiziere,
5,1–5,10 Mannschaftsunterkünfte, 6 Unterkünfte
der Ala, 6,1 Wohnhaus des Alenkommandanten,
6,2 Schola der Ala, 6,3 Ställe der Ala, 7 Unterkünfte der Auxiliarkohorte, 7,1 Wohnhaus des
Kohortenkommandanten, 8 Bad, 9 Latrine, 10
Lazarett, 11 Schola der 1. Kohorte, 12 Getreidespeicher, 13 Wirtschaftsgebäude, 14 Ställe, 15
Remisen/Mehrzweckgebäude.*

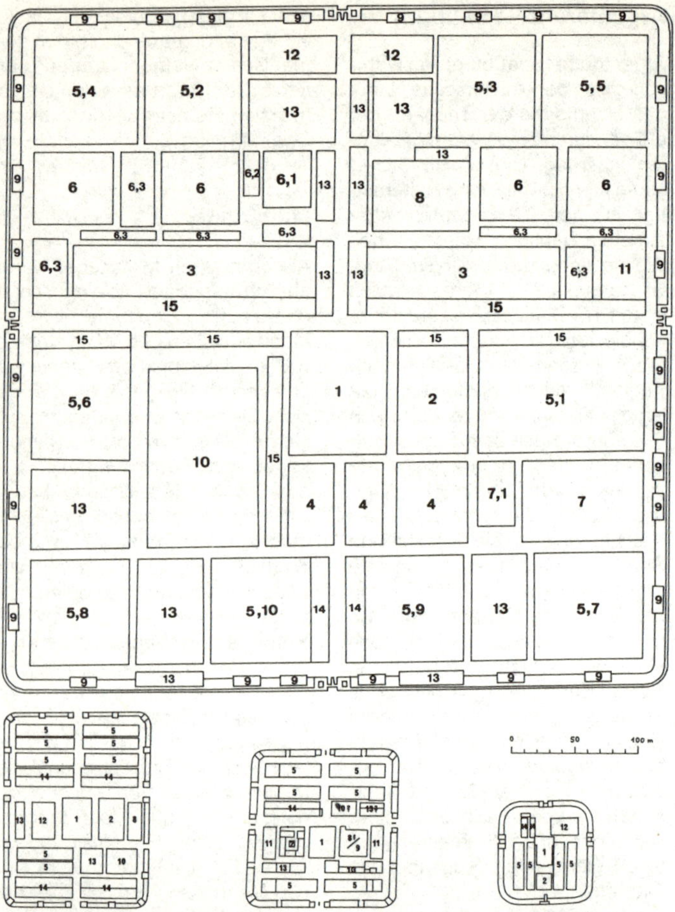

Offiziere der Legion

Die Legionen wurden von Legaten geführt, die dem Statthalter direkt unterstanden. Der Legionslegat erhielt sein Amt meist mit Anfang dreißig und übte es drei Jahre lang aus. Er stammte aus einer senatorischen Familie und erreichte nach einigen stadtrömischen Ämtern und einem Legionstribunat durch kaiserlichen Erlass das Legionskommando.

Ihm beiseite standen sechs Militärtribunen, die als Stabsoffiziere dienten. Einer von ihnen entstammte einer senatorischen (tribunus laticlavius), die anderen fünf ritterlichen Familien (tribuni angusticlavii).

Ranghöchster Truppenführer war der Lagerkommandant (praefectus castrorum). Er kam meistens aus dem Centurionenstand, hatte also die größte militärische Erfahrung. Er erreichte dieses Amt um die 60. Er und der senatorische Militärtribun konnten auch Legionsabteilungen selbstständig führen.

Unterhalb dieser hohen Offiziere standen die 59 Centurionen der Legion. Sie führten alle direkt ihre Truppen. Der oberste Centurio der 1. Kohorte war Primus pilus, der zwei Centurien führte.

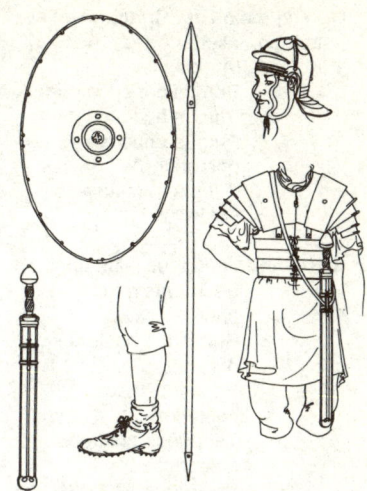

Legionar (2. Hälfte 2. Jh.) bekleidet mit Helm, Tunika, Halstuch, Schienenpanzer, Kniehose und ledernen Halbstiefeln. Waffen: ovaler Schild, Langschwert und Lanze.

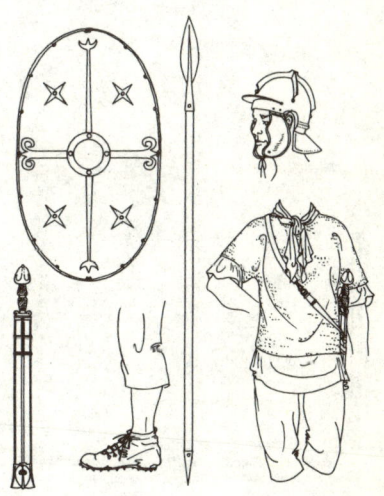

Kohortensoldat (2. Hälfte 2. Jh.) bekleidet mit Bronzehelm, Tunika, Halstuch, Kniehose, Kettenhemd, Halbstiefeln. Waffen: ovaler Schild, Langschwert, Lanze.

135

Die Rangfolge der Centurionen einer Legion gliederte sich wie folgt:

1. Kohorte Primus pilus
   Primus princeps prior
   Primus hastatus prior
   Primus princeps posterior
   Primus hastatus posterior

2. Kohorte Secundus pilus prior
   Secundus princeps prior
   Secundus hastatus prior
   Secundus pilus posterior
   Secundus princeps posterior
   Secundus hastatus posterior

usw. 3.-10.Kohorte.

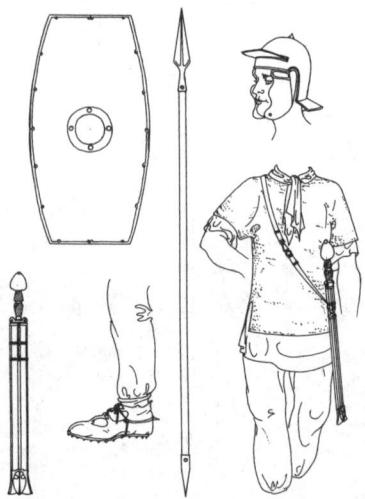

Alenreiter (2. Hälfte 2. Jh.). Er trägt lange Hosen und Halbstiefel mit Sporen. Ansonsten gleicht seine Ausrüstung der eines Kohortensoldaten.

Bewaffnung der Soldaten um 180

Im Laufe der ersten beiden Jahrhunderte hatte sich die Bewaffnung der Legionare und Auxiliare der römischen Armee in Nordwesteuropa angeglichen. Sowohl beim Legionar als auch beim Auxiliarsoldaten hatte sich die Kniehose durchgesetzt. Auch die durchbrochenen römischen Soldatenstiefel waren durch geschlossenes Schuhwerk ersetzt worden. Der Legionar trägt Helm, Schienenpanzer, Schild, Langschwert und Lanze. Die Ausrüstung des Auxiliarsoldaten unterscheidet sich davon nur durch das leichtere Kettenhemd und zwei Lanzen an Stelle einer.

Der Auxiliarkavallerist dagegen ist schon mit der langen Hose bekleidet. Er führt Helm, Kettenhemd, Sporen, Schild, Langschwert und Stoßlanze mit sich.

Strafrecht

In den Provinzen gab es zwei Gerichte, das des Statthalters und das der Civitas oder der Stadt. Ein Strafrecht im modernen Sinne gab es nicht. Das römische Strafrecht zerfiel in Einzelgesetze, die von Sulla, Caesar und Augustus stammten und in keinerlei Beziehung zueinander standen. Eine Parallele gibt es heute noch im englischen Strafrecht.

Oberster Richter war als Vertreter des Kaisers der Statthalter. Bei Kapitalverbrechen war er allerdings nur für die Nichtbürger der Provinz zuständig. Römischen

136

Bürgern konnte wegen solcher Delikte nur in Rom der Prozess gemacht werden. Der Statthalter reiste zur Rechtsprechung durch die Provinz und hielt an bestimmten Orten Gerichtstage ab. Dies war seine Hauptaufgabe in ruhigen Zeiten.

Die Civitates besaßen in ihren Bürgermeistern (duoviri) die Rechtsprechenden ihres Sprengels für einfachere Delikte und Rechtsstreitigkeiten. Alle schweren Strafsachen wurden vor dem Statthalter verhandelt. Beim Militär übte der Legionslegat für seinen Bereich als Vertreter des Statthalters die Rechtsprechung aus, das Gleiche gilt für den Auxiliarpräfekten.

Eheberechtigung

Die Soldaten in der römischen Armee durften während ihrer aktiven Dienstzeit nicht heiraten. Meist lebten sie aber mit Frauen zusammen. Kinder aus dieser Verbindung wurden vom Staat als ihre Kinder anerkannt, z. B. beim Tod des Soldaten. Unter Caracalla erhielten die Soldaten dann die Berechtigung während ihrer Dienstzeit zu heiraten.

Erbrecht

Das römische Erbrecht war schon zur Zeit der Republik durch Verordnungen strikt geregelt. Der Erbe erhielt nicht nur das Vermögen des Erblassers, sondern trat auch in dessen Funktionen, wie z. B. Vormundschaften, ein.

Das Testament wurde schriftlich fixiert und vor Zeugen versiegelt. Gleich nach dem Tod wurde es von dem zuständigen Beamten im Beisein von Zeugen verlesen.

Als Erbe konnte jeder erbfähige römische Bürger eingesetzt werden, meist wurde es der Sohn.

Die Soldaten waren mit Rücksicht auf die vielen schreibunkundigen Ausländer im Heer vom Formzwang des geschriebenen und vor Zeugen versiegelten Testamentes entbunden. Das testamentum militis konnte schriftlich oder mündlich errichtet werden. Wurde das Testament vom Soldaten schriftlich fixiert, konnten die Zeugen entfallen. Das Soldatentestament blieb noch ein Jahr nach der ehrenvollen Entlassung gültig.

Häufig setzten Soldaten ihre Kameraden als Erben ein. Soldatenkinder aus nicht anerkannten Ehen wurden vom Staat als Erben des Soldaten anerkannt.

Fibeln

Fibeln waren Gewandspangen, die zum Zusammenstecken der Mäntel und Überwürfe benutzt wurden.

Unterteilt man die Fibeln aus den römischen Provinzen nach funktionalen Gesichtspunkten, so können wir zwischen solchen mit hohem und solchen mit flachem Bügel unterscheiden. Fibeln mit hohem Bügel kommen meistens in Militärbereichen vor, Fibeln mit flachem Bügel dagegen hauptsächlich in Zivilsiedlungen und Lagervorstädten.

Die Fibeln mit hohem Bügel dienten dazu, gröbere Stoffe – wie Soldatenmäntel – zusammenzuhalten. Dagegen eigneten sich Fibeln mit flachem Bügel nur zum Aufstecken auf ein Kleidungsstück, sie wurden also zu Schmuckfibeln.

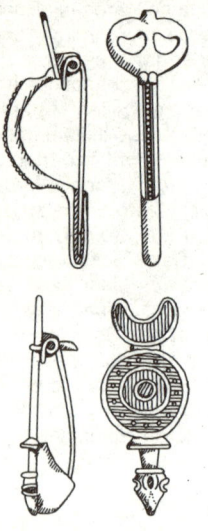

Fibeln dienten vor allem zum Zusammenhalten von Kleidungsstücken aller Art. Oben eine Fibel mit hohem Bügel, wie sie vor allem von Soldaten benutzt wurde. Unten eine Schmuckfibel mit flachem Bügel, die mit Email reich verziert ist.

Das römische Medizinalwesen

Die Ärzte wurden, obwohl sie wissenschaftlich ausgebildet waren, zu den Handwerkern in der Antike gezählt, da sie wie diese ihren Lebensunterhalt mit den Händen verdienten.

Die Ausbildung zum Arzt erfolgte durch eine Lehre bei einem tätigen Arzt oder auf Arztschulen. Da es in der Antike kein Kontrollorgan für die medizinischen Tätigkeiten gab, entwickelten die Ärzte eine Standesethik, um das Ansehen des Arztberufes zu schützen.

Im zivilen Bereich gab es keine Krankenhäuser. Die Patienten kamen entweder zum Arzt in dessen Privatwohnung oder aber der Arzt ging zu seinen Patienten.

Die antike Medizin hatte schon einen hohen Standard erreicht. In römischer Zeit wurde dieses Wissen handbuchartig in Rezeptsammlungen zusammengefasst.

Militärärzte gab es im römischen Heer seit der frühen Kaiserzeit. Sie standen zuerst im Rang eines miles, wurden aber meist als Gefreite (immunes) geführt und konnten später auch in die Unteroffiziersränge aufsteigen. Genauso wie heute waren die Ärzte damals auch schon spezialisiert, und zwar als Chirurgen, Augenärzte, Zahnärzte und auch Allgemeinmediziner.

Nur beim Militär gab es ein Lazarett. Die Lazarette waren rechteckige Gebäude, die ein bis mehrere Reihen von Krankenstuben und einen offenen Innenhof aufwiesen. Dazu gab es dann auch noch in den Lazaretten Operationssäle. Neben den Ärzten arbeiteten im Lazarett auch noch Krankenpfleger bzw. Sanitäter und Verwaltungspersonal.

Aus Grabfunden kennen wir eine reiche Auswahl von medizinischen Instrumenten aus der römischen Kaiserzeit. Diese befanden sich

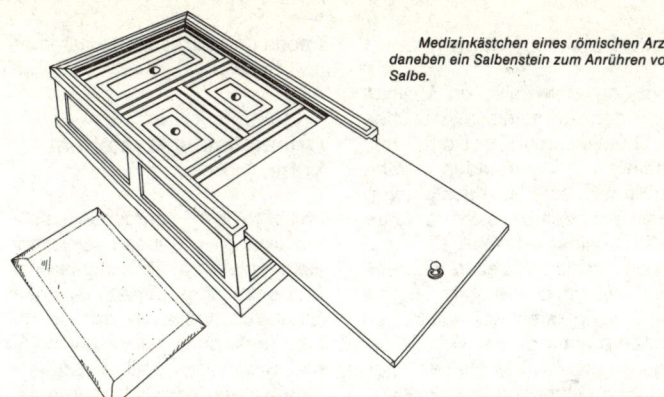

meist in Besteckkästen. Daneben gab es aber auch Kästen für Medikamente und Salben.

Römische Religion

Die römische Staatsreligion hatte ihre Wurzel in der etruskischen und griechischen Götterwelt.
Ähnlich wie bei der griechischen Religion gab es ein Pantheon, in dessen Mittelpunkt Jupiter und seine Frau Juno standen. Er war der Welterhalter, sie die Beschützerin von Ehe und Familie. Ihre Tochter Minerva war die Hüterin der Wissenschaften und des Handwerks. Diese drei bildeten die sog. Kapitolinische Dreiheit und wurden in den Städten des Reiches in eigenen Tempeln verehrt. In Xanten und Köln sind diese Tempel nachgewiesen. Die Verehrung von Jupiter war im gesamten römischen Reich bindend, ebenso der Kaiserkult, der als Zeichen der Loyalität dem Kaiserhaus gegenüber gewertet wurde.

Wie in der griechischen Religion wurden auch in der römischen die meisten Lebensbereiche durch Einzelgottheiten abgedeckt. So war Merkur für Handel und Gewerbe zuständig, Venus für die Liebe, Fortuna für das Glück des Einzelnen, Vulkanus für das Handwerk und besonders das der Schmiede, Mars für das Militär und Viktoria für militärische Siege. Daneben gab es noch Ceres, die für das Gedeihen der Feldfrüchte zuständig war, und Silvanus für die Feldfrucht und den Viehbestand.
In der Unterwelt herrschten Pluto und Proserpina mit den Totengeistern, den Di Manes. Für die Heilung waren Aesculapius und seine Gefährtin Salus-Hygeia zuständig. Außerdem wurde Apollo als Heilgott verehrt. Daneben gab es Schutzgeister, Genii. Solche Genii schützten nicht nur Personen oder Personengruppen, sondern auch Örtlichkeiten.

Einheimische Religion

Von den einheimischen Religionen der germanisch-keltischen Mischbevölkerung an Donau und Rhein im 1. Jahrhundert v. Chr. haben wir keine Nachrichten, vermutlich handelte es sich um Natur- und Fruchtbarkeitskulte. Die Gottheiten wurden meist in Bäumen und Steinmalen verehrt. Tempel im Sinne der griechisch-römischen Götterverehrung als Sitz einer Gottheit gab es nicht. Diese einheimischen Gottheiten werden dann in römischer Zeit fassbar.

Da die Römer niemals fremde Gottheiten unterdrückten, fiel es ihnen nicht schwer, die fremden Gottheiten in das eigene Pantheon zu integrieren (interpretatio Romana). Sie wurden dann wie römische Gottheiten dargestellt, zum Teil mit ihren alten Attributen, sodass sie auch für die einheimische Bevölkerung erkennbar waren. Meist wurde auf den Weihungen der einheimische Name der Gottheit, dem römischen nachgestellt, genannt.

Sehr weit verbreitet war die Mars- und Merkurverehrung in den germanischen Ländern. So kennen wir häufig Doppelnamen dieser Gottheiten. Hinter diesen verbergen sich dann Lokalgottheiten, wie z. B. Mars Lenus, Mars Camulus bzw. Mercurius Friausius und Mercurius Gebrinius. Genauso wurde mit Apoll (Apollo Grannus) und Herkules (Herkules Magusanus) verfahren.

Dazu gab es aber auch einheimische Gottheiten, die nicht mit römischen Göttern identifiziert wurden, wie z. B. die keltische Pferdegöttin Epona und der keltische Hammergott Sucellus.

Orientalische Mysterienkulte

Im Laufe des 2. Jahrhunderts setzten sich im gesamten römischen Reich immer mehr orientalische Mysterienkulte gegenüber dem Staatskult und auch den germanisch-keltischen Kulten durch. An die Stelle der antiken sozialen Gruppierung der Gläubigen traten Gemeinden von Eingeweihten. Diese betrachteten sich als Brüder, gleichgültig welcher Klasse oder Schicht sie entstammten. Um Mitglieder zu gewinnen, mussten diese Kulte individuell auf den Menschen und seine Fähigkeiten einwirken. Der Priester kümmerte sich um das religiöse Leben der Gläubigen in weit stärkerem Maße, als dies vorher bei den anderen Religionen der Fall gewesen war.

Alle Mysterienkulte versprachen ihren Mitgliedern ihnen das Geheimnis zu offenbaren, wie man zu seliger Unsterblichkeit gelangte.

In den germanischen Provinzen waren neben dem Mithraskult hauptsächlich der Kybele-Attis-, Isis-Serapis-, Iupiter-dolichenus- und der Bacchus(Liber Pater)-Kult verbreitet.

Der weitaus einflussreichste Mysterienkult war aber der Mithraskult. Dieser basierte auf einer Mischung von altpersischer Mithrasverehrung und der Seelenwanderungslehre Platos und war ein reiner Männerkult. Es scheint sicher zu sein, dass er erst in der 2. Hälfte

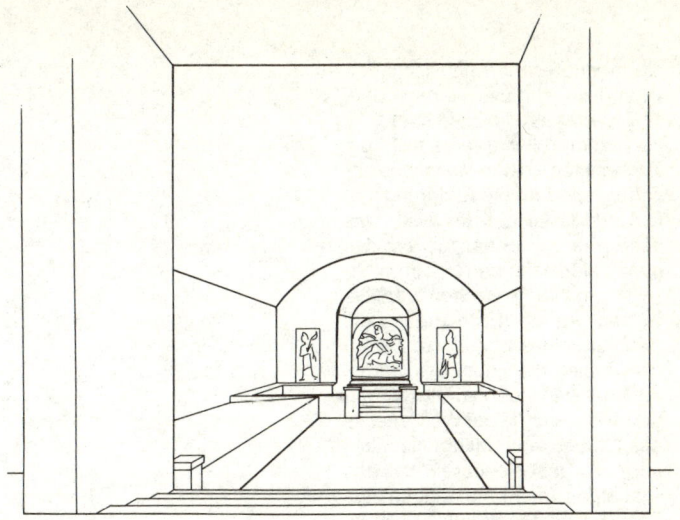

Einblick in ein Mithräum. Zentral das Kult-
bild, an den Längsseiten Podien, auf denen die
Gläubigen lagen.

des 1. Jahrhunderts n. Chr. gegründet wurde.

Eindeutig altpersischen Ursprungs
ist die Figur des Gottes Mithras.
Eine Neuschöpfung des Kultes
war dagegen die Kombination aus
dem altpersischen Mythos der
Stiertötung und den platonischen
Lehren von der Seelenwanderung
und der Erschaffung der Welt. Der
Legende nach wurde Mithras am
25.12. aus einem Felsen geboren.
Zu seiner Hilfe waren ihm die beiden Diener Cautes und Cautopa-
tes beigegeben. Durch die Tötung
des Weltstieres in einer unterirdischen Höhle wurde das Weltall
mitsamt den sieben Planeten und
der Erde geschaffen. Mithras war
somit der Schöpfer des Alls, wie
Platon auch seinen einzigen Gott

nannte, den er die Welt erschaffen
glaubte. Mithras war jetzt oberster
Gott, alle anderen Planetengötter
unterstanden ihm. Nach Platon
wandert die Seele, die von einem
Fixstern stammt, durch die sieben
Planetensphären zur Erde hinab
und findet Heimstatt in einem Körper. Sie muss während ihres Er-
dendaseins die menschlichen Leidenschaften beherrschen lernen.
Ist ihr dies gelungen, kann sie nach
dem Tod des Menschen wieder zu
ihrer eigentlichen Heimat, dem
Fixstern, gelangen. Der Aufstieg
erfolgt wieder durch die Plane-
tensphäre. Von dort kann sie dann
ins Transzendente gelangen und
den überhimmlischen Ort mit den
wagenfahrenden zwölf Göttern er-
blicken. Gelingt es der Seele nicht,

141

die menschlichen Leidenschaften zu zügeln, so muss sie nach dem Tod wieder auf die Erde hinab.

In diesem Kult waren es nicht die Zeremonien, die die Menschen anzogen, sondern die Erklärung von Gut und Böse auf der Welt. Das böse Prinzip, genauso wie das gute, beide befanden sich im Wettstreit um die Menschen und die Seelen. Auf der Erde streiten die Sendboten des Bösen, die Dämonen, gegen die Engel des Guten, der höchsten Gottheit. Dieses Ringen findet auch in der Welt jenseits des Grabes statt. Mithras ist nicht nur der »Unbesiegbare«, der den Gläubigen im Kampf gegen das Böse beisteht, sondern er hilft ihnen auch im Jenseits.

Die Kultstätten waren immer einer Höhle nachgebildet, in der Mithras den Weltenstier tötete. An der Stirnseite befand sich das Kultbild, die Tonnendecke stellte den Himmel mit den Sternen dar. Die Mysten lagen auf Podien an den Längsseiten, in der Mitte war ein Gang zum Altar.

Ruhe vor dem Sturm

Der Sohn des Friannius, Romanus, der mit seiner Frau Avita eine Kneipe in der Lagervorstadt des Mainzer Legionslagers betrieb, hatte drei Kinder. Albinus wurde 127 geboren, Salvia ein Jahr später und Castus, der zweijährig starb, kam 129 zur Welt. Albinus lernte bei einem Gerber in Mainz, ging dann nach Worms, wo er seine spätere Frau Ursa, Tochter eines Gerbers, kennen lernte. Sie heirateten 153, zu diesem Zeitpunkt hatte Albinus sich schon selbstständig gemacht. Von den vier Kindern dieser Ehe starben zwei in jungen Jahren. Senno, der 159 geboren wurde, wurde Gerber wie sein Vater. Die Schwester Severilla, die 160 zur Welt kam, heiratete einen Stoffhändler aus Avenches. Senno heiratete 185 Iustina, Tochter eines Händlers in Häuten und Fellen. Mit seinem Schwiegervater machte er einen Lederhandel und eine Gerberei in Ladenburg auf. Seine Frau, die aus Ladenburg stammte, starb 193, Senno acht Jahre später. Der Ehe entstammten drei Kinder. Eins starb in jungen Jahren, die Tochter Severilla wurde 189 und der Sohn Crescentius 192 geboren. Severilla heiratete auf einen Hof bei Heldenbergen in der Wetterau und wurde mitsamt ihrer Familie ein Opfer des ersten Germaneneinfalls von 233. Crescentius heiratete 223 Severina, Tochter des Decimus Iulius Severus aus Rottenburg. Die beiden Söhne wurden 225 (Silvinus) und 227 (Victor) geboren.

Fakten, Daten, Hintergründe Seiten 159–164

Längst schon begleiteten ihn herbstliche Bilder, seit er aus dem engen Seitental in das breitere des Neckars gelangt war. Frisch gepflügte Felder, rot-braun über die sanft schwingenden Uferhügel gebreitet wie Teppiche. An den Rändern einzelne Bäume, Buschwerk, Hecken. Weiter oben der Waldrand. Rot leuchteten die Eschen; gelbgrün, noch halb im Saft, die Eichen. Es waren Buche und Ahorn, die den warmen Goldbraunton über die Wälder legten. Sererius Florentinus zog die Kandare zurück und das Maultier stand, spielte mit den Ohren nach hinten. Warum hielt er an? Sererius wandte sich zurück. Gerade tauchte der Treck aus dem Seitenweg auf, hatte die Hauptstraße erreicht. Nun kann nichts Schlimmes mehr kommen, dachte er, keine gefährliche Gefällstrecke, kein Engpass mit Steinschlag. Er winkte nach hinten, sah, wie ihm jemand vom Wagen her mit der Hand antwortete. Da nickte er und wandte sich um, ließ das Maultier traben.

Er spürte wieder diesen einmaligen Duft in der Nase, der nur in dieser Jahreszeit, an diesem Fluss, in dieser Ebene talaufwärts zog. Der leichte Westwind trug ihn in Böen heran. Die Luft war frisch und zugleich von Aroma gesättigt. Da war etwas von verbranntem trockenem Gras, vielleicht kam der Geruch von weit her, dazwischen Tannenreisig, Harz von der Fichte, aber auch Stroh, dessen hohle Trockenheit noch als winziger Rest in der Luft schwebte. Alte Bilder traten vor ihn hin, aus seiner Kindheit, aus der Jugendzeit. Er war auf dem Lande groß geworden, nicht weit von hier, nicht weit vom Rhein. Jeden Winkel kannte er, jeden Bachlauf, alle Wege, die guten und die schlechten, die Knochenschinder! Er seufzte. Er kam zu selten her. Wer von den alten Freunden lebte noch? Waren die Barbaren auch hier gewesen? Mit Beklommenheit nahm er die bis auf den Boden heruntergebrannten Gehöfte wahr. Die größeren Siedlungen hatten es, sofern sie über gute Verteidigungsanlagen verfügten, einigermaßen überstanden. Auch Lopodunum? Fast ein Jahr war vergangen, seit er zum letzten Mal hier gewesen. Sein Geschäft führte ihn viel in der Provinz umher. Bis tief in den Herbst hinein war er unterwegs, um überall bei seinen Lieferanten Felle und Leder aufzukaufen. Aber die Erträge waren in diesem Jahr schlechter als früher. Die

Alamannen! – »Wieso die Alamannen! In den Hades mit ihnen!«, rief er wütend aus und erschrak über seine eigene Stimme.

Er wandte sich während des Reitens noch einmal um. Der Ochsentreck folgte langsam und bedächtig. Noch einmal nickte er. Sein Knecht kannte den Weg. Wusste auch, wo er Quartier zu nehmen hatte, wo er den Wagen und die Tiere unterstellte. »Innerhalb der Mauer!«, hatte er ihm eingebläut. »Nur innerhalb der Mauer! Man kann nie wissen!« Schrecklich, diese Unsicherheit! Von Jahr zu Jahr wuchs sie und mit ihr die Angst. Aber auch die Gereiztheit. Nicht nur seine eigene. Die Menschen reagierten gereizt auf Dinge, die sie früher mit einem Witz abgetan hätten. Die Angst saß ihnen im Nacken, von Jahr zu Jahr mehr. Furchtbare Geschichten machten allenthalben in den Siedlungen auf dem rechten Rheinufer die Runde. Schreckliche . . . Er zwang sich an anderes zu denken, an das, was er in Lopodunum zu erledigen hatte. Vielleicht konnte es ein befriedigendes Geschäft werden. Es würde ihm viel zu lange dauern, bis er mit dem schwerfälligen Gespann den Ort erreichte. Also war er vorausgeritten. Er wollte unbedingt vor Einbruch der Dämmerung bei Gaius Flavius Crescentius sein, damit er noch im Hellen die Ware begutachten konnte.

»Hui!«, rief er und gab dem Maultier ein paar Schläge mit der Gerte. Es beschleunigte seinen Lauf, behielt das Traben bei und Sererius staunte wieder einmal über die Ausdauer dieses Exemplars. Noch nie hatte er ein schnelleres gesehen. »Brav!«, lobte er denn auch mehrmals und er sah, wie die großen eselhaften Ohren das Lob sehr wohl zur Kenntnis nahmen, denn ihre Muscheln schnellten nach hinten, um zu lauschen.

Er schaute zum Himmel. Die Sonne stand schon im letzten Viertel des hellen Tages. Es mochte gegen die zehnte Stunde gehen. Er musste sich beeilen. »Hui!« – Er überholte Reisende zu Fuß, die ihr Bündel am Stab über der Schulter trugen. Eine Kolonne marschierender Soldaten. Jeder sah sie jetzt gerne. Die meisten Reisenden kamen ihnen entgegen, zur Siedlung hin strebten um diese Zeit wenige, es sei denn, sie suchten wie er selbst noch vor Einbruch der Dunkelheit Quartier.

Endlich der letzte Meilenstein vor der Stadt. Schon lagen die ersten Betriebe vor ihm. Werkstätten, die man nach und nach aus der Stadt herausgedrängt hatte, weil der Lärm, die Geruchsbelästigung und die Qualmentwicklung der Schlote eine unerträgliche Zumutung für die Bürger geworden waren. Die großen Ziegeleien waren es vor allem, die südlich von Lopodunum lagen. Ein ganzes Ziegelbrennerviertel. Die vorherrschenden Winde kamen aus Nordwest, bliesen Qualm, Staub, Rauch, Gestank von der Siedlung weg. Darum lagen die Betriebe hier, östlich der Straße.

Ein-, zweimal wurde er angerufen und begrüßt. Man kannte sich seit Jahren, denn irgendwann hatte man miteinander zu tun, traf sich unterwegs, in einer Herberge, auf einem Markt oder bei gemeinsamen Kunden. Er grüßte zurück, ließ sich aber nicht aufhalten. Am Tor musste er sich etwas gedulden, bis man einen schwer beladenen Wagen, der anscheinend einen Speichenbruch hatte, aus der Fahrbahn geschoben hatte. Gleich hinter dem Tor passierte er erneut einige Töpfereien. Auf dem Maueranger standen Gerüste. Man war also immer noch dabei, die letzten Beschädigungen vom Alamannensturm des vergangenen Jahres zu beseitigen und, wenn möglich, die Mauer zu verstärken. Auch Teile des Doppeltores sahen sehr neu aus. Vor allem die Eichenbalken der Innenseiten waren vollkommen erneuert worden. Also mussten sie hier hart angegriffen worden sein.

Hinter dem Tor hatte sich nichts verändert, wie er mit schnellem und kundigem Rundblick feststellte. Jedenfalls äußerlich war nichts zu erkennen. Freilich konnte das täuschen. Da war der große Betrieb, der Kerzen herstellte und hübsche Ständer aus Holz oder Metall in jeder Preislage anbot. Er arbeitete mit der benachbarten Gießerei eng zusammen. – Hier lagen auch die Töpfereien, die alle Brenntechniken beherrschten. Ungeheuer waren bei manchen erlesenen Stücken die Preise. Also musste es durchaus noch zahlungskräftige Herrschaften in der Gegend und darüber hinaus geben, die zahlten, was verlangt wurde.

Rechts und links von der Durchgangsstraße zweigten die Gassen und Straßen ab, durchweg rechtwinklig. In diesem Teil des Ortes lagen mehrere Heiligtümer. Links tauchte die große Mansio auf.

»Na endlich!«, entfuhr es ihm. Es war eine der saubersten, ge-
pflegtesten, angenehmsten, größten – aber auch teuersten Unterkünfte, die er überhaupt kannte. Der Grund lag darin, dass Lopodunum eine wichtige Station auf dem Weg von Mogontiacum zu
den Donauprovinzen war und weil reisende Reichsbeamte mit
ihrem oft großen Anhang auf standesgemäße Unterkunft Wert
legten. Vor hundert Jahren musste der erste Besitzer der Herberge
dieses Bedürfnis bald herausgefunden haben, seine Folgerungen
gezogen und geschäftstüchtig den gewaltigen Komplex aufgeführt haben, der nicht nur die eigentliche Herberge und Schenke
umfasste, sondern beinahe palastartige Räume und einen Saal, der
denn auch von vermögenden Leuten – oder solchen, die sich gerne
den Anschein von wirtschaftlicher Stärke gaben – für festliche
Zwecke genutzt wurde. Nicht weit von der Raststätte lagen
großräumige Thermen und auch hier war der Besitzer der Mansio
als Kapitalgeber erheblich beteiligt.

Er wollte erst klären, ob er einen Platz für die Übernachtung
bekäme. Also ritt Sererius durchs offene Tor in den Innenhof, der
durchgehend von Säulengängen gerahmt wurde. Mit einem Blick
erkannte er, dass wenige Gäste abgestiegen waren. Nur drei
Wagen standen an der Seite. Er ließ sich vom Maultier gleiten,
denn zu springen traute er sich schon lange nicht mehr. Die Knie-
und Hüftgelenke taten nicht mehr mit. Und er wollte keinen Bruch
riskieren.

Sogleich näherte sich aus dem Schatten des Säulenumgangs ein
Knecht, verbeugte sich und fragte:

»Bleibst du über Nacht, Herr?«

»Ja, sicher! Kann ich ein Zimmer nach hinten raus haben?«

»Gewiss, Herr.«

Wieso gewiss?, staunte Sererius. Diese ruhigen Räume waren
sonst nie ohne Voranmeldung zu bekommen.

»Wenig Betrieb?«, fragte er.

»Es geht, Herr. Könnte besser sein.«

»Hm . . .« Sererius überließ ihm nicht das Maultier, denn er hatte
keine Lust zu Fuß zu Crescentius zu gehen. Im Übrigen machte
es immer einen besseren Eindruck, wenn man geritten kam.

»Also dann . . . Für mich ein Zimmer nach hinten! Für meinen Knecht eins nach vorne. Kümmert euch um Wagen und Tiere! Ich habe noch zu tun. Wenn was ist, mein Knecht weiß, wo ich zu finden bin. Bei Crescentius!«

Der Mann verbeugte sich. »Bei Crescentius!«, wiederholte er.

»Hier!« Sererius gab ihm ein Trinkgeld, stieg wieder auf und ritt davon.

*

Gaius Flavius Crescentius hatte seinen Betrieb am Fluss, der Abwässer wegen. Gerbereien brauchten von allen Produktionsbetrieben das meiste Wasser, um durch zahlreiche Spülungen die scharfen Gerbstoffe aus dem jungen Leder wieder herauszuschwemmen. Sererius mochte auf keinen Fall mit Crescentius tauschen. Zwar hatte er selbst täglichen Umgang mit dem Produkt Leder, aber eben dem fertigen, sauberen, angenehm riechenden Material. Die Herstellung, Bearbeitung und Herrichtung des natürlichen Stoffes war eine der unangenehmsten Tätigkeiten, die Sererius sich vorstellen konnte.

Sererius war in den letzten fünfzehn, zwanzig Jahren ein großer Lederkenner geworden, dessen Urteil von seinen Lieferanten gefürchtet wurde. Er ließ sich nichts vormachen, entdeckte jede Täuschung, fand jede Schwachstelle im Leder. Darum hatte er Erfolg, besonders bei der Armeeführung, bei den Lagerpräfekten. Er belieferte sie prompt, hielt die Termine ein und sie wussten, sie konnten sich auf ihn und die von ihm genannte Qualität seiner Waren verlassen. Er konnte es sich auch leisten, seinen bisweilen höheren Preis zu halten, selbst wenn Konkurrenten um des kurzfristigen Geschäftserfolgs willen mit den Preisen heruntergingen. Seine Partner unter den Offizieren, lauter alte Hasen und gestandene Kenner der Materie, ließen sich nicht irremachen und kauften bei ihm die teurere Ware.

Sererius passierte auf der von Süd nach Nord gehenden Hauptstraße des Zentrum des Vicus. Er hielt an, schaute sich nach allen Seiten um. Rechts, nach Osten hin, der Prachtbau der noch nicht

148

fertigen Basilika. Er wusste, sie zählte zu den größten und monumentalsten Gebäuden dieser Art, die Rom nördlich der Alpen hatte errichten lassen. Er hatte von Bekannten, die der Handel bis in die östlichen Regionen des Reiches gebracht hatte, mit großem Lokalstolz vernommen, dass man selbst in den Provinzen um das Mittlere Meer lange suchen müsse, wollte man eine größere Basilika finden. Er lächelte. Seltsam, wie die Menschen, nachdem sie hundert, zweihundert Jahre fremder Lebensweise ausgesetzt waren, am Ende ein Teil derselben wurden und mit dem Fremden prahlten, als ob es das eigene wäre.

Sererius liebte es, derlei Vergleiche und Überlegungen anzustellen, denn er war ein aufgeschlossener Mann; wie er überhaupt die Erfahrung gemacht hatte, dass er gerade unter jenen Händlern, die durch ihre Geschäfte weit in der Provinz und darüber hinaus in der Welt herumkamen, am ehesten Verständnis für die komplizierten Zusammenhänge des größeren Ganzen, der Provinzen des Reiches, finden konnte. Die am Ort blieben und dort ihre Wurzeln tief geschlagen hatten, waren gewiss oft prächtige Menschen, aber ihnen ging das Verständnis für das Größere ab, weil sie es nicht erfassen konnten. Sollte man ihnen darum einen Vorwurf machen? Verstand er selbst denn, was augenblicklich in der Welt vorging, besonders hier, im zunehmend hart umkämpften Grenzland auf dem rechten Ufer des Rheins? Wie wollte man die Aggression der Barbaren erklären? Hatten sie Hunger? Saß ihnen wieder ein Feind im Nacken? Diesem wieder einer – und so weiter? War es die pure Eroberungslust? – Niemand wusste es. Sie selbst vielleicht auch nicht?

Er war so sehr in Gedanken, dass er geradezu stutzte, als er unvermittelt vor dem Eingang zum Anwesen des Gerbers Crescentius anlangte. Das Tor zum Hof stand mit einem Flügel weit offen und er ritt hinein. Sofort stieg ihm der Geruch in die Nase, diese unverwechselbare Mischung der verschiedenen Essenzen, Aromen, Flüssigkeiten, die nun einmal zu einer Gerberei gehörten wie die Späne zum Hobel. Und seine geschulte Nase hätte sie sehr wohl alle zu deuten vermocht.

Er hielt. Schaute suchend nach rechts, nach links, nach vorne.

Er sah niemandem, hörte aber Stimmen. Natürlich war jemand da. Hier war immer jemand! Er überlegte gerade, ob er in einen der Arbeitsräume gehen sollte, als von links einer der Knechte kam, um sich am Brunnen zu waschen. Er hielt auf halbem Wege an, wollte nach dem Begehr fragen, als er den Besucher erkannte. Sofort ging ein freundliches Begrüßungslächeln über das Gesicht, er zeigte die Zähne, strich sich über den Schnauzbart und beeilte sich seinen Herrn zu benachrichtigen. Wenige Augenblicke später trat dieser aus dem Wohngebäude. Auch er strahlte:

»Sererius! Salve! Welch eine Freude! Ich dachte, du kommst erst morgen . . .«

»Es ging schneller, als ich dachte . . .« Er ließ sich von seinem Reittier gleiten, das der Knecht in Empfang nahm und zu einem Unterstellplatz führte, wo er auch für Hafer, Heu und Wasser sorgte.

Die beiden Männer umarmten sich und küssten sich auf die Wangen. Dann reckte sich Sererius, sog tief die Luft ein und entließ sie prustend.

»Weißt du, man ist nicht mehr der Jüngste . . .«

Crescentius grinste, sagte aber: »Wem sagst du das!« Dabei war er gerade zweiundvierzig geworden.

Sie musterten sich eine Weile, stellten fest, dass das Gegenüber im vergangenen Jahr um einiges gealtert war, dass die Falten sich tiefer eingegraben, die Haut am Kinn und Hals gelockert hatte. Crescentius sah, verglichen mit Sererius, blass aus. Den größten Teil seines Lebens verbrachte er in diesen feuchten Arbeitsräumen, immer den scharfen Ausdünstungen der Lohe, der Gerbstoffe und des Urins ausgesetzt. Dagegen glich Sererius einem Mann, dem man ansah, dass er tagsüber sehr oft der Sonne, den Lüften, Wind und Wetter ausgesetzt war, und das nicht nur in der warmen Jahreszeit.

Sogleich gab Crescentius an einen seiner Leute Weisung das Bad zu richten, einem andern die Herrin zu benachrichtigen, damit sie ein üppiges Mahl für den Abend richte.

»Bitte, mach keine Umstände, Crescentius!«

»Nichts da! Wer nur einmal im Jahr vorbeikommt, soll mich in guter Erinnerung behalten!«

So ging das eine Weile hin und her mit Freundlichkeiten, Fragen nach der Reise von Seiten des Crescentius, solchen nach dem Befinden der Frau, der Kinder, des Gesindes durch Sererius. Da stürmten die beiden aber auch schon heraus, der neunjährige Silvinus und der siebenjährige Victor. Natürlich hatte Sererius ihnen, wie immer, ein kleines Geschenk mitgebracht – jeder bekam einen kleinen Dolch mit Scheide und Gehänge – und sie wussten sich vor Freude nicht zu fassen. Es war dies nicht nur eine Art Werbegeschenk, das eigentlich dem Vater der beiden galt, sondern Sererius war im Laufe der Jahre durchaus in ein mehr als geschäftsmäßiges Verhältnis zu dem Unternehmer getreten, das man freundschaftlich nennen mochte. Freilich waren beide noch nicht in die Lage gekommen die Freundschaft auf eine Bewährungsprobe stellen zu müssen.

». . . na ja, aber nun passt auf mit den Dingern!«, rief Crescentius den Jungen zu. »Sie sind gefährlicher, als ihr . . .!« Er wurde mitten im Satz unterbrochen, denn vorne wurde der zweite Flügel des Haupttores quietschend und über den Boden schlurfend geöffnet. Dann sah man ein Ochsenpaar, hörte einen Mann auf es dreinschlagen und ratternd rollte der zweirädrige Wagen in den Hof.

»Der hat mir gerade noch gefehlt!«, schimpfte Crescentius leise, und lauter: »He! Maternus! . . .« Doch der Mann schien nichts zu hören, denn er merkte nicht auf, sondern hielt erst an, als er die Mitte des Areals erreicht hatte.

Crescentius ging forsch auf ihn zu: »Maternus! Heute nicht mehr! Ich habe Besuch!«

Beide schauten zu Sererius und Maternus grinste: »Dann komm ich ja genau richtig!« Und ohne sich weiter an dem Einspruch des Hausherrn zu stören, trat er hinter den Karren, löste die Riemen und Schnüre, schlug die Plane zurück und begann damit, einige zwanzig große Tierhäute abzuladen.

»Verdammt, beim Herkules!«, rief Crescentius, der diese Dreistigkeit nun nicht mehr hinzunehmen gewillt war, und wollte erneut, nun aber entschieden, den Mann dazu bringen, seine Sachen erst morgen früh herzubringen oder, wenn er sie schon hier lassen wollte, erst morgen früh abzuladen und mit ihm, dem Gerbermeister, durchzusehen, um sich auf einen Preis zu einigen. Doch nun hielt Sererius ihn am Arm zurück und erklärte freundlich: »Lass ihn nur! Das interessiert mich! Vielleicht ist für mich was dabei ...«

Crescentius schluckte seinen Zorn runter und ging mit Sererius zum Wagen.

»Mach mal langsam!«, befahl nun Sererius und Maternus gehorchte erstaunlicherweise auf der Stelle, denn er kannte den Fremden und wusste seine Bedeutung für den Absatz und Verkauf von Fellen, Leder und Häuten sehr wohl einzuschätzen. Von ihm hing ab, wie hoch ihr Verdienst war, den sie durch den Verkauf von Rinderhäuten hatten.

Stumm verfolgte der Bauer, wie Sererius ein Stück nach dem andern vom Stapel nahm, wie er es gegen das letzte Licht des Tages hielt, mit dem Finger über diese und jene Stelle fuhr, die Haut bog oder zog, schließlich daran roch, an den Haaren zog und die Innenseiten genau unter die Augen nahm.

»Und?« Maternus, der schon längere Zeit schniefte, weil er das Ergebnis hören wollte, und auch von einem Bein auf das andere wechselte, konnte kaum noch an sich halten wegen des seiner Meinung nach übertriebenen Kontrollierens und »Getues«, wie er kaum hörbar murmelte.

»Schlechte Qualität!«

»Waaas!?«, rief der Bauer. »Das waren einmal hervorragende ... das waren meine besten Kühe! Wie kannst du es wagen ...!?«

»Reg dich ab!« Sererius schüttelte den Kopf. »Hier!« Er winkte Maternus nahe zu sich heran und deutete auf verschiedene Stellen der Haut, die er wieder gegen das Licht hielt. »Siehst du, wie's hier hell durchschimmert? ... Und hier? ... Und das!?«

Er griff wahllos zwei weitere Häute heraus und zeigte dem Bauern ähnliche Mängel. »Also rede keinen Unsinn von wegen ›beste Kühe!‹. Das hier reicht allenfalls für Sandalen dritter Wahl! Die zieht kein Legionar an! Wie stellst du dir das denn vor, he?! Meinst du, die Jungs ließen sich solchen Schund andrehen? Weißt du überhaupt, was die darauf zurücklegen im Monat? He! . . . Mindestens drei mal zwanzig Meilen hintereinander! Dazu der tägliche Außendienst! Die Wachen! Das Hin und Her auf dem Gelände! Bei Wind und Wetter draußen! Du kannst dich glücklich schätzen, wenn ich daraus Riemen machen lasse!«

»Ja, aber . . .« Maternus ließ kleinlaut den Mund offen stehen. Sererius musterte ihn eine Weile mit ausdruckslosem Gesicht. Gewiss tat ihm der Mann Leid. Aber er konnte die Geschäftsbedingungen nicht ändern. Doch er fragte:

»Sag mal . . . Wieso haben die Häute denn so viele dünne Stellen und Narben? Hier! Sogar ein Loch!« Er wies noch einmal auf die Stellen. Maternus seufzte, atmete nochmals tief durch, als ob er einer starken inneren Rührung oder Aufwallung Herr werden müsste. Alle Selbstsicherheit und Zuversicht waren von dem Mann abgefallen. Nichts mehr war übrig von der heiteren Pfiffigkeit und Bauernschläue seiner Züge. Stattdessen Müdigkeit, Resignation – und Trauer. Es war jene Trauer, die man nur bei Menschen findet, die wissen, dass alles, was sie bisher gemacht haben, zu keinem guten Ende geführt hat; dass alle Anstrengungen umsonst waren und es in Zukunft bleiben werden.

»Was ist geschehen?«, fragte Sererius und es klang so, als ob ein Richter nach dem Hergang eines Verbrechens fragte. Sererius wusste oder ahnte, was geschehen war. Maternus war nicht der Erste in diesem Herbst, der mit solchen Fellen und Häuten von Rindern erschienen war.

»Ich . . .«, begann der Mann endlich. »Es . . . Sie . . . Sie sind ertrunken . . . «

»Ertrunken!?«, rief nun Crescentius ungläubig. »Wie das?«

»Du weißt doch . . .« Maternus schluckte zweimal. »Das Hochwasser in diesem Jahr . . .«

Ja, sie wussten, was er meinte. In den letzten Jahren war das Tal des Neckars von schrecklichen Hochwasserkatastrophen heimgesucht worden, wie man sie seit Menschengedenken und darüber hinaus nicht gekannt hatte. Nicht nur das Haupttal war betroffen, auch die Seitentäler.

»Meinem Nachbarn ist der halbe Hof weggeschwemmt worden!«, erzählte Maternus weiter. »Einem andern, der weiter am Hang liegt, hat ein Erdrutsch die Ställe weggerissen. Konnte froh sein, dass das Haus verschont blieb. Bei jedem starken Regen fängt bei uns das große Zittern an . . .« Er suchte verzweifelt seine Haltung zurückzugewinnen. »Und das hier sind eben die Häute von ertrunkenen Rindern! Soll ich sie vielleicht verbrennen?«

Sererius und Crescentius waren betroffen. Schließlich meinte Sererius. »Also, ich denke, dass man daraus noch einigermaßen gute Riemen schneiden kann. Was meinst du, Crescentius?«

Der bejahte die Frage und nickte. »Aber du musst einsehen, dass ich dir nicht den üblichen Preis zahlen kann! Auch ich muss sehen, wie ich durchkomme. Wir leben in verdammt unsicheren Zeiten! Und ich meine jetzt keineswegs die Naturkatastrophen, denn dagegen kannst du dich doch in irgendeiner . . . in irgendeiner Weise schützen. Du kannst ein neues Haus bauen, weg vom Wasser, weg vom gefährlichen Berghang! Aber vor den Menschen kannst du dich nicht schützen. Beim Jupiter, Maternus!«

Crescentius sah den Bauern ernst an. »Du kannst von Glück reden, dass dir nur die Kühe ersoffen sind!«

Sie schwiegen alle drei, denn das war eine Anspielung auf den Überfall der Barbaren im letzten Jahr. Doch nach einer Weile meinte Maternus leichthin: »Ist doch alles maßlos übertrieben! Maßlos übertrieben, sag ich! – Ist doch alles halb so schlimm . . .«

Er schaute in die Gesichter der beiden Männer und stellte fest, dass seine Ausführungen keine Wirkung zeigten. Im Gegenteil. Sie pressten trotzig die Lippen aufeinander. Und dann wandte Crescentius sich so unvermittelt an Sererius, dass es für Maternus fast beleidigend erschien:

»Ich habe gehört, dass da bei Castra Regina, an der Donau schreckliche Dinge geschehen sind. Bei Castra Regina . . . Weißt du . . .« Er starrte den Lederhändler geradezu an. »Weißt du Näheres darüber?«

Sererius erwiderte den Blick eine Weile stumm, sah die Angst im

Auge des anderen, erkannte ebenso den Willen sich zu wappnen. Schließlich begann er:

»Castra Regina, sagst du . . .« Crescentius nickte ernst. »Nun ja, nicht direkt dort war ich . . . Aber . . .« Er schaute zu Boden, zögerte, denn furchtbare Bilder bedrängten ihn, Szenen, die ihn wochenlang nicht hatten schlafen lassen. Noch heute wachte er mitten in der Nacht auf, schweißnass, schlug um sich und es dauerte lange Sekunden, bis er sich darüber klar war, dass es wieder nur ein Traum gewesen war. »Ich war in der Nähe auf einem Gutshof Zeuge . . .«

»Wird wohl nicht so schlimm gewesen sein!«, versuchte Maternus mit einem trockenen kurzen Lachen. Doch dann traf ihn der Blick von Sererius und er verstummte.

»Ich habe nur überlebt, weil ich mich mit einem Knecht im Wald verstecken konnte. Sie kamen etwa zu fünfzig Mann . . .«

»Alamannen?«, fragte Crescentius.

»Ja, ich nehme es an. Es können freilich auch Juthungen gewesen sein, die mit ihnen zurzeit gemeinsame Sache machen. Sie waren plötzlich da wie der Blitz aus heiterem Himmel. Sie müssen sich angeschlichen und den einzeln liegenden Hof umzingelt haben. Alles geschah leise, ja unhörbar. Dann aber . . . sie stürzten mit Geheul und brüllend aus ihren Verstecken hervor. Gegenwehr war sinnlos. Sie waren in zigfacher Überzahl. Ein Teil der Bewohner, der Knechte und Mägde, suchten zu entkommen. Zum Wald hin. Über die Felder zum Wald hin. Die anderen, der Patron, seine Frau, die Kinder, sie alle stürzten aus dem Haus und verbarrikadierten sich. Aber es zwar zwecklos. Zunächst machten sie sich über die bereits Gefangenen her. Die Männer wurden sogleich getötet. Ich hatte mich versteckt, lag bis zum Hals im Wasser . . . Es war bis auf weiteres meine Rettung . . . Sie . . . sie schlugen den Männern einfach die Schädel ein, mit den Schwertern, mit . . . mit Keulen oder mit der Streitaxt. Sie schlugen sie immer auf die Stirn . . . Dann kamen die Frauen an die Reihe. Sie wurden der Reihe nach vergewaltigt. Dann töteten sie die Frauen genauso wie die Männer . . . Das anfängliche Schreien, schrill, in den schrecklichsten Höhen, deren ein Mensch fähig ist, dieses

Schreien ging nach und nach in ohnmächtiges Stöhnen über. Und als dieses schließlich erstarb, war keiner von den Gefangenen mehr am Leben.

Nun kam die Familie an die Reihe. Natürlich gelang es ihnen mithilfe von Balken, die sie als Rammböcke benutzten, laut grölend die Türen zu zertrümmern und ins Haus einzudringen. Es muss sich drinnen dasselbe abgespielt haben wie eine halbe Stunde vorher draußen. Wahrscheinlich noch unvorstellbar grausamer! Ich . . . ich . . .« Sererius musste an sich halten und brauchte eine Weile, bis er sich wieder in der Gewalt hatte, während die beiden zuhörenden Männer schwiegen und kein Auge von ihm ließen.

»Ich . . .«, fuhr er endlich fort. »Ich habe Dinge gesehen, die ich nicht meinen ärgsten Feind zu sehen wünschte . . . Sie . . . sie kamen mit dem Patron und seiner Frau heraus . . . Sie banden sie an einen Balken in der Scheune . . . Dann . . . dann schnitten sie dem Patron bei lebendigem Leibe die Gliedmaßen ab . . .« Das ganze Grauen kam wieder hoch und Sererius vermochte sich nicht mehr in der Gewalt zu halten, er begann zu schluchzen, zu weinen, sein ganzer Leib zuckte und auch den beiden Männern war es längst mulmig geworden.

Bis schließlich Crescentius leise, sehr leise sagte: »Du musst es nicht erzählen, Sererius!«

Doch dieser: »Doch! Es muss sein! Damit Leute wie Maternus begreifen, in was für Zeiten sie leben! Damit sie endlich . . .« Er atmete ein paar Mal tief durch. Dann fuhr er fort, leise, doch sie verstanden jedes seiner Worte, die sich wie Bleiklumpen auf ihre Seelen legten.

»Sie starben also einen unglaublichen Foltertod. Aber das, das war noch nicht alles . . . Ihre Mörder begannen Feuer zu machen und . . . Teile, die sie von den Gemordeten abgeschnitten hatten, zu erhitzen und zu verzehren . . . Danach zogen sie allen Frauen und Männern die Haut von den Schädeln und nahmen sie später als Trophäen mit. Ich blieb bis zum Einbruch der Dämmerung in meinem Versteck. Dann schlich ich mich zum Wald, wo ich einen der Knechte traf, der das alles ebenfalls, wenn auch aus größerer

Entfernung beobachtet hatte. Wir schlugen uns dann irgendwie durch . . . Später bin ich noch einmal an den Ort geritten, da ich in der Nähe zu tun hatte. Alle Gebäude waren in Brand gesetzt und bis auf die Fundamente vernichtet worden. Von den Leichen fehlte jede Spur. Aber ich sah, dass die Brunnen mit Geröll und Erde zugeschüttet worden waren. Also zog ich meine Schlüsse. Da ich die Familie kannte, wusste ich, dass sie keine Verwandten in der näheren oder weiteren Umgebung hatten, die man benachrichtigen könnte. Also sprach ich am Ort der Greuel ein Gebet an die Totengötter und verließ die Stätte.«

Maternus wagte nach dem Gehörten keine Äußerung, sondern nickte nur betroffen vor sich hin, dabei auf den Boden starrend. Crescentius aber schaute noch lange in das Gesicht von Sererius. Und es war diesem, als ob er noch eine Frage an ihn hätte. Um aber das Thema zu wechseln und sich von den Gräuel anderen Dingen zuzuwenden, fragte Sererius den Gerber: »Du sagtest, die Familie ist gesund. Wie geht es deiner Schwester?«

»Sie hatte einen Gutsbesitzer im Süden geheiratet, in der Nähe von Castra Regina. Der Hof wurde überfallen. Sie ist tot.«

Stumm legte Sererius ihm daraufhin den Arm auf die Schulter und drückte sie. Dann wandte er sich ab. Maternus aber kam sich mit einem Mal sehr überflüssig vor. Er hob die Häute und wollte sie wieder auf dem Karren verstauen. Doch Crescentius erklärte:

»Lass den Quatsch! Lad sie alle ab! Besser als nichts. Krixos wird mit dir einen angemessenen Preis ausmachen.«

Krixos, der Knecht, von dem auch Sererius bei seiner Ankunft versorgt worden war, hatte alles Wesentliche der Unterredung mitbekommen. So nickte er, packte sich einen Stapel Häute und trug sie zu den Räumen der Gerberei. Maternus zögerte nicht lange und folgte ihm.

Eben kam auch der Knecht des Sererius mit seinem Gespann vorgefahren und wurde hereingelassen. Als Crescentius erfuhr, dass Sererius in der Mansio übernachten wollte, schickte er sofort den Knecht los, um dies rückgängig zu machen. Er hätte es als Beleidigung angesehen, wenn Sererius darauf bestanden hätte –

was dieser nun auch nicht tat, denn er blieb ohnehin lieber hier im Hause.

An diesem Abend wurde noch lange nach dem Essen darüber gesprochen, ob und wie man sich gegen die Barbaren schützen könnte. Die Befestigung von Lopodunum würde auf die Dauer nicht genügen, wenn andererseits Teile der Truppen von hier an die Ostfront an Euphrat und Tigris geworfen wurden. So war allen, als sie schließlich auf ihrem Lager ruhten, klar, dass ihre Sicherheit nur eine vorläufige war. Sie mussten jederzeit mit dem Schlimmsten rechnen. Und so dankten sie den Göttern, dass sie bisher ihre schützende Hand über sie gehalten hatten.

Am nächsten Morgen zeigte Crescentius dem Gast die Gerberei, wo sich freilich im letzten Jahr nichts geändert hatte. Und der erfahrene Händler konnte den von Skrupeln und Ängsten gepeinigten Gerbereibesitzer überzeugen, dass es noch auf lange Sicht gute Aufträge geben würde, weil die Legionen in ihren Standlagern blieben. Wie lange dieser Zustand aber gehalten werden konnte, das wusste auch er nicht zu sagen.

Gerne erklärte er sich bereit im kommenden Frühjahr einmal den ältesten Sohn mit auf die Rundreise zu den zahlreichen Kunden und Lieferanten mitzunehmen. Er konnte nicht früh genug Einblick in die tatsächlichen Verhältnisse bekommen. Und er sollte ja einmal den väterlichen Betrieb übernehmen.

Zwei Tage später brach Sererius wieder auf. Weder er noch Crescentius wussten zu sagen, ob sie sich im nächsten Jahr wieder sehen würden. Sie wussten es beide, als sie sich verabschiedeten. Entsprechend herzlich war die Umarmung.

Lange blickten Crescentius und Severina, sein Weib, ihm nach. Die beiden Jungen aber durften stolz bis zur Südstadt mitfahren.

Umwelt und Klima

Um Christi Geburt herrschte ein etwas wärmeres und trockeneres Klima in Germanien als heute. Dies änderte sich dann im Laufe der Zeit bis zum 3. Jahrhundert. Das Klima wurde feuchter und dann auch kälter. Außerdem wirkte sich im Rheinland und wahrscheinlich auch im Donaubereich eine römische Umweltsünde verheerend aus – das Abholzen der Wälder. So trat im rheinischen Lössbördenbereich ein Bodenverlust von einem halben Meter während der drei Jahrhunderte römischer Ackerbestellung infolge Winderosion und Abschwemmung auf.

Dieser rigorose Holzeinschlag, ohne entsprechende Wiederaufforstung, hatte auch verheerende Auswirkungen auf die Wasserwirtschaft: Ab Mitte des 2. Jahrhunderts können größere Flussbettverlagerungen am Niederrhein festgestellt werden. Es gab jetzt häufiger Hochwasser, da das Oberflächenwasser im Oberrheingraben ungehindert in den Fluss gelangen konnte. Genauso gab es dann auch häufiger extreme Niedrigwasser, da es keine Baumwurzelgeflechte mehr gab, die einen langsamen Abfluss des Oberflächenwassers gewährleisteten.

Die Grenzsicherung an Rhein und Donau

Von heutigen Gesichtspunkten aus betrachtet, waren die römischen Rhein- und Donaugrenzen eigentlich total verfehlt. Beide Flüsse waren die Hauptversorgungsadern der Provinzen und befanden sich praktisch außerhalb des Römischen Reiches. Dieser Umstand ist nur aus der historischen Entwicklung und der römischen Grenzsicherungspolitik zu verstehen. Der Rhein war die Versorgungsader für die Germanienoffensive Roms. Nach dem Scheitern derselben wurden auf einmal die Basislager am Strom zu Verteidigungslagern. An solchen Stromgrenzen konnten die Truppenstandorte nicht in der Tiefe gestaffelt werden. Die Hilfstruppenlager lagen auf derselben Höhe wie die Legionslager. Ein einmal durchgebrochener Feind hatte bis zum Mittelmeer keine Truppen mehr vor sich. Das änderte sich erst mit der Vorverlegung der Grenze zwischen Neuwied am Rhein und Eining an der Donau im 2. Jahrhundert. Hierdurch konnte eine gewisse Verteidigungstiefe erreicht werden. An der Grenze befanden sich jetzt die Hilfstruppen, verteilt auf Wachtürme, Klein- und Hilfstruppenkastelle. Im Hinterland standen, als Eingreifreserve, die Legionen in Mainz und Straßburg.

Solange die Germanen nur im Rahmen kleinerer Stämme gegen das Römische Reich aktiv wurden, hielt diese lineare bzw. nur wenig tief gestaffelte Verteidigungslinie. Erst als die germanischen Großstämme häufiger ins Römische Reich einfielen, musste die Verteidigungskonzeption geändert werden.

Lopodunum – Ladenburg

Die römische Vorgängerin von Ladenburg am Neckar lag an einem heute verlandeten Flussarm unter der Altstadt des modernen Ortes, an der römischen Heeresstraße von Mainz über Groß-Gerau nach Heidelberg. Da keine direkte einheimische Siedlung als Siedlungsvorgängerin an diesem Platz bekannt ist, muss davon ausgegangen werden, dass der keltische Name Lopodunum-Stumpfburg von der ersten römischen Besatzung des Lagers, gallischen Hilfstruppen, mitgebracht worden war. Wahrscheinlich wurde das erste Kastell an diesem Platz im Zusammenhang mit dem Feldzug des obergermanischen Konsularlegaten Cn. Pinarius Clemens 74 angelegt. Die Truppe war eine Reitereinheit. Um 90 wurde das Lager in Stein errichtet. Die Einheit nahm am Dakerkrieg Trajans teil und kehrte nicht mehr in ihr Lager zurück. Dies wurde aufgelassen. Der zivile Ort entwickelte sich aus dem Lagerdorf des Alenkastells.

Daneben gab es noch eine einheimische Siedlung der vermutlich Anfang des 1. Jahrhunderts zugewanderten Sueben, der sog. Neckarsueben. Mit ihnen können wir eine Art Bauernmiliz fassen, die im Vorfeld des Limes mit den Römern engen Kontakt pflegte. Durch die Einverleibung des Gebietes in das Römische Reich verloren diese Milizen 74 n. Chr. ihre militärische Aufgabe. Ihr Bevölkerungsanteil war jedoch noch so groß, dass die um 100 gegründete Civitas, deren Hauptort Ladenburg wurde, den Namen Civitas Ulpia Sueborum Nicretum erhielt.

Der Ort vergrößerte sich im 2. Jahrhundert sehr schnell. Von seinen einstigen Bauten sind nur wenige bekannt. Die öffentlichen Gebäude wiesen aber schon durch ihre Ausmaße auf die Bedeutung Lopodunums hin. Das Forum nahm eine Fläche von 75 x 41,5 m ein, die östlich anschließende Basilika hatte eine Grundfläche von 73 x 47 m, wurde aber offenbar nicht zu Ende gebaut. Diese Anlage wurde noch zur Zeit Trajans errichtet. Außerhalb der Siedlung im Süden lag ein Schauspieltheater. Im Südwesten der Ansiedlung befanden sich ein Mithräum und ein Kultkeller. An Handwerksbetrieben kennen wir bislang aus Ladenburg Töpfereien, Ziegeleien, eine Lampenbäckerei, Kalköfen und einen Steinmetzbetrieb.

Vor drohenden Alamanneneinfällen wurde der Ort Anfang des 3. Jahrhunderts mit Mauer und Graben geschützt. Die Zahl der Türme ist unbekannt. Ebenso sind bislang keine Tore ausgegraben, wir können aber davon ausgehen, dass mindestens vier vorhanden waren. Die Mauer umschloss ein Areal von 930 x 420 m, also ca. 39 ha, und war 2 470 m lang. Die römische Stadt war doppelt so groß wie die spätere mittelalterliche Siedlung. 233 wurde der Ort das erste Mal von den Alamannen heimgesucht, 259/60 das zweite Mal und dabei endgültig zerstört.

Im 4. Jahrhundert brachen die Römer die Wehrmauer systematisch ab, um damit Steine für den Bau der Festung Altrip am Rhein und eines Burgus in Ladenburg zu erlangen. Der Burgus hatte eine Grundfläche von 40 x 40 m und war von Mauer und Graben umgeben. In der Mitte befand sich ein mächtiger Steinturm von 13,2 x 14 m Grundfläche und Kasernen. Der Schriftsteller Ammianus Marcellinus berichtete für das Jahr 368/69 über den Abbruch der kaiserzeitlichen Mauern zwecks Steingewinnung für den Bau der spätantiken Kastelle. Nach Ausweis der Funde bestand der Burgus bis um 400.

Alamannen

Die Alamannen waren ein Bund germanischer Völkerschaften, der erst im Laufe des späten 2. Jahrhunderts in das bis dahin nur dünn besiedelte Gebiet östlich und nördlich des obergermanisch-rätischen Limes vorstieß. Der Verband setzte sich aus suebischen Stämmen zusammen, der stärkste war der der Semnonen. Mit der Völkerwanderung, besonders durch den Druck der nach Westen gerichteten Züge der Langobarden und Burgunder, wurden vor allem die Semnonen gezwungen, ebenfalls nach Westen auszuweichen. 213 sind sie erstmals am obergermanischen Limes bezeugt. Ihren ersten Einfall konnte Kaiser Caracalla noch durch militärische Gegenmaßnahmen und Geschenke zurückdrängen. 233/34 überrannten die Alamannen zum zweiten Mal den Limes und drangen über den Rhein nach Gallien ein. Kaiser Maximinus Thrax konnte sie aber ab 235 zurückschlagen. 260 erfolgte ein dritter Einfall in das Römische Reich. Ihm folgten 268, 270 und 275 weitere. Das Gallische Sonderreich, und besonders Kaiser Probus (276–282), konnte sie jedoch wieder zurückdrängen. In Obergermanien und in Rätien fiel aber der Limes, das Land rechts des Rheins wurde aufgegeben, und die Römer zogen sich auf die alte Rhein-Donau-Linie aus der Zeit des Augustus zurück. Die Alamannen setzten sich in den eroberten Gebieten fest. Teile fremder germanischer Völkerstämme wie die Hermunduren und Juthungen wurden, ebenso wie die verbliebene romanische Bevölkerung, integriert.

Mitte des 4. Jahrhunderts überfielen die Alamannen erneut die linksrheinischen Gebiete. Durch seinen großen Sieg bei Straßburg 357 konnte Julian sie stoppen und über den Rhein zurückdrängen. Infolge der Auflösungserscheinungen der römischen Macht an Rhein und Donau besiedelten die Alamannen immer mehr ehemals römische Gebiete auf friedliche Art. Mit der Eroberung des Kastells Niederbieber bei Neuwied 260 erreichten sie ihren nördlichsten Punkt, wurden dann aber durch die von Norden kommenden Franken nach Süden zurückgedrängt. Nach der Schlacht bei Zülpich 496 war der gesamte Bereich nördlich der Oberrheinebene für die Alamannen verloren. 536 wurden sie endgültig als Bundesgenossen dem Frankenreich einverleibt.

Pferd – Maultier

Der Pferdezucht kam in römischer Zeit große Bedeutung zu. Das Pferd diente im zivilen und militärischen Bereich als Reittier. Es wurde dagegen nicht als Zugtier eingesetzt. Die Widerristhöhe des Pferdes lag bei ca. 1,40 m, es hatte also die Höhe eines heutigen Doppelponys.

Als Reit- und Lasttier wurde dagegen das Maultier, eine Kreuzung aus Pferdestute und Eselhengst, eingesetzt. Außerdem wurde es als Zugtier vor den Reisewagen gespannt. Wenn der Boden leicht genug war, konnte das Maultier auch vor den Pflug gehen. Die Widerristhöhe römischer Maultiere ist nicht bekannt, dürfte aber auf jedem Fall unter dem der Pferde gelegen haben.

Gerberei

Gerbereien veredelten die rohe, noch nicht bearbeitete Tierhaut zu Leder. Vor dem eigentlichen Gerbvorgang musste die Tierhaut in vier Arbeitsgängen vorbereitet werden. Zuerst wurde die Haut gewässert, dann gestreckt, dann die Fleischseite von anhaftenden Fleischresten mit dem Schabeisen gereinigt, anschließend wurde die Haut mit in Urin getauchten Maulbeerblättern geschwitzt, mit dem Schabmesser enthaart und mit dem Glätteisen geglättet.

Erst danach konnte das Gerben erfolgen. Die Häute wurden mit Stangen und Haken in den Gerberbottichen bewegt. Hierbei gab es mehrere Techniken: Lohgerben mithilfe von Gerbsäuren (aus Fichten- bzw. Erlenrinde oder Eicheln) für Sohlen-, Riemenleder, Juchten; Weißgerben mit Alaun für be-

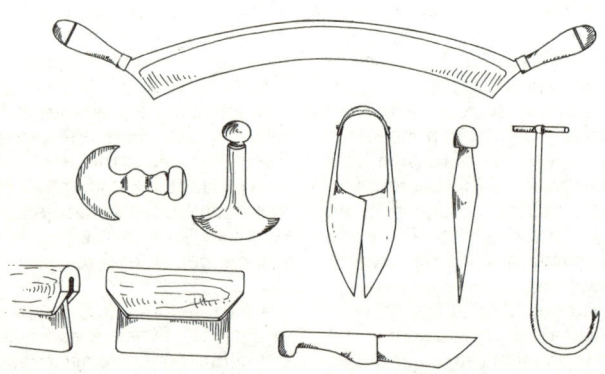

Werkzeug zur Herstellung von Lederwaren:
Ledermesser, Schere, Pfriemen

sonders weiches Leder; Sämisch-Gerben mit Öl für besonders geschmeidiges Leder.

Anschließend konnte das Leder noch gefärbt werden. Zur Weiterverarbeitung wurden Ledermesser, Scheren, Pfrieme und einfache Messer gebraucht.

Gerbereien lagen wegen des intensiven Geruchs meist am Stadtrand oder außerhalb der Mauern. Da für den Gerbvorgang sehr viel Fließwasser benötigt wurde, musste sich außerdem in der Nähe ein Wasserlauf befinden.

Castra Regina – Regensburg

Frühestens 74 n. Chr. und spätestens in den Neunzigerjahren wurde im Bereich des heutigen Regensburg ein römisches Kastell errichtet. Es lag auf der Höhe des Stadtteils Kumpfmühl gegenüber den im Donaubogen zusammentreffenden Flusstälern von Laaber, Naab und Regen. Die Besatzung bildete eine Infanteriekohorte. Mitte des 2. Jahrhunderts in Stein umgebaut, wurde das Lager um 170 mitsamt dem Vicus von den Markomannen überrannt. Zwei Jahre später kam die neu aufgestellte legio III Italica nach Regensburg. Ihr neues Lager lag auf der Niederterrasse der Donau. Es wurde 179 eingeweiht. Die ca. 2 m breite Wehrmauer war ca. 9 m hoch und umschloss eine Fläche von 540 x 450 m, also 24,3 ha. Zusätzlich zu den vier Doppelturmtoren sicherten 22 Türme den Wall. Hinter der Mauer befand sich eine Erdan-schüttung. Vor dem Lager, donauaufwärts, befand sich die Lagervorstadt.

Während der großen Germaneneinfälle im letzten Drittel des 3. Jahrhunderts wurde auch Regensburg zerstört, vermutlich zur Zeit des Kaisers Probus (276–282). Im 4. Jahrhundert erfolgte eine Reduzierung der Besatzung des Lagers auf 1000 Mann. Sie lebten wohl in einer Ecke des ehemaligen Legionslagers, während im übrigen Lagerbereich jetzt die Zivilisten wohnten. Nach einer weiteren Verwüstung in der Mitte des 4. Jahrhunderts wurde Regensburg unter Valentinian wieder aufgebaut und blieb bis in die Mitte des 5. Jahrhunderts ein römischer Militärposten, obwohl die Besatzung schon längst aus Germanen bestand, die ihre Familien mitgebracht hatten.

Römisches Bürgerrecht

212 verlieh Kaiser Caracalla in einem Erlass allen im Römischen Reich lebenden Bewohnern das römische Bürgerrecht. Fortan gab es also nicht mehr die beiden Klassen der Bürger und der Nichtbürger, die Unterschiede hatten sich im Laufe der Zeit sowieso verwischt.

Massaker auf einem Hof

1984 wurden bei der Ausgrabung eines römischen Hofes in Harting bei Regensburg zwei Brunnen untersucht. Hierbei stieß man auf Skelettreste von 13 Menschen. Ein

Teil der Männer war wohl im Kampf gefallen, der größere Teil der Menschen war aber gefoltert und zerstückelt in die Brunnen geworfen worden.

In dem einen Brunnen befanden sich die Knochen von vier Männern, drei Frauen und zwei Kindern, womöglich eine Familie, da sie alle relativ grazil und kleinwüchsig waren. Im zweiten Brunnen fanden sich die Skelettreste von einem Mann, einer Frau und einem Kind.

Die Frauen scheinen skalpiert worden zu sein, auch wurden alle Schädel abgeschlagen. Möglicherweise wurde den Menschen auch die Haut abgezogen. Die Leichen schienen portionsweise zerteilt worden zu sein. Dies deutet auf ein rituelles Mahl hin. Ammianus Marcellinus berichtet von ähnlichen Vorgängen nach der Schlacht bei Adrianopel, nach der die siegreichen Goten ihre Gegner folterten, schlachteten und ihnen die Haut abzogen.

Die Barbaren kommen

L. Secundinius Severus, Sohn von Silvanus und Enkel des Halda-
vo, starb 196. Sein Sohn Amabilis übernahm das Geschäft. 212
heiratete er Nativa. Sein Sohn Ianuarius (213–262) wurde eben-
falls Keramikhändler. Die Tochter Ursula (215–285) heiratete
252 den Terrakottahändler C. Severinius Vitalis, 255 wurde deren
Sohn Evalis, der ebenfalls Terrakottahändler wurde, geboren.
L. Secundinius Ianuarius heiratete 235 Maionia Surilla. Dieser
Ehe entstammten Vitalis, 241 geboren, Severina, 243 geboren,
und Amandus, der 248 das Licht der Welt erblickte.
L. Secundinius Vitalis, Keramikhändler wie sein Vater, heiratete
Verecundinia Placida. Die beiden hatten drei Kinder. Desiderius,
266 geboren, übernahm das väterliche Geschäft, Soiio, 269 ge-
boren, war zeit ihres Lebens pflegebedürftig, sie starb 295. Seve-
rina heiratete einen Offizier in Bonn.
Der jüngste Bruder des L. Secundinius Severus, Haldavo, heira-
tete auf den Hof ins Swisttal. Sein Enkel Atto, Sohn des L.
Secundinius Atto, wurde 217 geboren. Er heiratete 248 Regula
Paterna. Von ihr hatte er sechs Kinder. Eins war eine Totgeburt.
Regula kam 254 zur Welt und erstickte im selben Jahr im Schlaf.
Antonia wurde 255, Atto 258, Regula, die zweite dieses Namens,
260 und Haldavo 264 geboren. Die Mutter Regula Paterna starb
274 auf dem Hof.

Fakten, Daten, Hintergründe Seiten 184–191

Der Winter hatte in diesem Jahr länger gedauert, als man erwartet oder erhofft hatte. Erst im Mai konnte man auf die stinkenden, rauchigen Kohlebecken verzichten. Die Kranken, die Alten und die Kinder bekamen oft noch einen heißen Stein ins Bett gelegt. Erst jetzt, im Mai, wurden die Abende lau, dann zunehmend warm, und man konnte es sich endlich eine Stunde lang im Garten oder im Atrium behaglich machen, konnte plaudern oder die Alten erzählen lassen.

Die Kölner Secundinier, nun schon seit Generationen zu den Honoratioren der Stadt gehörend, waren in jenes Stadium der Familiengeschichte eingetreten, in dem man es sich leisten konnte, auf jegliches Protzen mit Reichtum zu verzichten. Man wusste, wer man war, und auch Nachbarn und Mitbürger wussten, mit wem man es zu tun hatte. Entsprechend hatte sich einiges in den vergangenen Jahrzehnten entschieden verändert: Man sprach anders! War es vor hundert Jahren noch der weiche Klang der Unterschicht, der die Herkunft der damals neureichen Aufsteiger nicht verleugnen konnte, so war daraus im Laufe der Zeit jenes fleckenlose Latinisch geworden, das die aus dem Süden stammenden Erzieher sich angelegen sein ließen es schon den Kindern, dann den Heranwachsenden einzuflößen. Dennoch! Ein Kenner der Sprachen, der Menschen, der Provinzen des riesigen Imperiums hätte auf Anhieb die Herkunft eines Kölner Secundiniers – nicht erachtet, nein, erkannt, denn es gab gewisse Laute, mehr noch eine gewisse unnachahmliche Wortmelodie, die den Sprecher unverwechselbar machte.

Freilich hing es vom Charakter und Temperament, von den Vorlieben und Abneigungen der einzelnen Familienmitglieder ab, ob man sich dazu herabließ, mit einem einfachen Mann den deftigen Dialekt zu sprechen.

Es war an einem dieser Abende, als nach und nach die Geschäftigkeit in den verschiedenen, weit auseinander liegenden Räumen zur Ruhe kam. Die Dienerinnen bereiteten das Abendessen vor, kümmerten sich um die Kinder, besonders um die kleine Severina, die schon wieder alle Bauklötze im Atrium verstreut hatte.

»Wenn du schnell machst«, hieß es von einem der Mädchen, »kriegst du'n Löffel Honig mit Kirsche.«

Der neunjährige Desiderius und seine jüngere Schwester Soiio standen bereits lutschend und kauend daneben. Severina kannte die Konsequenz des Personals in diesen Dingen, zu motzen war sinnlos; wollte sie in den gleichen Genuss wie Bruder und Schwester kommen, musste sie aufräumen. Also begann sie damit.

Man hörte, wie die schwere Eichentür des Eingangs geöffnet und wieder geschlossen wurde, dann kam Lucius Secundinius Vitalis, der Herr, Besitzer und Patron, in Begleitung eines seiner Sekretäre durch den Flur ins Atrium. Sogleich hielt Severina mit dem Aufräumen inne und stürzte zum Vater hin: »Hast du mir was mitgebracht? Hast du mir was . . .?«

Man sah ihm an, dass er in seinen Gedanken mit gänzlich anderen Dingen befasst war, doch rang er sich ein Lächeln ab, strich seiner Kleinsten über den Kopf und sagte milde: »Heute nicht. Vielleicht morgen . . .«

Severina spürte, dass sie dadurch sich auch nicht vor dem Aufräumen drücken konnte, und fuhr mit der lästigen Pflicht fort. Vitalis aber blieb kurz vor den beiden Älteren stehen und sein Auge ruhte eine ganze Weile kritisch und besorgt auf dem Gesicht der Soiio. Lange suchte er darin zu lesen. Sie war sein und seiner Frau, nein, der ganzen Familie Sorgenkind. In unvorhersehbaren Abständen wurde die Sechsjährige von Fieberschüben heimgesucht. Dann verlor sie jede Kraft, musste tagelang im Bett liegen und alles, was man in den guten Tagen, Wochen und Monaten zuvor in ihrem Körper aufgebaut hatte, schwand dahin wie der Schnee in der Sonne. Die besten Ärzte der Stadt, ja, der Provinz, waren konsultiert worden, doch einig waren sich die gelehrten Herren nur darin, dass die Krankheit äußerst gefährlich sei, dass man sie so schnell wie möglich zum Stillstand bringen müsse, dass man das Kind in den scheinbar gesunden Zwischenzeiten vor allem schutzen müsse, was ihm schaden könne: vor Zugluft ebenso wie vor Kälte oder zu großer Hitze im Sommer! Sie kamen zu keiner einheitlichen Diagnose, ob es denn mehr die Schwindsucht sei oder eine chronische Heimsuchung der Blase oder aller damit verbundenen inneren Teile des jungen Körpers. Manchmal konnte das Fieber so hoch steigen, dass man meinte, ja, der festen Erwartung war, nun gehe es endgültig zu Ende mit ihr. Und nur Wickel mit eiskaltem Wasser, mit Salz versetzt, brachten einen weiteren Aufschub.

»Wie geht es dir?«, fragte Vitalis und Soiio lächelte ihn aus bleichem Gesicht an: »Gut. Ich war den ganzen Tag draußen.«

»Fein.« Er nickte ihr zu. »Und du?« Das ging an Desiderius, seinen Ältesten.

»Ich habe . . .« Er verschluckte sich beinahe vor Eifer. »Ich habe alles erledigt, was du mir auf. . . was du gesagt hast.«

»Na gut, ich werde das in einer Stunde prüfen.«

Das hieß, dass Desiderius dem Vater alles hersagen musste, was er heute und in den vergangenen Tagen mit seinem Hauslehrer, einem in der Stadt sehr bekannten Grammaticus, durchgearbeitet und gelernt hatte. Desiderius kannte die Konsequenz des Vaters, wusste, dass er sich durch nichts und niemanden davon abbringen lassen würde. Bei Versagen aus Faulheit, Trägheit oder Lässigkeit warteten harte, aber sinnvolle Strafen. Prügel gab es bisweilen auch, aber meist kam es zu Verboten von Spielen, Aufenthalten außer Haus und lieb gewonnenen Tätigkeiten, die den Sohn durchaus härter trafen als eine körperliche Züchtigung. Ja, es kam sogar vor, dass das strafende Familienoberhaupt dem Delinquenten zur Auswahl anbot, das eine oder andere auf sich zu nehmen. Desiderius entschied sich fast immer für die Schläge mit dem Stäbchen auf die Hände oder dem Rohrstock auf das Hinterteil. Dann war die Sache aus der Welt.

Nun aber spürte er, als er im Gesicht des Vaters las, wie dieser heute Abend nicht ganz bei der Sache war, trotz der besorgten Frage nach dem Befinden von Soiio. Er machte einen sehr abgespannten Eindruck, als ob ihn etwas bedrückte, worüber zu sprechen er aber nicht unbedingt bereit war. Er ging denn auch sofort zur Treppe. Der Sekretär folgte dienstbeflissen und stumm wie ein Hund. Mit festem Tritt stiegen sie nach oben und verschwanden im Arbeitszimmer des Patrons.

Severina war mit dem Aufräumen fertig und wartete auf die

versprochene Belohnung; Soiio und Desiderius standen unschlüssig da, wussten nicht, was sie im Augenblick kurz vor dem Abendessen beginnen sollten, als sie die schwache Stimme von Surilla rufen hörten:

»Großmutter ruft!«, sagte Soiio und hielt den Kopf lauschend in Richtung des Zimmers im oberen Stock.

»Geh und sag Tante Severina Bescheid!«

Damit war Desiderius gemeint. Und es war erstaunlich, wie dieser der Anweisung der jüngeren Schwester ohne Murren und unverzüglich Folge leistete. Soiio aber ging zur Treppe, stieg aufwärts und lief an der hölzernen Balustrade entlang, bis sie das Zimmer der Großmutter erreichte. Auf der anderen Seite des Umgangs steckte der Vater den Kopf aus der Tür und erklärte:

»Großmutter hat gerufen!«

»Tante Severina kommt gleich!«, gab Soiio zurück und Vater verschwand wieder in seinem Zimmer.

Sechsundsechzig Jahre alt war Surilla. Doch wer sie zum ersten Mal sah, schätzte sie erheblich jünger, denn sie besaß eine feine, weiße, glatte Haut, die im Gesicht kaum Falten zeigte, es sei denn jene höchst sympathischen Lachfältchen zu Seiten der Augen, die beim Betrachter den Eindruck ununterbrochener Heiterkeit erweckten. Nun war dies gewiss ein Grundzug ihres Charakters und Surilla hatte keine Feinde, weder im Hause noch außerhalb. Aber sie war krank. Das Gehen wurde ihr in den letzten Jahren immer schwerer. Der Arzt hatte »Wasser« in den Beinen diagnostiziert. Es musste aber anderes, Schlimmeres dazugekommen sein. Niemand fand es. Alle sahen freilich die Folgen, wie die alte Frau mehr und mehr ans Bett gebunden war, wie sie am Ende nicht mehr allein die Treppe abwärts steigen konnte, wie sie schließlich keinen Schritt mehr ohne Hilfe gehen konnte.

Soiio, selbst kränkelnd und über Tage und Wochen leidend, stand darum der kranken Großmutter besonders nahe; wie diese wiederum das kranke Mädchen, das ihr jeden Wunsch von den Lippen las, allen anderen Enkeln vorzog. Und wenn ihre Schwiegertochter Placida sie einmal vorsichtig tadelnd darauf hinwies, dass sie noch einen Enkel und eine Enkelin habe, pflegte sie zu sagen:

»Mag sein. Aber sie kommen alleine durch! Wer weiß, wie alt sie wird . . .« Darauf schwieg Placida, denn die Alte hatte ja Recht. Schließlich waren alle Hausbewohner zufrieden, dass die Matrone sich so eindringlich um das Wohl und Wehe des kleinen Mädchens kümmerte, das man mehrmals am Tage flink und leise treppauf und treppab laufen sah, um der Großmutter etwas zu holen oder andere, von denen sie eine Kleinigkeit wünschte, zu benachrichtigen.

Längst war Soiio denn auch im hübsch eingerichteten, duftig ausgemalten und hell erleuchteten Zimmer verschwunden. Aus einem der unteren, entfernteren Räume kam endlich Severina, Soiios Tante, die Schwester ihres Vaters Vitalis. Bedächtig ging sie, den Oberkörper in leicht gekrümmter Haltung, sehr schlank, fast hager, und ihr Blick hatte etwas Unstetes, Unsicheres. Während sie durchs offene Atrium zur Treppe ging, winkte sie eine der Mägde aus der offenen Küche zu sich, ging aber schon voraus, ohne darauf zu achten, dass das Mädchen ihr folgte. Der große Ernst ihrer Züge ließ auf einen Kummer schließen. Und alle im Hause kannten den Grund. Längst war das übliche heiratsfähige Alter überschritten. Severina galt mit ihren zweiunddreißig Jahren als geschlechtsloses Wesen, als ewige Jungfrau, doch bei weitem ohne den mädchenhaften Glanz einer Artemis, schon eher mit der Würde und dem Ernst Athenes: sehr geduldig und, wenn es ihr Vorteil brachte, mit einem sehr klugen Charme ausgerüstet, der das Gegenüber bald für sie einnehmen konnte; aber dies alles war einfachen Gemütern nicht genug, deren ungeschriebene Gesetze und Ordnungen eine Frau nur gelten ließen, wenn zum intellektuellen Selbstbewusstsein eine handfeste und plastische Weiblichkeit kam. Daran mangelte es freilich ganz offensichtlich und darunter litt Severina und es nützte ihr wenig, wenn ihre alte Amme sie beim Baden bediente und dabei voll des Lobes war über die edlen Linien des Körpers, den schönen Schwung der schmalen Hüften, die immer noch festen Brüste; es gäbe manchen Mann, flocht die Alte dann stets mit kenntnisreichem Nicken ein, der gerade derlei schätzte. Sie habe keinen Grund sich zu verstecken. »Und es wird kommen der Tag . . .« Damit schloss stets die ebenso mütterliche wie klug taktierende Laudatio und Severina ging getröstet zurück in die Räume der Familie, zehrte über Tage von den Worten der Alten, die selber hässlich und faltig, dennoch sieben Kindern das Leben geschenkt hatte, von denen zwei noch lebten. – Severina also kam und trat in das Zimmer ihrer Mutter, lächelte ihrer Nichte kurz zu, die auch sie am meisten mochte, und begann mit fachkundigen Griffen die Beine der alten Frau aus dem Paket der Binden zu befreien, knetete sie, salbte sie mit der seit Jahren benutzten Medizin, deren scharfer Duft noch in späten Jahren einen Teil ihrer Erinnerung ausmachen sollte. Die Kranke litt es nicht, dass Soiio sie in so würdeloser, preisgegebener Körperlosigkeit sah, und Soiio hatte das Zimmer zu verlassen.

Als sie am Rande der Balustrade entlangging, dabei den Zeigefinger von Stab zu Stab hüpfen ließ, vernahm sie unten außergewöhnlichen Lärm. Ein Wagen fuhr rumpelnd vor. Eine scharfe Männerstimme befahl den Zugtieren Halt! Der Wagen stand. Weitere Rufe, Zurufe:

»He! Los! Runter! Schlafen kannst du noch die ganze Nacht!«

Es wurde gegen die Haustür geschlagen. Derb. Mehrmals.

»Was ist denn da los?« Der Vater kam aus seinem Zimmer und der Zorn über die Störung des beschaulichen Abends lag ihm im Gesicht. Doch dann, als er sah, wer da eingelassen worden war, hielt er mitten in der noch nicht begonnenen Strafrede inne, blieb stehen, starrte mit weit geöffneten Augen, in denen Staunen, vielleicht auch Angst war, nach unten. Dies dauerte nicht lange. Dann eilte er zur Treppe, nahm immer gleich zwei Stufen auf einmal und stürmte hinab:

»*Per deos!* – Bei den Göttern! Was ist geschehen? Ist was ge-...?« Er behielt den Mund offen, schloss ihn und schluckte. Sein Blick sprang unruhig von einem zum andern: von einer jungen, blonden Frau zu einem halb erwachsenen Mädchen, zu einem vielleicht elfjährigen Jungen, der den beiden sehr ähnlich war, schließlich zum begleitenden Knecht, der ein vorsichtiges Lächeln wagte, dann über seinen Schnauzbart strich und mit tiefer Stimme erklärte:

»Mein Herr, dein Vetter, lässt dir mitteilen: Bring sie alle in die

Stadt und zu Lucius Secundinius Vitalis, dem Händler! Und dies sage ihm: Wir sind alle wohlauf. Der Hof steht. Das Gesinde lebt. Aber es ist besser, wenn die Mädchen und Haldavo, der Kleinste, zu dir und unter deinen Schutz kommen.«

Unvermittelt, wie es die Art einfacher Männer sein konnte, brach er ab und Vitalis nickte ihm zu. Längst hatte sich alles Gesinde um die Gruppe versammelt und Placida, die Herrin, war dazugekommen. Doch anders als der Patron verzichtete sie auf ein überraschtes Staunen, ging von einem zum andern, strich über die Köpfe, drückte die beiden Jüngeren kurz und fest an sich. »Ihr werdet hungrig sein!« Und schon bekamen die Dienerinnen Anweisung in dem zweiten, kleineren Speisezimmer für die Gäste zu decken. Während das geschah, klopfte es zum zweiten Mal an diesem Abend an die Haustür, und als der Pförtner öffnete, trat ein gewichtiger großer Mann ein, der sich mit großer Selbstverständlichkeit bewegte und redete.

»Ist er schon da?«

»Du meinst den Herrn?«, fragte der Pförtner.

»Wen sonst! Also! Bring mich zu ihm!« Und da der Bedienstete diese barsche Rede ohne die geringste Reaktion hinnahm, konnte es sich nur um jemanden handeln, der im Hause auf die selbstverständlichste Art und Weise ein und aus ging. Im wieder leeren Atrium blieb der Mann stehen, hielt den Kopf schief, lauschte auf die zahlreichen Stimmen, die von überall her zu kommen schienen. Im Licht der Innenhofbeleuchtung sah man, dass er noch recht jung, ja noch sehr jung sein musste, vielleicht erst Anfang zwanzig; freilich pflegte ihn jeder, der ihn zum ersten Mal sah, wegen seiner Leibesfülle und Größe entschieden älter zu machen, zumal dazu eine unglaubliche Selbstsicherheit kam, wie man sie bei einem jungen Menschen gemeinhin nicht erwartete.

»Ah, Evalis! Gut, dass du da bist!« Vitalis trat aus einem der Räume und ging auf den Besucher zu. Die Ähnlichkeit von Nase und Kinn der beiden ließ auf Verwandtschaft schließen: Des Evalis Mutter war die Schwester von Vitalis' Vater, hatte diesen auch überlebt und würde wohl noch einige Jahre machen. Evalis hatte den großen Laden seines Vaters, eines Terrakottahändlers, geerbt. Aber trotz seines Fleißes und ausgeprägten Geschäftssinns war mit Terrakotten kein Geld mehr zu machen. – Allerdings wartete man nun schon seit längerem darauf, dass er sich unter den zahlreichen guten Partien, die ihm fraglos in der Stadt möglich waren, für diese oder jene Tochter aus gutem Hause entschiede. Aber er rührte sich nicht. Längst ging die Rede von heimlicher Liebschaft. Doch niemand hatte ihn je in eindeutiger Situation gesehen. Also mussten es homoerotische Neigungen sein. Doch diese zeigten sich noch weniger, wie denn sein aufbrausendes, cholerisches Temperament, seine Grobheit und Härte sehr bald weiteren Spekulationen in dieser Richtung einen Riegel vorschoben. Es gab natürlich Leute, die ihn in einschlägig bekannten Spelunken beim Hafen gesehen haben wollten.

»Was ist denn hier los? Ist das etwa ein Kindergeburtstag? Warum hat man mir denn nicht . . .!«

Vitalis winkte mit der Hand ab, blieb aber ernst, und das gab seinem jüngeren Vetter zu denken. »Was gibt's also? Warum hast du mich kommen lassen?«

Statt einer Antwort gab Vitalis dem Pförtner Anweisung den Knecht, der die zwanzigjährige Antonia, die jüngere Regula und ihren Bruder Haldavo hergebracht hatte, ins Tablinum zu schicken. Noch während er dies sagte, wurde ein weiteres Mal gegen die Haustür geklopft und der Hausmeister beeilte sich zu öffnen. Wieder fiel beim Eintretenden die Ähnlichkeit mit dem Hausherrn auf: Kinn, Nase und Konturen des Mundes waren fast identisch. Sogar im Ansatz des Haares, in der schmalen Kopfform, den scharf konturierten Jochbeinen ähnelten sie sich.

»Amandus!«, begrüßte Vitalis seinen sieben Jahre jüngeren Bruder. Dann fragte er beide Besucher: »Habt ihr schon gegessen?«

»Was meinst du wohl, warum ich hier bin?!«, meldete sich der füllige Evalis. Amandus nickte stumm, konnte sich aber eines Seitenhiebs zu seinem dicken Vetter hin nicht enthalten: »Ein paar Wochen Askese würden dir nicht schaden. Man weiß nie . . .« – das ging an den Bruder – ». . . ob er die Krüge und Amphoren nach seinen Formen modellieren lässt oder ob es zu seinem Berufsethos gehört, seinen Wanst den Gefäßen anzugleichen.« Dieser Satz wurde von einem ironisch anzüglichen Lächeln begleitet. Jeder andere hätte die beleidigende Bemerkung mit einer scharfen Worttirade, vielleicht auch mit ein paar derben Püffen bezahlt bekommen. Nicht so Amandus. Sein intelligenter Spott war bekannt und gefürchtet. Sich mit ihm auf Wortgezänk einzulassen brachte nichts, weil man den Kürzeren zog.»Lasst das!«

Die Rüge des älteren Bruders enthob Evalis einer angemessenen Entgegnung, die doch nur weitere Hiebe herausgefordert hätte.

Der Hausherr winkte mit der Hand, ging schon voraus und führte sie in das große Tablinum, den offiziellen Empfangsraum des Hauses, der zwischen Atrium und hinterem Garten lag.»Hier sind wir ungestört . . .«, kommentierte er die Wahl des Ortes und Amandus nickte.

Vitalis wies ihnen die unregelmäßig verteilten Sitzgelegenheiten zur eigenen Auswahl an. Sie konnten unter hochlehnigen Korbsesseln, Klappstühlen und einigem festen Mobiliar wählen. Wie erwartet ließ sich Evalis in den bequemsten Sessel fallen, dass es in den Verstrebungen knackte.

Neben diesen Sitzgelegenheiten standen kleine dreibeinige Tischchen, deren Marmorplatten Schalen mit allerlei Gebäck, getrocknetem Obst, Becher für den Wein trugen. Stumm hantierte ein Diener etwas abseits mit Wein und Wasser an einem fahrbaren Anrichtetisch, mischte beides, ging dann von Platz zu Platz und schenkte ein, bot auch das Gebäck an.

»Lass uns allein!«

Der Mann verbeugte sich und zog sich zurück. Im gleichen Augenblick kam eines der Mädchen mit dem Knecht, den der Hausherr sprechen wollte. Als er den vornehm und gediegen eingerichteten Raum betrat, zog er die Schultern hoch und machte eine linkisch verklemmte Verbeugung, sodass Vitalis sich zu einer ermunternden Bemerkung veranlasst sah:

»Komm nur herein . . . eh . . . wie heißt du noch . . .?«

»Galenus, Herr! Galenus.« Wieder verbeugte er sich.

»Gut, Galenus. Du kannst Platz nehmen!« Vitalis wies auf einen der schönen Falthocker, die dunkel gebeizt waren. Galenus folgte der ausgestreckten Hand und setzte sich, freilich vorsichtig, als ob er um die Festigkeit des feinen Möbels fürchtete. Und er blieb auch während des folgenden Gedankenaustauschs vorne auf der Kante sitzen.

»Erwartest du noch jemand?«, fragte Amandus den Bruder.

»Nein. Heute nicht. Vielleicht morgen.« Er schaute vor sich, auf das Mosaik des Bodens, das heimische Tiere in Büschen, Hecken und Bäumen darstellte. Es war in den vergangenen Jahrzehnten nicht verändert worden. Und Vitalis legte großen Wert darauf, dass lockere Steinchen sofort wieder befestigt wurden. Unvermittelt hob er den Kopf, sein Blick traf Amandus, wechselte zu Evalis, dann zu Galenus:

»Es trifft sich gut«, begann er leise, »dass ausgerechnet heute unser Galenus hier mit den Mädchen und dem Jungen zu uns gekommen ist. So können wir aus erster Hand erfahren, was sich bisher draußen auf dem Lande getan hat.«

Er sprach auffallend langsam, als ob er befürchtete, der Bauer vor ihm könnte ihm sonst nicht folgen.

»Danach können wir . . .« Er betonte das »wir« und blickte Bruder und Vetter an. ». . . können wir über die Vorkehrungen und Maßnahmen reden, die wir hier in der Stadt notwendigerweise zu treffen haben. Ihr seid einverstanden?«

Natürlich waren sie es und nickten beifällig und Amandus enthielt sich in Anbetracht der geradezu feierlichen Eröffnung jeder flapsigen Bemerkung. Dafür nahm er einen kräftigen Schluck aus seinem Becher.

»Bitte, Galenus, berichte!«

*

Hatten sie erwartet, dass er stotternd beginnen würde, so waren sie überrascht zu sehen, wie er vom ersten Satz an ohne Scheu und sehr genau berichtete, was er selbst gehört, erlebt und mitgestaltet hatte.

Obwohl bei ihnen noch keine Franken erschienen waren, hatten schon viele Familien Land, Besitz, Hof und Haus verlassen, waren nach Westen, nach Gallien, zu Verwandten oder Freunden gezogen oder sogar bis an die Gestade des Mittleren Meeres.

»Welche Vorbereitungen habt ihr getroffen?«

Diese Frage ließ zweierlei erkennen: zum einen, dass Vitalis aus familiärem Interesse fragte, dass er sich geradezu verantwortlich fühlte für die Verwandtschaft auf dem Lande; zum anderen, dass er sich ein Urteil bilden wollte, ob das, was sie da draußen in die Wege geleitet hatten, sinnvoll, ob es effektiv war. Und dahinter stand unausgesprochen der Gedanke, dass es am Ende, bei einer rasanten Verschlechterung der Lage, doch besser wäre, die ganze Familie nach hier in die befestigte Stadt zu evakuieren: Vitalis sah den alten Mann vor sich, Lucius Secundinius Atto; er mochte ihn sehr, denn er hatte etwas vom alten Schlag an sich, war so, wie man sich die Pioniere dieses Landes vorstellte, wie sie vor zweihundert und mehr Jahren sich niederließen, in die Hände spuckten und den Boden kultivierten.

»Wer ist noch auf dem Hof?«, fragte Vitalis.

»Atto der Bauer, sein Sohn Atto . . .«

»Wie alt ist er?«

»Siebzehn, Herr!«

»Weiter! Wer sonst?«

»Ein paar Knechte wie ich und die Frauen vom Gesinde, die ja alle auf dem Gut wohnen.«

Vitalis nickte: »Weiter!«

»Ja . . . wir . . . wir haben natürlich alles getan, was man . . . Ja, wir haben . . .

»Du kennst doch das Gelände, Herr?«

»Ja, gut.«

»Hm. Also, wir haben an der Nordhecke außerhalb des alten Grabens einen Burgus gebaut!«

»Einen Burgus?«

»Ja. Und ich denke, dass er einiges aushält.«

»Das ist gut!«, lobte Vitalis. »Aus Lehm?«

»Nein. Steinsockel! Darauf Fachwerk. Auch Eiche!«

»Wie groß?«

176

»Etwa dreißig Fuß im Geviert, Herr! Und drum herum Palisaden! Zehn Fuß hoch! Dann der Graben.«

»Und da passt alles rein?«, fragte Amandus. »Vorräte? Wasser? Vieh?«

»Nein, Vieh nich, Herr! Vieh nich!« Er war beinahe entrüstet über die Unkenntnis des vornehmen Städters. »Wie willste das denn in die Höhe bringen!?« Damit meinte er das Fehlen jeglichen Eingangs im Erdgeschoss. Der Zugang befand sich in unzugänglicher Höhe im ersten Stock und man erreichte ihn nur mit Leitern, seien sie nun aus Holz oder Stricken. »Aber wir ha'm alles drin, was wir brauchen: Fässer mit Wasser, geräuchertes Fleisch, Korn und Mehl, Gemüse.«

Amandus, nun voll Interesse für die beschriebenen Verhältnisse, dachte weiter: »Aber das Vieh! Was macht ihr, wenn . . .«

»Ich denke, sie werden ja nich aus heiterem Himmel kommen, nich!? Wir ha'm da mit den Nachbarn bestimmte Signale ausgemacht. Müsste reichen, die Rinder in abgelegenen Waldstücken auf der Höhe zu verstecken. Mehr könn'n wir nich tun, Herr. Oder soll'n wir sie hier in die Stadt treiben?«

Niemand lachte. Die Lage war zu ernst. Vitalis fragte den Mann: »Wirst du auf den Hof zurückkehren? Wie lautet die Weisung deines Herrn?«

»Zurückkehren, Herr.«

»Wann?«

»Gleich morgen früh.«

»Gut. Dann wird man dir jetzt ein Abendessen machen . . .«

Vitalis erhob sich und auch die anderen folgten. Doch er schüttelte den Kopf: »Wir müssen noch darüber reden. Am besten gleich jetzt! Die Zeit drängt. Danach essen wir.«

Galenus aber verbeugte sich und verließ den Raum.

*

Während er noch unschlüssig im Atrium stand und die reine Luft des Abends einatmete, trat eine der bedienenden Frauen zu ihm und fragte: »Du bist Galenus?«

»Ja, warum?« Er erkannte im weichen Licht der Atriumsbeleuchtung blondes Haar, blaue Augen und ein offenes Gesicht, das ihn freundlich anschaute.

»Du musst jetzt essen.«

Dieses »du musst« gefiel ihm sehr gut, denn es machte ihm klar, dass er dazugehörte.

»Wo?«

Sie winkte und ging voraus, unter dem Säulengang entlang und in die Küche. Auf einem der beiden Anrichtetische an der Seite stand ein Teller mit Braten, Brot, Zwiebelsoße. Er ließ sich nicht lange bitten, packte den dreibeinigen Hocker und pflanzte sich vor den Tisch. Da er sehr hungrig war, griff er beherzt zu, schnitt sich mit seinem Dolch die besten Stücke vom Braten, tunkte das Brot in die scharfe Soße und aß. Dazu reichte ihm die junge Frau verdünnten Wein, den er in großen Zügen nachgenoss. Er aß dennoch nicht hastig, sondern kaute bedächtig und schmatzte, damit sie auch sah, dass es ihm schmeckte.

Zum Schluss legte er die Hand auf den Magen, öffnete den Mund und rülpste lauthals.

»Hat's geschmeckt?«, fragte sie zufrieden und räumte das Geschirr weg, warf die paar Knochen dem Spitz zu, der schon die ganze Zeit über neben Galenus gestanden, kein Auge von ihm, seinen Händen, seinem kauenden Mund gelassen hatte und nun die Knochen mit Ausdauer leckte und die Knorpel zermalmte.

»Schöner Hund!«, lobte Galenus und streichelte das Tier, das ein vollkommen weißes Fell hatte.

»Ja«, sagte sie. »Und treu!«

Sie trocknete den Teller und die Soßenschale ab, stellte beides an seinen Platz in den Regalen an der Wand. Zwei andere Dienerinnen kamen herein, fragten nach den vorbereiteten Speisen. Sie wies zum zweiten Tisch, wo allerlei kalte Speisen, Salate, Kompotte vorbereitet standen. Sie griffen einiges davon und entfernten sich.

»Er hat mir wahrscheinlich das Leben gerettet.«

»Was? Der Hund?« Er stocherte mit einem Hölzchen in den Zähnen herum, taxierte das Tier, stellte sein beträchtliches Alter

178

fest, denn der Bart war eisgrau, die Augen trüb, seine Bewegungen steif und greisenhaft.

»Ja.« Sie sagte es leise.

»Wo?«

»In Gelduba.«

»In Geldu. . . ? Wo ist das?«

»Weiter unten, am Rhein. Wenn du nach der Ulpia Traiana willst, kommst du vorbei.«

Er hatte den Namen der Garnison schon mal gehört. Musste so groß wie Köln sein. Da gewesen war er nie. Aber er sagte:

»Aha. – Und?«

»Es war vor fünfzehn Jahren . . .« Sie hörte mit dem Trocknen, Wischen und Hantieren auf. Setzte sich ihm gegenüber auf den zweiten Hocker. Der Hund kam zu ihr und legte seinen Kopf auf ihre Knie, schaute sie von unten an. Sie streichelte ihn und kraulte seine Ohren. Dann hob sie den Blick, schaute Galenus an und seufzte. Und es war ihm, obwohl sie ihn ansah, als ob sie durch ihn hindurchschaute.

»Ich war damals noch ein Kind. Ich glaube, dass ich zehn Jahre alt war.« Er nickte dazu, denn das gab es in diesen wirren Zeiten oft, dass Menschen nicht wussten, wann sie geboren und wie alt sie folglich waren.

»Mein Vater war Brennmeister in einer der Ziegeleien in der Nähe des Kastells. Sie kamen so schnell, dass niemand mehr Zeit hatte sich ins Lager zu retten . . .«

»Wer? Wer kam?«, fragte Galenus, der zunehmend betroffen war vom ernsten Blick der jungen Frau. Der Hund hatte sich vor ihr niedergelassen und den Kopf zwischen die Pfoten gelegt. Er hielt die Augen geschlossen, folgte aber mit den Ohren den Nuancen der Stimme seiner Herrin.

»Die Barbaren!«

»Barbaren?«

»So nennen sie sich selbst. Die Wilden, die Kühnen, die Unge-stürmen! In ihrer eigenen Sprache heißt das die ›Franken‹!«

»Ach so!« Er winkte ab, unterbrach sie aber nicht.

»Sie waren beritten. Alle! Sie mussten an einer anderen Stelle schon den Fluss überschritten haben. Wer sich ihnen entgegenstellte, war des Todes . . .«

»Und die Truppen!? Die römische Einheit!?«

»Sie waren in der Minderzahl. Bis sie verstanden hatten, was vor dem Lager geschah, war es zu spät. Sie verschanzten sich dann selbst, um ihr Leben zu retten. Das Dorf aber . . . Sie zogen von Haus zu Haus. Setzten alles in Brand . . . Dazu musst du wissen, dass Gelduba damals ziemlich wohlhabend war! Wir hatten große Ziegeleien. Der Hafen war nicht der größte, aber kein Händler fuhr vorbei . . .«

Sie stand auf, legte zwei Holzscheite nach. Das Wasser im großen Kupferkessel musste heiß bleiben. Vielleicht wollten die Herrschaften noch eine heiße Brühe. Sie strich den Ruß der Hände an ihrer Schürze ab, setzte sich wieder und fuhr fort:

»Es müssen ein paar tausend gewesen sein. Sie trieben alle Menschen vor sich her, jagten sie vom Pferd aus, erschlugen sie, erstachen sie, machten keinen Unterschied zwischen Alten und Jungen, Frauen und Männern. Überall Schreien! Jammern! Sie quälten Menschen, damit sie ihnen die geheimen Verstecke ihrer Schätze zeigten. Dazu der Rauch, der Qualm der brennenden Häuser, Hütten und Werkstätten. Ein unglaubliches Chaos um uns herum. Kleine Kinder liefen halb nackt herum, schrien nach ihren Eltern. Verletzte und Sterbende überall am Boden. Zerhackte Glieder, blutige Gesichter. Und mittendrin ich mit meiner Mutter. Wo der Vater war, wussten wir nicht. Ebenso wenig, wo meine Schwester und meine älteren Brüder waren. Meine Mutter, halb verrückt vor Angst und Grauen, packte mich an der Hand, rannte über den Platz und schrie wie von Sinnen. Ich erkannte ihr Ziel. Sie wollte im halb verfallenen Mithräum Zuflucht suchen. Sie war aber nicht die Einzige, die dorthin wollte. Ich sah von mehreren Seiten Frauen und Kinder laufen. Aber ich sah auch . . . ich sah, wie sie schon hinter uns her waren. Ich sah, wie sie mit gezückten Schwertern auf die Fliehenden einhieben. Ich hörte die Schreie der Getroffenen. Sah, wie sie zu Boden sanken, mit zuckenden Gliedern liegen blieben. Und dann waren sie bei uns! Ich sehe den Schatten des Pferdes neben uns. Sehe, wie er zum Schlag ausholt!

Höre nicht, ob er trifft. Höre, wie meine Mutter aufstöhnt. Aber weiter! Weiter! Sie packt mich so fest, dass meine Hand schmerzt. Hetzt weiter. Erreicht den zerfallenen Eingang des Heiligtums. Wir hasten die Stufen abwärts. Sind nicht die Ersten. Viele drängen hinein. Und schon sind die Mörder hinter uns. Wir hören ihr viehisches Brüllen. Wie wild schlagen sie zu. Plötzlich Ruhe! Ich spüre, dass ich liege. Unter mir ein anderer Körper. Auch neben mir. Und über mir. Meine Mutter! Sie liegt über mir. Sie bewegt sich nicht. Ich halte den Atem an. Ich stelle fest, dass sie nicht mehr atmet. Auch die anderen atmen nicht. Ich liege zwischen Toten. Grauen steigt in mir hoch. Doch ich bin wie an den Ort gebannt. Meine Angst vor denen da draußen ist stärker. So bleibe ich still liegen. Wie lange ich so gelegen habe, weiß ich nicht. Es wurde dunkel. Es müssen zwei oder drei Stunden gewesen sein. Plötzlich erwache ich aus der Erstarrung. Spüre, wie ein feuchter Atem über mich hinwegfährt . . .«

»Der Hund!«, rief Galenus, der mit weit aufgerissenen Augen der ungeheuerlichen Erzählung gefolgt war.

»Ja, der Hund. Mein Vater hatte ihn mir ein Jahr zuvor geschenkt. Er leckte mein Gesicht. Dann heulte er leise. Ich bewegte mich. Arbeitete mich frei, kroch auf Händen und Füßen über die bewegungslosen und schon kühlen Leiber. Nur weg von hier! Ich will wieder leben! Der Hund lebt! Auch ich will leben! Ich will frei atmen! Weg von hier! – Als ich nach draußen kam, waren Truppen aus Neuss dabei, die Toten zu sammeln und schnell zu verscharren. Die im Mithräum ließ man so liegen, weil sie ja ohnehin schon in der Vertiefung des unterirdischen Kultraumes lagen. Man brauchte sie nur mit Erde zuzudecken. Ich habe das nicht mehr selbst erlebt. Verwandte, die noch lebten, kümmerten sich um mich. Ich war Vollwaise geworden. Auch meine Geschwister waren tot. Später kam ich nach hier. Mein Onkel hatte Verbindung zu diesem Hause und besorgte mir diese Stelle.«

Sie hatte geendigt und fragte ohne Übergang: »Willst du noch was essen?«

»Wie?« Er bewunderte die ungeheure Seelenstärke dieser Frau.

»Nein, danke.« Er hätte ohnehin jetzt nichts essen können. Und das alles konnte auch sie hier treffen. Aber sie hatten Vorbereitungen getroffen. Sie konnten nicht mehr überrascht werden.

Als er später am Abend, auf seinem Lager ruhend, Lachen und lautes Rufen von der Tischgesellschaft hörte, fand er, dass es richtig sei. Das Leben führte sowieso zum Tode. Wie stand es auf jener gläsernen Trinkschale, die man der Herrin Regula Paterna vor einigen Wochen mit ins Grab gegeben hatte: »ΠΙΕ ΖΗϹΑΙΝ ΕΥΤVΩϹ«, und das hatte ihm Atto der Alte übersetzt: »Trinke und lebe glücklich!« Dennoch wurde er in dieser Nacht von schrecklichen Alpträumen heimgesucht und er war froh, als er zeitig am nächsten Morgen mit dem Gespann aufbrechen konnte ...

*

Einige Wochen später kamen sie und stürmten gegen die Colonia Claudia Ara Agrippinensium. Vergebens. Sie waren nicht in der Lage die Mauern zu bezwingen. Es fehlte ihnen Belagerungsgerät römischer Qualität und Menge. Sie hätten es nur mit Sturmleitern versuchen können. Es wäre Selbstmord. Denn die Stadt war gerüstet! Alle Schwachstellen waren verstärkt, Vorräte waren angelegt, die Mannschaft vervielfacht worden.

Aber zu tausenden waren den Barbaren die einzelnen Gehöfte preisgegeben, die überall im fruchtbaren Lande lagen. Der Sturmwind war über die Ebene gefegt, weit nach Westen, bis an die Maas und darüber hinaus. Einige Horden quer durch das ganze ruhige Gallien bis nach Aquitanien und nach Hispanien.

Und einem dieser Trupps fiel der Hof des Atto in die Hände. Fast alles Vieh wurde gefunden, fortgetrieben oder getötet. Das Hauptgebäude ein Raub der Flammen, alle Nebengebäude, die Stallungen, das Gesindehaus und die Scheunen ebenso. Aber der Burgus hielt stand! Sie erkannten seine Stärke und Uneinnehmbarkeit schon nach einer Stunde. Und es kam ihnen nur auf den schnellen Raub, nicht auf den Kampf an. Also ließ ihr Anführer schon bald nach dem barbarischen Niederbrennen des Anwesens zum Weiterrücken sammeln. Andere Gehöfte warteten, im Westen, im Süden.

Atto aber, der Alte, den Vitalis so sehr verehrte, Atto kam nicht über den Verlust dessen, was einmal Inhalt seines Lebens war, hinweg. Er aß kaum noch. Krank war er nicht. Aber Monate später fand der Sohn ihn tot in seinem Bett. Man legte ihn neben seiner Frau Regula in die geliebte Erde. Das war im Jahr 276.

Franken

Die Franken waren ähnlich wie die Alamannen ein Stammesbund, der sich im Laufe des späten 2. Jahrhunderts am Niederrhein gebildet hatte. Dieser Bund bestand aus den alten Stämmen der Brukterer, Chamaver, Chattvarier und Ampsivarier. Sie kämpften noch unter ihren alten Stammeskönigen, unternahmen aber die Aktionen gegen das Römische Reich gemeinsam. Gleichzeitig mit den Alamannenstürmen der Jahre 259/60, die bis Neuwied im nördlichen Mittelrheintal reichten, griffen die Franken am Niederrhein an. Sie überrannten die Besatzung des Lagers Krefeld-Gellep (Gelduba). Andere Lager wurden nicht in Mitleidenschaft gezogen. Dieser Einfall muss relativ schnell von den Römern gestoppt worden sein.

Zusammen mit den Alamannen überrannten die Franken um 275/76 den gesamten niedergermanischen Limes und stießen weit nach Gallien hinein vor. An diesem Vorstoß haben sich auch ostgermanische Vandalen, Burgunden und Lugier beteiligt. Der Einfall muss nördlich von Köln im Bereich der Lager Krefeld und Xanten erfolgt sein. Der gesamte römische Frontabschnitt in den heutigen Niederlanden wurde so zerstört, dass er später von den Römern aufgegeben wurde.

Unter Probus war nochmals ein Frankeneinfall zu verzeichnen, der aber von ihm zurückgeschlagen wurde. Gleichzeitig mit diesen Überfällen gelang es den Franken, sich in den von den Romanen entblößten Gebieten ständig niederzulassen, vor allem in den heutigen holländischen Bereichen der ehemaligen niedergermanischen Provinz. Sie wurden von Rom als foederati – Verbündete – angesehen. Gleichzeitig wurden aber auch Teilstämme als laeti – halb freie Bauern – in Gallien angesiedelt. Die jetzt noch vereinzelt folgenden Frankeneinfälle trafen auf eine gestärkte römische Armee und wurden alle zurückgeschlagen.

Zwischen 352 und 355 griffen die Franken in mehrfachen Wellen die gallisch-germanischen Provinzen an. In dieser Zeit wurden alle Städte und Gemeinden bis weit nach Gallien hinein zerstört. Erst mit der Rückeroberung durch Julian (356/57) und der späteren Grenzverteidigung unter Valentinian konnten die Franken unter Kontrolle gebracht werden.

Die jetzt folgenden Jahre blieben relativ ruhig, sieht man von einzelnen Frankeneinfällen einmal ab. Das gesamte Gebiet der ehemaligen belgischen und niedergermanischen Provinz wird in dieser Zeit langsam von den Franken besiedelt. 100 Jahre später werden sie unter ihrem König Chlodwig die beherrschende Kraft in diesem Teil Europas und unterwerfen alle anderen hier siedelnden germanischen Stämme.

Zerstörung von Gelduba 260

Bei dem ersten Frankeneinfall von 257/58 (260?) wurde als einziges bisher bekanntes Lager das von

Krefeld-Gellep (Gelduba) zerstört. Die hier liegende Truppe, eine Kavallerieeinheit, wurde vollständig aufgerieben. Der Lagervicus ging in Flammen auf.

Bei den Ausgrabungen der letzten Jahre kam ein Mithräum zu Tage, in dem mehrere Skelette verscharrt waren. Im Umkreis fanden sich weitere Bestattungen, auch solche von Pferden.

Ländliche Besiedlung im 3. Jahrhundert

Während die ländliche Besiedlung sich im 2. Jahrhundert konstant ausdehnte, ist Ende des 2. Jahrhunderts ein Stillstand und im 3. Jahrhundert ein Rückgang festzustellen. Viele Hofstellen wurden aufgegeben und es kam zu einer auffälligen Verminderung der bäuerlichen Bevölkerung. Die Ursachen sind hierfür vielfältig; Versäuerung der Sandböden, Klimaverschlechterung der Wirtschaftslage und auch Landflucht der Bauern.

Der Hof bei Flerzheim

Der Gutshof von Rheinbach-Flerzheim, im Rhein-Sieg-Kreis, lag auf der Nordseite der fruchtbaren Rheinbacher Lössplatte in der Nähe der römischen Fernstraße nach Bonn. Der Hof und einige benachbarte Anwesen wurden Mitte des 1. Jahrhunderts errichtet (»Der Hof«). Spuren von Fachwerkgebäuden, die zu der ersten Bauphase gehörten, lassen sich in diese Zeit datieren. Gräber aus dieser Zeit sind bislang noch nicht ent-

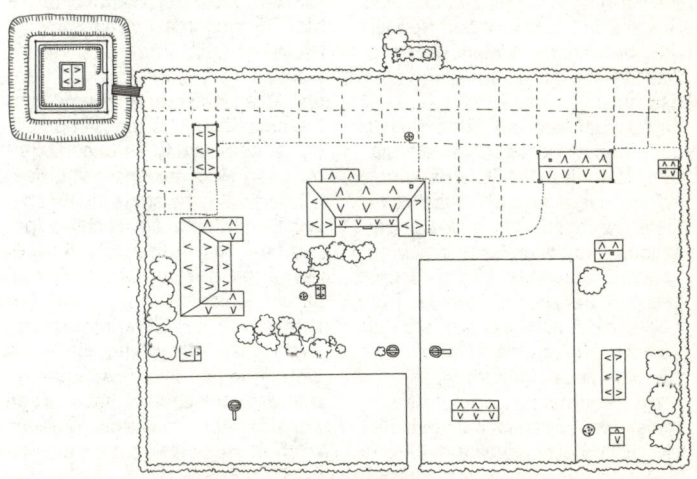

Der Gutshof bei Flerzheim (Ende 3. Jh.) → auch Abb. 22. Das Hauptgebäude ist jetzt vergrößert und in Stein errichtet. Außerdem wurde ein Burgus erbaut

185

deckt worden, die frühesten Bestattungen stammen erst aus dem ersten Viertel des 2. Jahrhunderts. Zu dieser Zeit waren die Hauptgebäude des Hofes schon in massiver Steinbauweise errichtet.

Von einem zerschlagenen Grabstein aus dem 2. Jahrhundert kennen wir die Besitzerfamilie: Sie hieß SECUN(dini).

Der Gutshof der Secundinier überlebte die Zeit des wirtschaftlichen Niederganges oder des Bevölkerungsschwundes im 3. Jahrhundert nicht nur, sondern ging sogar stärker und florierender daraus hervor. Die außergewöhnlich reichen Grabbeigaben aus der ersten Hälfte des 3. Jahrhunderts legen hiervon Zeugnis ab, wie z. B. eine äußerst seltene gläserne Öllampe oder eine Kette aus Saphiren und Naturperlen. Auch ein Silberbecher, der Parallelen im freien Germanien und in Schatzfunden aus Frankreich hat, ist für den Bereich am linken Niederrhein einmalig. Das Gleiche gilt für eine Gagatfigur des Attis.

Infolge der seit der Mitte des 3. Jahrhunderts drohenden Germanengefahr ließ der Gutsherr hinter seinem Haus einen Burgus, eine Befestigung mit Palisade, Doppelgraben und Wehrturm errichten. Um 275 wurde der Hof ein Opfer des Frankensturms, nur der Burgus scheint nicht zerstört worden zu sein. Kurze Zeit darauf wurde der Hof wieder aufgebaut.

Im 4. Jahrhundert erfolgte nochmals eine Brandschatzung des Hofes, möglicherweise während des Frankeneinfalls von 352/56. Wiederum lässt sich ein Neubeginn und anschließende Besiedlung bis Anfang des 5. Jahrhunderts nachweisen. Erst dann wurde der Ort von den Bewohnern verlassen.

Burgus

Burgus ist die römische Bezeichnung für eine kleine befestigte Anlage, die aus einem festen Turm und einem Wallgrabensystem bestand. Burgi dienten als Straßensicherungsposten und auch im privaten Bereich als Schutz eines Hofes.

Wohnkomfort

Die Wohnräume waren in römischer Zeit sehr spärlich möbliert. Neben Tisch und Stuhl gab es Truhen und vereinzelt Wandschränke bzw. Wandborde. Es gab sowohl Stein- als auch Holztische, die sowohl zum Essen als auch im Büro als Ablage dienen konnten. Zum Sitzen dienten Hocker, Klappstühle, Lehnstühle und Throne mit Seiten- und Rückenlehnen. Auf dem Sitz lag dann meistens ein Kissen. Als Bett diente ein rechteckiger Rahmen mit Füßen, der mit Ledergurten bespannt war. Darauf lagen Polster oder auch nur Decken. Eine Sonderform des Bettes ist die Kline, eine Art Couch, mit erhöhtem Auflager an den Schmalseiten. Darauf lagen die Männer beim Essen. In einem reichen Haushalt durfte natürlich auch das Regal für die Bücher nicht fehlen.

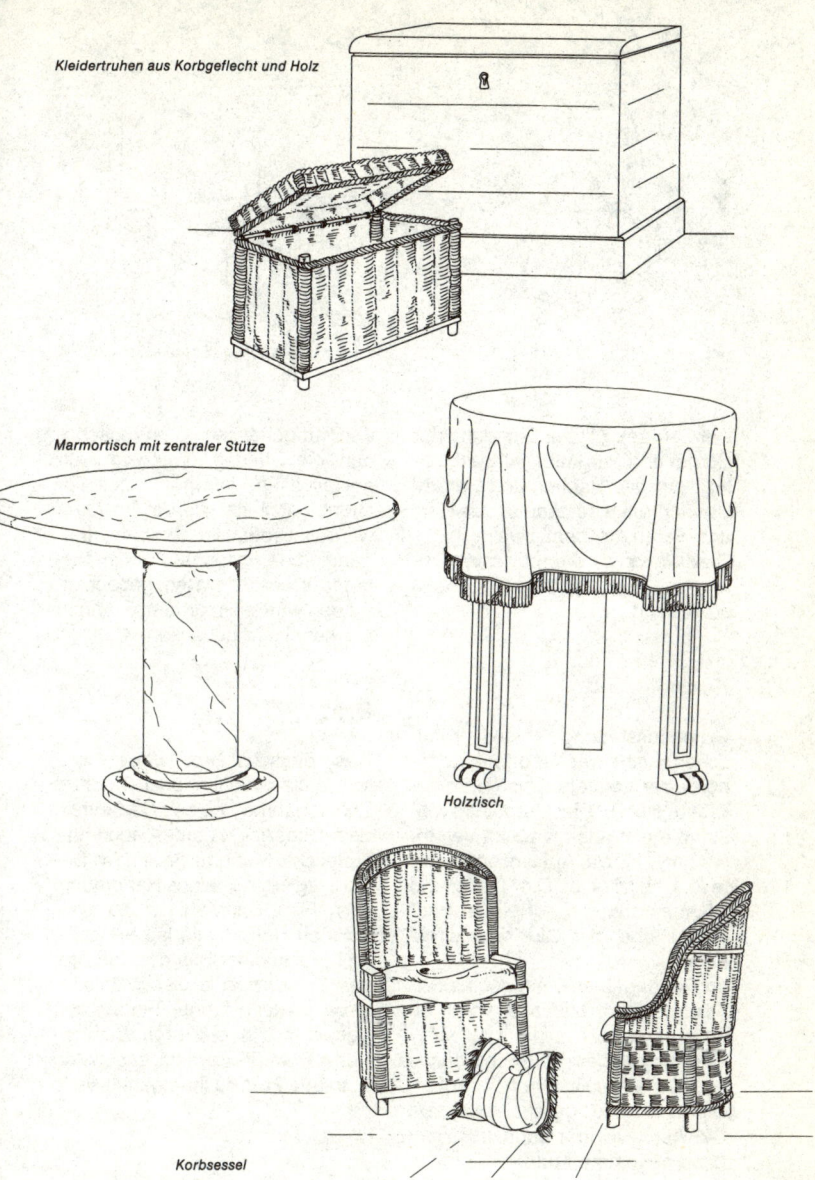

Kleidertruhen aus Korbgeflecht und Holz

Marmortisch mit zentraler Stütze

Holztisch

Korbsessel

187

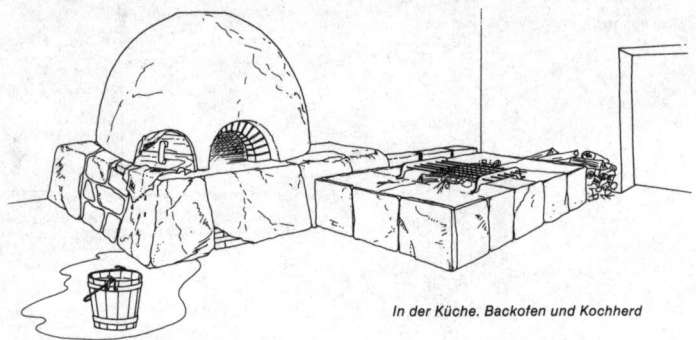

In der Küche. Backofen und Kochherd

Der Schrank ist eine Erfindung der Römer und war Aufbewahrungsort für Geld, Wertsachen und Geräte. Die Schränke bestanden aus Holz und waren meistens zweiteilig. Die Kleidung wurde in hölzernen Truhen mit verschließbaren Deckeln aufbewahrt.

Küche

Grundausstattung einer römischen Küche war der offene Kochherd, der normalerweise an einer Wand stand. Die Herdplatte bestand meist aus mit Lehm verstrichenen Ziegeln. Auf diesen brannte die Holzkohle. Die Töpfe und Pfannen standen auf einem Feuerbock über der Glut oder direkt darin.
Im Raum gab es dann noch einen Tisch, an dem das Essen vorbereitet wurde.
Die Küche eines größeren Hauses besaß meist noch einen Backofen. Dieser musste vorgeheizt werden. Die Asche wurde dann aus dem Ofen genommen und die Brote in den aufgeheizten Ofen geschoben, die Öffnung mit einem Brett geschlossen, das mit nassen Tüchern geschützt wurde. Im Ofen wurden Brote, die entweder freihändig oder mit einem Holzmodel geformt worden waren, gebacken. Fladen wurden in großen Pfannen auf dem Herd gebacken.

Brot

Das römische Brot wurde meist aus Weizenmehl gebacken, unter Zuhilfenahme eines Gärstoffes, des Sauerteiges oder auch der Hefe. Das Mehl wurde je nach Bedarf täglich mit einer Handmühle gemahlen. Die Mahlleistung einer solchen Handmühle lag bei ca. 3 kg Mehl in einer Stunde. Das Brot wurde entweder im Backofen oder auch in der Pfanne (Fladenbrot) gebacken. In größeren Siedlungen gab es Bäckereien, ansonsten buk jede Familie ihr eigenes Brot.

Brot in Form von Fladen und Laiben

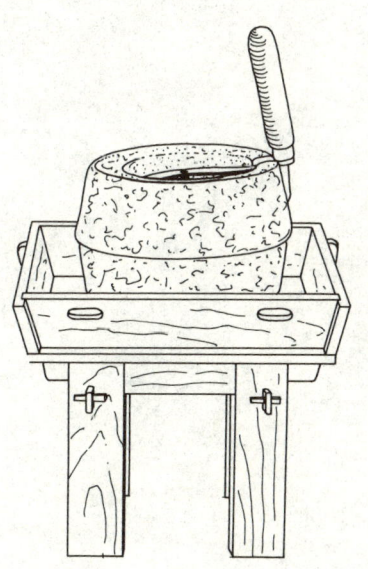

Handmühle zum Mahlen von Getreide

Kinderspielzeug

Als Kinderspielzeug gab es tönerne Rasseln in Tierform (Schaf, Hahn), Puppen, Steckenpferd mit Peitsche, kleine Wagen, Reifen, Kreisel, Ball, Kindergeschirr, Jo-Jo, Schaukel und Wippe.
Die Kinder kannten auch Abzählreime und spielten »Priesterin und Göttin« (ähnlich unserem heutigen Rollenspiel Mutter und Kind). Genauso wie heute spielten die Kinder auch damals Verstecken oder hüpften auf einem Bein über markierte Kästchen auf dem Boden. Wer Platz hatte, schenkte seinen Kindern Tiere. Sicher wurden auch mit Holzklötzchen, die beim Schreiner abfielen, Türme und Städte gebaut. Ältere Kinder spielten gern Brettspiele, diese dann aber schon als Familienspiel mit den Eltern.

Schulwesen

In den Provinzen gab es keine Schulpflicht. Wer es sich aber leisten konnte, schickte seine Kinder vom sechsten bis zum vierzehnten Lebensjahr in die Elementarschule, die eine rein private Institution war. Der Unterricht fand in den Städten oder auch vici meist im Bereich des Forums statt, eigene Gebäude gab es hierfür allerdings nicht. Hier brachten Lehrer den Kindern Lesen und Schreiben bei.

Kinderspielzeug, aus Pfeifenton hergestellt

190

Wohlhabendere hielten sich Privatlehrer für ihre Kinder, auch auf den Gutshöfen. Es wurde auf Wachstafeln, Holztafeln, Papyrus oder auch auf Pergament geschrieben. Bessere Schulen gab es in den Hauptstädten wie Köln und Trier.

Zeitmessung

Seit der Kalenderreform Caesars war das Jahr nach dem Sonnenumlauf in zwölf Monate zu 52 Wochen eingeteilt. Jede Woche hatte sieben Tage, nach der Planetenzahl. Jeder Tag war in 24 Stunden aufgeteilt. Die Stunden des bürgerlichen Tages begannen um Mitternacht. Der natürliche Tagesablauf dagegen war in Tag- und Nachtstunden aufgeteilt. Diese hingen vom Sonnenaufgang und Sonnenuntergang ab, waren also je nach Jahreszeit unterschiedlich lang. So gab es zur Zeit der Winter- und der Sommersonnenwende unterschiedliche Tagesabläufe:
Diese Werte beziehen sich auf Rom, in den Provinzen veränderten sie sich je nach der geografischen Lage des einzelnen Ortes.
Die Zeit wurde mit Sonnen- und Wasseruhren gemessen. Im 2. Jahrhundert waren kleine Reisesonnenuhren sehr begehrt und wurden von den reicheren Leuten mit sich geführt. Daneben gab es öffentliche Sonnenuhren, die von den Gemeinden und Städten aufgestellt wurden. Ebenso gab es solche in den wohlhabenderen Privathäusern.

Sonnenuhr

Stunde	Sommersonnenwende		Wintersonnenwende	
1.	4.27	bis 5.42	7.33	bis 8.17
2.	5.42	bis 6.58	8.17	bis 9.02
3.	6.58	bis 8.13	9.02	bis 9.46
4.	8.13	bis 9.29	9.46	bis 10.31
5.	9.29	bis 10.44	10.31	bis 11.15
6.	10.44	bis Mittag	11.15	bis Mittag
7.	Mittag	bis 13.15	Mittag	bis 12.44
8.	13.15	bis 14.31	12.44	bis 13.29
9.	14.31	bis 15.46	13.29	bis 14.13
10.	15.46	bis 17.02	14.13	bis 14.58
11.	17.02	bis 18.17	14.58	bis 15.42
12.	18.17	bis 19.33	15.42	bis 16.27

191

Zu Ehren des Kaisers

Unter Kaiser Probus (276–282) wurden die eingedrungenen Germanen wieder aus den germanischen Provinzen hinausgedrängt. Nur der Bereich der heutigen Niederlande scheint aufgegeben worden zu sein. Die Grenze bildeten jetzt der Rhein, die Iller und die Donau. Unter Diokletian und Konstantin erlebte dieser Teil des Römischen Reiches wieder eine Blüte. Sinnfälliger Ausdruck hierfür war die Erhebung der Stadt Trier zur Kaiserresidenz.

Flavius Rufinus war der Urenkel des C. Flavius Aeternus, Centurio und später Primus pilus der 8. Legion in Straßburg. Sein Großvater war der Präfekt C. Flavius Nepotianus, der zum Gefolge des Kaisers Severus Alexander gehörte. Bei dessen Ermordung 235 in Mainz kam der Präfekt ebenfalls um. Dessen Ehe mit Valeria Rufina entstammten drei Kinder. Valeria, geboren 222 und unverheiratet gestorben 265, C. Flavius Rufinus, geboren 223 und mitsamt seiner Truppe, der Ala Indiana Gallorum, in Eichzell bei der Eroberung durch die Alamannen gefallen. Das dritte Kind, der Vater von Rufinus, Flavius Nepotianus, wurde 225 in Mainz geboren und schlug wie sein Bruder die Offizierslaufbahn ein. Nach dem Kommando über eine Ala wurde er unter Kaiser Gallienus Offizier im neu geschaffenen Reiterverband und stand in Italien. Unter Kaiser Diokletian kam er als Chef einer Reiterschwadron wieder nach Obergermanien. Zuletzt lebte er in Trier. 266 heiratete er Valentinia Avita aus Trier, deren Familie zur Oberschicht dieses Gebietes gehörte, Flavius Rufinus wurde 269 in Trier geboren. Er erhielt den Namen seines 260 gefallenen Onkels. Nach kurzer militärischer Laufbahn wurde er Beamter am Kaiserhof in Trier. 293 heiratete er Montana Censorina, die die Geburt ihres ersten Kindes Calvio 294 nicht überlebte. In zweiter Ehe verband er sich 304 mit der Christin Ursicina, die 287 in Trier geboren war. Die Töchter Lycontia und Flavia Ursa, 305 und 308 geboren, und der Sohn Calvio wurden von der Mutter christlich erzogen und getauft. Der Vater selbst konvertierte nicht, tolerierte aber den Glauben seiner Frau.

Im 3. Jahrhundert lebte im Trierer Gebiet noch eine andere

Familie mit Namen Secundinius, die aber mit der Kölner Sippe nicht verwandt war.

Daten, Fakten, Hintergründe Seiten 212–217

Eumenius blieb stehen und wischte sich mit der Hand über die schweißnasse Stirn. Dabei seufzte er. Dann rieb er beide Wangen abwechselnd an den Ärmeln der Tunika, und dabei hörte man ihn murmeln: »Eine . . . eine un. . . eine unentschuldbare Vernachlässigung der . . . der . . . Ach was! Das ist eine unglaubliche . . . eine Unverschämtheit!«

Julius Ausonius, sein Famulus, angehender Arzt und Meisterschüler, wohl an die 22 Jahre alt, hatte den Magister noch nie so außer sich gesehen, hatte auch noch nie eine solche Reihe verneinender Adjektiva aus seinem Munde vernommen. Gewiss, der heutige Tag war außergewöhnlich heiß, doch das waren die vorherigen ebenso, denn der Juli war längst in seine zweite Hälfte eingetreten. Die Mosel hatte den niedrigsten Wasserstand seit Jahren und die Schifffahrt ruhte. Nur noch flache Kähne ohne Ladung wagten sich auf den Kurs zu Tal. Dennoch, in Italien war es jetzt heißer, in Rom staute sich die Hitze zwischen den trockenen Mauern, man floh Stadt und Ebene, zog ans Meer oder in die Berge. Im Übrigen konnte Eumenius mit seinen mürrischen Unmutsäußerungen kaum die Temperatur meinen, sondern eher die Tatsache, dass das kaiserliche Amt, die Kanzlei, ihm weder eine verdeckte Sänfte noch einen leichten Wagen geschickt hatte. Es hatte lediglich geheißen: Er, Eumenius, der in ganz Gallien weithin bekannte Meister der griechischen und der römischen Rhetorik – eigentlich nur der römischen, aber darin war er nicht so genau –, er habe sich dann und dann da und da in dem und dem Raum des Amtes einzufinden. Vom Überbringer der Order hatte er dann herausbekommen, dass diese »Einladung« als Antwort auf seine schriftliche Eingabe und Anfrage vom Amt des Magister officiorum komme. »Von ihm persönlich?« Nein, das wisse er nicht. Er hatte auch seinen Namen genannt, doch Eumenius kannte ihn nicht. Zu lange war er weg vom Zentrum der Macht. »Ich ahnte es immer . . .«, murmelte er, doch so leise und ungenau, dass sein junger Begleiter ihn nicht verstand. Ohnehin erging er sich mit zunehmendem Alter immer öfter in Selbstgesprächen.

». . . wenn du weg bist, dann bist du weg! Wenn du den Faden einmal verloren hast, findest du ihn nie wieder . . . Nie!!!«

Das letzte Wort hatte er ganz unvermittelt sehr laut und mit vor Zorn bebender Stimme, sozusagen mit negativem Pathos, hervorgestoßen, sodass einige Passanten erschrocken stehen blieben und kritisch den alten Mann betrachteten: Sein feines Gesicht, die schmale scharfgratige Nase und die großen grauen Augen wollten nicht so recht zu der offensichtlich jähzornigen Verneinung passen. Aber was ging es sie an? Die Menschen waren unendlich verschieden und jeder hatte seine eigenen Marotten. Sie schüttelten zweimal den Kopf und trollten sich.

Eumenius? Längst nahm er nichts mehr von dem zur Kenntnis, was um ihn herum vorging. Seine lebhafte Phantasie hatte ihm eine Ersatzwelt geschaffen, in die er sich, wann immer er es wollte, von einem zum anderen Augenblick versetzen konnte, wenn ihm der »erbärmliche, tatenlose Alltag des Kleinen, des Mickrigen, des widerlich Kleinkarierten . . .« – dabei zog er die Mundwinkel senkrecht nach unten –, wenn ihm das alles unausstehlich wurde.

Einen sehr höflichen Brief hatte er geschrieben. Einen eleganten! Einen Brief der Art, wie man erwarten konnte, dass er, Eumenius, Magister memoriae unter Maximianus mit einem Jahresgehalt von sechshunderttausend Sesterzen, ihn schreiben würde! Wie lange war das her . . . Wieder blieb er stehen, sah den jungen Mann an und erinnerte sich: »Zwanzig Jahre ist es her, dass ich mit ihm den gewaltigen Feldzug mitmachte! Ha!« Dreimal nickte er energisch. Ausonius aber, der junge Student der griechischen und lateinischen Rhetorik zu Autun, dem Sitz der weithin berühmten Schule des Eumenius, Ausonius erkannte zwar nicht im Geringsten den Zusammenhang zwischen den Bildern, die seinen Meister bedrängten, er fand auch keinen passenden Rahmen für die heftig hervorgestoßenen Satzfetzen. Doch er nickte eifrig bestätigend, in der Hoffnung, nun würde der Alte sich fassen und sich dem Jetzt und Hier wieder zuwenden. Doch seine Anteilnahme bewirkte offensichtlich das Gegenteil:

»Maximianus! Welch ein Herrscher! Keiner seiner wichtigen Briefe ging aus dem Hause, ohne dass man mich in Stilfragen, nicht wahr, in diesen so ungemein wichtigen Nuancen des guten

Tones, der versteckten Strenge, der allerhöflichsten Absage . . . dass man mich nicht zuvor um mein Placet gebeten hätte!« Sie waren langsam weitergegangen, passierten die gewaltigen Mauern der Aula palatina, die schon die geplante Höhe erreicht hatte. Lediglich am Dach legte man noch letzte Hand an. Aber er sah es nicht.

»Placet! Mich! . . . Gebeten!« Er seiberte, bemerkte es aber nicht und so tropfte ein Fetzen Speichel zu Boden. Das immer häufigere Verweilen in seiner Scheinwelt machte ihn mehr und mehr unfähig die Veränderungen zu erkennen, die in dieser Stadt mit geradezu abenteuerlicher Geschwindigkeit vor sich gingen. Nicht nur die Bauten waren an vielen Stellen neu, größer, imperialer. Die Menschen waren nicht mehr dieselben.

Seit die Stadt der Treverer zur Residenz der westlichen Reichshälfte aufgestiegen war – es hatte schon unter Maximianus und Constantius Chlorus begonnen –, hatte ein Strom von Zuwanderern aus allen Provinzen des Imperiums eingesetzt und er war noch längst nicht versiegt. In Zeiten allgemeinen Niedergangs der Lebenssicherheit sprach es sich schnell in alle Winde herum, wenn da ein Ort existierte, der bot, was man nur noch aus der Erinnerung kannte: Lebensunterhalt, Verdienst, Sicherheit in Leben und Beruf, Aufstiegsmöglichkeiten.

Der Charakter der Stadt hatte sich verändert, denn es herrschten neue gesellschaftliche Verhältnisse. Große alte Familien, Großgrundbesitzer meist, waren ruiniert. Die permanenten Überfälle, Plünderungen, Brandschatzungen, das Rauben und Morden auf den überall im Lande verstreuten Gütern hatten das Werk von Generationen, von Jahrhunderten zerstört. Dafür konnte es in wenigen Jahren keinen Ersatz geben. Sofern sie noch lebten oder im Lande weilten, hausten sie nun in anderen, kleineren Wohnungen, während ihre Villen und Palais verfielen, sofern sie nicht das Glück hatten die Stadtpaläste weit unter ihrem Wert an den einen oder anderen dieser neuen und schnellen Aufsteiger zu verramschen.

Längst auch waren Großbetriebe der Stadt wie Webereien und Waffenfabriken in Staatsbesitz übergegangen. Zur Bewirtschaftung brauchte man Kontrolleure, also hatte die Zahl der Beamten auf allen Ebenen zugenommen. Die Residenz eines Kaisers erforderte andere Menschen, andere Berufe, mehr Personal als der Hauptort der Belgica Secunda.

Dies alles hätte nun freilich auch Eumenius wissen müssen und er wusste es auch, denn er wohnte und arbeitete in Autun, dem alten Hauptort der Häduer in der Lugdunensis. Und gerade diese noch bis vor wenigen Jahren blühende Stadt hatte es äußerst hart getroffen, als die barbarischen Horden Hand an sie legten. Natürlich wusste er das alles, denn er war mitleidender Zeitgenosse, aber nun hatte er es verdrängt. Der Zorn über die Veränderungen der neuen, schnellen Zeit war es, der ihn so lauthals und unbeherrscht auf der Straße murren ließ.

Ja, er fühlte sich oft uralt, einem anderen Geschlecht zugehörig, einer Generation, die ihre Wurzeln in anderen, weniger heruntergekommenen Zeiten hatte. Dabei war er von den Jahren her noch längst kein Greis. Fünfundfünfzig war er. »Caesar wurde mit sechsundfünfzig ermordet! Mit sechsundfünfzig! Ein gefährliches Alter!« Er hüstelte und spuckte aus. »Damals, ja, damals legte man noch großen Wert darauf, dass die Erlasse hervorragend, nicht wahr, dass sie bestmöglich stilisiert waren! Da wählte man meist auch Leute zu Vorstehern, die sich . . . die sich bewährt hatten! Aber schon damals war es eine höchst seltene Kunst, nicht wahr! Eine höchst seltene . . .!«

Es war für Ausonius nicht erkennbar, ob er damit die große Zahl Caesars oder seine eigenen frühen und so erfolgreichen Jahre meinte. Wahrscheinlich sah er nun beides in eins verschmelzen. Doch dann schwieg Eumenius, sei es, dass er zu sehr von seinen Erinnerungen bedrängt wurde, sei es, dass die Hitze nun auch seinen unsteten Geist lähmte. Vor ihnen tauchten auch schon die verschiedenen Gebäude der kaiserlichen Verwaltung auf. Sie hielten darauf zu.

*

Gaius Flavius Rufinus stand auf und reckte sich, atmete tief ein und riss beide Arme in die Höhe. Als er sie wieder nach unten schnellen ließ, presste er mit einem lauten Stoß den Atem aus. Geradezu erschrocken blickte einer seiner Sekretäre von seinem Platz herüber, erwartete eine Bemerkung, vielleicht über die zunehmende Schwüle des Vormittags, doch Rufinus schwieg. Also wandte sich der Mann wieder seiner Arbeit zu: der Abschrift eines längeren Textes, der anscheinend den Umfang einer Rolle hatte.

Rufinus hatte keine Lust zum Reden. Die Hitze machte ihn schlapp. Sein Puls schlug unregelmäßig. Er fühlte sich an solchen Tagen über Stunden hin schlecht. Andererseits war es ihm ein sicheres Anzeichen für den baldigen Wetterwechsel. Meist stimmten seine entsprechenden Prophezeiungen. Obwohl er sich nun am liebsten für eine Stunde irgendwo hingelegt hätte, riss er sich zusammen. Lange würde es nicht mehr dauern. Er trat zum Fenster, das auf den Innenhof ging. Im Nordwesten waren erste Wolken aufgezogen. Also würde es doch noch ein Gewitter geben. Gut so. Es reinigte die Luft wie die Straßen. Und hinterher fühlte er sich besser. Er sah die Menschen, die zu zweit oder zu dritt in Gesprächen auf dem Hof beisammenstanden, hörte ihr fröhliches Gelächter, erkannte einen Centurio von der Garde, Gabinius, und schmunzelte: Gabinius war ein nicht zu übertreffender Witzeerzähler: »Kommt ein Mann zum Stabsarzt. ›Es ist furchtbar! Ich . . . vergesse alles!‹ – Fragt der Medicus: ›Seit wann hast du dieses Leiden?‹ Darauf der Mann: ›Hhhh! Welches Leiden?‹«

Um diese Zeit verließen die meisten Bittsteller, die Advokaten, Händler oder Bürger, die in irgendeiner magistralen Angelegenheit in irgendeiner Behörde vorgesprochen hatten, das Areal. Er sah, wie sie sich entfernten. Jeder in Vorfreude der Mittagsruhe. Nur schräg gegenüber, in der verlängerten Diagonale, trat ein Neuankömmling aus dem Schatten der Portikus, gefolgt von einem zweiten, erheblich jüngeren Mann. Kannte er nicht den Älteren? War das nicht . . . Er war's: Eumenius, der Rhetor, gewesener Magister memoriae, wohnhaft und lehrend in der schönen Stadt Autun, Vorsteher der dortigen Rhetorikschule, die einen großen Zulauf hatte. Schade, dachte Rufinus: Der Mann ist pünktlich. Also musste er selbst bleiben. Denn auf seine Weisung hin kam er nach hier.

Eine unangenehme Sache stand ihm bevor. Wenn der Besucher den Weg direkt finden würde, dauerte es nur wenige Augenblicke; wenn er sich erst durchfragen musste, vielleicht eine knappe Viertelstunde. Man musste wissen, wie die Gänge liefen, wohin die Treppen führten. Für einen Fremden nach dem Umbau des Hauses ein Labyrinth!

Rufinus ging zurück zu seinem Arbeitstisch und setzte sich. Dabei fiel der Blick auf die Rolle, die er vor einer Stunde erhalten und gelesen hatte.

»Desiderius grüßt seinen Vetter Rufinus . . .« – Das war zwar etwas übertrieben, denn Vettern waren vor langer Zeit ihre Vorväter gewesen. Doch hatte sich bei einem unverhofften Besuch in Köln die Gelegenheit zu einem Gedankenaustausch ergeben. Anlass waren geschäftliche, die Logistik der Armee betreffende Fragen an den erfahrenen Keramikhändler von großem Ruf gewesen. Es war schon einige Jahre her. Damals war Rufinus noch in einer anderen Abteilung der Kanzlei tätig gewesen. Kurz, dem mehr dienstlichen Treffen waren solche privater Nutzung gefolgt, man war sich sympathisch, die Frauen ebenso, und gerade das war von erheblicher Bedeutung für die neue Freundschaft der beiden alten Familien. Beide wussten sie um die lange Geschichte des attonianischen Geschlechts, beide hatten sie schriftliche Zeugnisse gesammelt und beide waren sie stolz zu den ersten und ältesten Häusern zu gehören, die die Vorteile der römischen Zivilisation erkannt, die Höhe ihrer Kultur akzeptiert, die nun, in der Zeit der großen Krise, die besten Garanten altrömischer Traditionen waren. Sie wussten es sehr wohl, dass sie selbst, obwohl einstmals barbarischer Abkunft, nun die besseren Römer waren. Und dieses Wissen machte sie beides: stolz und traurig; denn um sie herum bröckelte das, was dieses Reich einmal groß gemacht hatte.

». . . grüßt seinen Vetter Rufinus. Gern gebe ich dir weiter, was ich aus verschiedenen Quellen über die Vorgänge auf dem anderen Ufer erfahren habe . . .« Es folgte ein hervorragender Bericht über die germanischen Bewegungen, aus denen man bestimmte Absichten folgern konnte. Rufinus würde diese wichtigen Nachrichten weitergeben. Dann aber fragte Desiderius an: ».. . so viel also von hier. Erlaube aber nun aus, wie du wohl verstehen wirst, dringendem Anlass eine Gegenfrage: Sollen wir, die Familie, das Vermögen, das Personal, hier bleiben? Werdet Ihr garantieren können, dass sie den Fluss nicht wieder überschreiten? Oder wäre es am Ende besser, wenn wir mehr nach Westen gehen? Du weißt, dass wir in der Nähe von Trier Besitz haben. Man könnte die Gebäude wehrhaft machen und mit Mauern, Palisaden, Graben und Wällen schützen. Gib mir bitte eine ungeschminkte Antwort, die du verantworten kannst! Hier kursiert die Angst!«

Rufinus ließ das Auge nicht von der Rolle. Angst! Alle hatten Angst. Sie war das Erste, das vielen nach dem Erwachen zu Bewusstsein kam, und sie war das Letzte, das sie vor dem Einschlafen fühlten. Was sollte er dem Vetter schreiben? Dass kein Grund zu Angst, zu überstürztem Handeln, zu Aufbruch und Flucht bestünde, weil Constantinus die Sache im Griff habe? Desiderius erwartete von ihm Antwort und Rat, denn er vertraute ihm als einem hervorragend informierten Mann. Also musste so bald wie möglich, am besten gleich heute, die Antwort zurückgehen.

Er wurde in seinen ernsten Gedanken unterbrochen, denn aus dem Vorraum kam ein Schreiber, verbeugte sich leicht und erklärte, dass da ein Mann aus Autun sei, er nenne sich einen Rhetor der griechisch-lateinischen Beredsamkeit und er sei gekommen, um ...

»Schon gut«, winkte Rufinus ab. »Bitte ihn herein!« Kaum hatte er den Satz beendet, als sich seine Lippen unwillig aufeinander pressten. Dann betrat Eumenius das Zimmer, gefolgt von Ausonius. Doch nun war er ein anderer. All das Zerstreute, das Rückwärtsgewandte, das Lamentierende schien von ihm gewichen. Seine Haltung war gerade und aufrecht, zumindest verglichen mit der vorherigen, denn die Beugung des Halses am Nacken war unübersehbar und Rufinus, der dies alles schnell registrierte, machte sich – Menschenkenner, der er aus Erfahrung war – seine

Gedanken: Das forsche Auftreten schien im Widerspruch zu stehen zu der Blässe des Gesichts, den Kummerfalten der Wangen, dem nicht zu überspielenden Ernst und einer versteckten Trauer der grauen Augen.

»Lasst uns allein!« Das galt den beiden Sekretären. »Kontrolliert draußen die Schreiber! Einer soll sich zum Diktat bereithalten. Stellt fest, wann der nächste Kurier nach Köln abgeht! Er soll vorher noch einen Brief abholen!«

Als sie gegangen waren, bot Rufinus dem Rhetor Platz, seinem Schreibtisch gegenüber. Ausonius durfte sich in der Nähe des Fensters niederlassen. Das war ihm nicht ungelegen, denn so konnte er hin und wieder einen Blick nach draußen werfen.

»Wie war die Reise?«, begann Rufinus mit kühler Höflichkeit und Eumenius antwortete mit der erwarteten Zurückhaltung, denn es waren nur Floskeln. Dann kam Rufinus unverzüglich zur Sache:

»Ich habe dein Schreiben gelesen . . .«

Er blickte den Besucher mit ausdruckslosem Gesicht an. »Schreiben«, nicht »Brief«, hatte er gesagt. Er hätte auch sagen können, ». . . deine Ausführungen . . . deine detaillierten Ausführungen!« Eumenius spürte, dass sein Gegenüber ihm nicht wohlgesonnen war, und suchte seine eigene Abneigung nicht sichtbar werden zu lassen. Er wollte gerade zu einer längeren Erklärung ansetzen, als er unterbrochen wurde. Einer der Sekretäre kam herein, entschuldigte sich und erklärte zu Rufinus gewandt: Der Kurier sei kurz vor dem Aufbruch. Er habe es eilig. Wenn er, Rufinus, noch etwas mitgeben wolle, müsse er sich wohl selbst mit dem Mann unterhalten, der sich nicht fahrlässig einer Zurechtweisung seines Vorgesetzten aussetzen wolle.

Rufinus erhob sich, bat seinen Besucher um Verständnis und verließ den Raum. Eumenius saß eine Weile unbeweglich da, und er spürte, wie sich seine Verkrampfung löste. Er blickte sich im Raum um, registrierte die absolute Sachlichkeit, wie sie typisch war für alle römischen Magistraturen. Außer dem durch die Architektur vorgegebenen Schmuck – sofern man die karge geometrische Linienführung an den Wänden als solchen betrachten konnte –, den schönen Rundungen der Fenster und Türbögen, war alles zweckgebunden, nüchtern, auf Gebrauch, Handhabung, Befehl und Ausführung hin angelegt. Er blickte zur Seite, zum Tisch des Mannes, der dabei gewesen war, von einer Rolle abzuschreiben. Nun machte nichts Eumenius als Mann der Sprache so neugierig wie ein Text, den er sah, den er aber nicht kannte. Er stand auf, ging die drei Schritte hinüber, beugte sich über den Tisch und las:

»Ich sehe den Circus Maximus, der, wie ich glaube, mit dem römischen wetteifert. Ich sehe Basiliken und Forum, königliche Werke, und den Sitz der Gerechtigkeit sich zu solcher Höhe erheben, dass sie den Sternen und dem Himmel würdig und nahe zu sein versprechen. Das alles sind ohne Zweifel Gaben deiner Gegenwart . . .«

Eumenius war längst das Blut in den Kopf geschossen. Er, der Magister memoriae kaiserlicher Herren, er, der erfahrene Redner, der Kenner und Sachwalter der gesamten griechischen und lateinischen Literatur aller Gattungen aus tausend Jahren, er wusste nur zu gut, was da vor ihm lag: Ein Panegyricus! Eine Laudatio! Ein schmeichelndes Loblied auf Konstantin, den Herrn des Westens!

Er atmete mehrmals tief durch, um sich zur Ruhe zu zwingen. Von wem konnte der Text stammen? Warum lag er hier? Mehr noch: Warum wurde er abgeschrieben? Fürs Archiv! Natürlich! Wozu sonst! Alle öffentlich vorgetragenen Texte, in denen es um Würde, Macht und Glorie des Herrschers ging, wurden kopiert und abgelegt. Von wem stammte der Text? Wo aber . . . wo aber war sein eigener? Wo war sein eigener Panegyricus auf Konstantin?!

Er suchte mit den Augen auf diesem Tisch, trat zu den anderen, zu den Regalen, suchte fieberhaft, fand aber nichts. Er ging zurück zum Tisch des Sekretärs, wendete die bereits beschriebenen Blätter um, die später, nebeneinander geklebt, die Rolle ergeben würden. Und er las:

»Sohn eines Kaisers, Sohn eines so bedeutenden Kaisers, selbst auf so schicksalhafte glückliche Weise zum Kaiser geworden, wie hast du begonnen diesen Staat zu schützen? Du hast einen gemeinen Haufen von Barbaren, die, wie ich glaube, durch einen plötzlichen Angriff und einen unvermuteten Raubzug den verheißungsvollen Anfang deines Aufstiegs auf die Probe stellen wollten, für ihre wahnwitzige Tat bestraft; die fränkischen Könige, die während der Abwesenheit deines Vaters den Frieden gebrochen haben, hast du ohne Zögern mit einer qualvollen Hinrichtung bestraft. Du hast keine Bedenken gehabt dir durch diese Tat ewigen Hass und unversöhnlichen Zorn zuzuziehen. Warum auch sollte ein Kaiser über die Folgen seines gerechten und strengen Vorgehens nachdenken, wenn diese Maßnahme zur konsequenten Verfolgung seiner politischen Ziele unerlässlich ist? . . .«

Eumenius zwinkerte, rieb sich dann kurz die Augen. Was war das für eine neue Sprache? Was für eine . . . was für eine selbstbewusste Haltung des Autors, dass er sich ausmaßen durfte Urteile über den Herrscher von sich zu geben. In welchen Zeiten lebte man denn?

»Töricht ist die Milde«, fuhr der Text fort, »wenn sie die Feinde schont und nur der Sorge um die eigene Zukunft gilt, nicht aber wirklich verzeiht! Dich aber, Konstantin, sollen deine Feinde hassen, wenn sie nur vor dir zittern!« Er nickte: Immerhin! Eine ferne Erinnerung an seinen Cäsaren namens Tiberius! – »Das ist wahre Macht: Sie lieben dich nicht und halten doch Frieden! Mag es vorsichtiger sein, Gnade walten zu lassen und die Krieg führenden Feinde dadurch in Zaum zu halten, tapferer aber ist es, die Erzürnten mit Füßen zu treten! Du hast, mein Kaiser, das alte römische Selbstvertrauen wieder aufgerichtet, welches die gefangenen Führer der Feinde mit dem Tode bestrafte . . .«

Eumenius überlegte, ob er ebenso geschrieben hätte. Aber nicht lange, die Zeit drängte. Er war neugierig. Er las mit fliegendem Auge weiter:

»Auf diese Weise, mein Kaiser, hast du den Frieden gesichert, dessen wir uns erfreuen. Es schützen uns nicht die tiefen Wasser des Rheins, sondern der Schrecken, den dein Name verbreitet. Der Rhein mag durch Hitze austrocknen oder im Eis erstarren, der Feind wird auch dann nicht wagen diesen Fluss zu überqueren. Es gibt keinen unüberwindlichen, von der Natur geschaffenen Wall, den Tollkühnheit nicht durchbrechen könnte. Unbezwingbar aber ist die Mauer, die der Ruhm deiner Macht schuf. Die Franken wissen, dass sie den Rhein überschreiten können . . .«

Eine Faust schlug auf den Tisch: »Unglaublich!« Ausonius erschrak und fuhr in die Höhe. Wie konnte es jemand wagen, solchen Satz zu notieren: »Die Franken wissen, dass sie den Rhein überschreiten können . . .«

»Du solltest weiterlesen!«

Da fuhr Eumenius in die Höhe, doch es war ihm nun gleich, ob er beim heimlichen Lesen ertappt worden war. Nun lächelte Rufinus, freilich kalt und überlegen: »Warum liest du nicht?« Er griff selbst nach dem Blatt und fuhr fort: »Aber du würdest sie ins selbst gewählte Verderben schicken. Weder Sieg – noch Gnade können sie erhoffen. Was sie erwartet, wissen sie! Sie kennen die Qualen, die ihre Könige erduldeten. Deshalb ist es ganz ausgeschlossen, dass sie den Übergang über jenen Fluss planen. Eher werden sie mutlos, wenn sie die bei Köln begonnene Brücke sehen. Wo ist denn jetzt jener trotzige Mut? Wo die Unberechenbarkeit und Ratlosigkeit? Ihr wagt ja schon nicht einmal mehr eure Wohnstätten in der Nähe des Rheins aufzuschlagen oder sorglos vom Wasser der Flüsse im Landesinneren zu trinken!«

Rufinus behielt den Bogen in der Hand. Er sah Eumenius an, erkannte, wie es gewaltig in dessen Zügen arbeitete, sah die geschwollenen Halsadern, die geröteten Augäpfel. Er sollte sich nicht auf ein längeres hinhaltendes Geplänkel einlassen. Die Fakten waren geklärt. Es ging ja nur noch um die Bekanntgabe des Entschlusses, Eumenius musste doch selbst längst wissen, was dieser Text bedeutete.

»Bitte, behalte doch Platz, Eumenius!« Zum ersten Mal sprach Rufinus den Rhetor mit seinem Namen an. Aber Eumenius war zu erregt. Er ging unruhig vor dem Schreibtisch auf und ab. Dann blieb er stehen, fixierte Rufinus wie ein Ankläger, hob die Rechte und rief:

»Es wäre deine Pflicht gewesen, mich zu informieren!«

Wieder lächelte Rufinus: »Genau darum habe ich dich hergebeten.«

Ihre Blicke trafen sich und sie lasen im Augenblick des Gegenübers ihre Abneigung.

»Wie kannst du es wagen«, rief Eumenius, »diesen Text da dem meinen vorzuziehen. Was für eine Sprache! Primitiv! Schmucklos! Keine Höhepunkte! Mit der Syntax eines Barbaren!«

Rufinus ließ sich nicht provozieren, denn der Mann tat ihm Leid. Er gehörte einer anderen Generation an. Der junge Kaiser war dreißig und verabscheute jedes verlogene, übertriebene, lügenhafte Pathos.

»Genau das ist der Punkt!« Rufinus brauchte sich nicht zur Ruhe zu zwingen. »Eine Sprache, die sogar Barbaren verstehen! Und darauf kommt es wohl auch an.«

»Und wo ist mein Text?«

Rufinus zog eine Schublade auf: »Hier!«

Er holte eine verschnürte Rolle hervor, legte sie vor sich auf den Tisch und meinte zögernd: »Ich meine, wir sollten uns die erniedrigende Prozedur ersparen Satz für Satz durchzugehen und sie miteinander zu vergleichen.«

»Das ist infam!«, stieß Eumenius hervor.

»Keineswegs«, meinte Rufinus und bewegte den Zeigefinger tadelnd hin und her. »Andere Zeiten – andere Sitten. Dein Text enthält Passagen, die . . . nun sagen wir, die sachlich nicht gerechtfertigt sind. Es ist lediglich inhaltsleerer Zierat! Ornament! Schmuck ohne Substanz! Aber die Zeiten sind hart! . . . Du . . . du preist da mehrfach die Befestigungen des Limes! Was soll das? Diese Bollwerke haben die Barbaren nie daran gehindert, ins linksrheinische Germanien vorzudringen. Der Limes wurde genauso dekorativ wie deine Sprache. Aber der Text enthält doch auch eine Stelle, die dein Herz erfreuen sollte . . . Warte . . .!« Rufinus ging zum Tisch des Sekretärs, legte das vorher ergriffene Blatt an seine Stelle, suchte ein anderes und zitierte: »Die Stadt Autun erwartet die Hilfe deiner Majestät, damit in ihr ebenso wie in Trier die öffentlichen Gebäude und die

206

prächtigen Tempel dank deines Großmuts wieder erbaut werden ...«

Da ging durch Eumenius ein Ruck. Er suchte sich zu sammeln und einen klaren Kopf zurückzugewinnen. Das zuletzt Gehörte konnte ein Beleg dafür sein, dass der Text nur von einem ... von einem Bewohner Autuns ...

Er fuhr herum, starrte Julius Ausonius an. Der junge Mann hielt ihm stand, wobei er sich ganz langsam in die Höhe bewegte. Julius Ausonius war der Meisterschüler von Eumenius. Konnte es sein, dass er ...? Eumenius näherte sich ihm wie eine Raubkatze in geduckter Haltung und es machte auf Rufinus in der Tat den Eindruck, als ob er ihn um jeden Augenblick anspringen würde. Dann verlor er die Fassung und schrie:

»Wie kommst du dazu, hinter meinem Rücken ... auf so niederträchtig Weise ...?!« Plötzlich befiel ihn Schwäche und er musste sich auf dem Platz des Sekretärs niederlassen. Rufinus läutete und ließ Wein und Wasser holen. Dann, nachdem der alte Mann davon ein paar Schlucke getrunken hatte und sich etwas erholt hatte, trat Rufinus neben ihn und erklärte ruhig:

»Du solltest froh, nein stolz sein, dass jemand deiner Nähe, dein Schüler, dass es Julius Ausonius ist, der deine Nachfolge antreten wird!«

Würde er es schlucken? – Eumenius ging zum Fenster, schaute über den Hof, über die Dächer, zu den dunklen Wolken im Westen. Dann drehte er sich langsam zur Seite, wo Ausonius in gespannter Erwartung stand und nun stotterte:

»Ich hatte keine Ahnung, dass ich derjenige sein würde, der ... Es war einfach nur ... Ich ... ich habe nur das angewandt, was du uns gelehrt hast, Magister.«

Und Eumenius: »Komm! Ich habe mit dir zu reden! Du hast ja keine Ahnung, wie schwierig es ist, einen solchen Text in angemessener Weise vorzutragen, nicht wahr!«

Schon stolzierte er zur Tür, wieder ganz der Alte, Zerstreute und in Gedanken doch ganz bei der Sache. Rufinus konnte ihm gerade noch nachrufen: »Wartet! Man wird euch einen Wagen zur Verfügung stellen!«

Er schickte einen seiner Leute hinterdrein das Gefährt zu besorgen. Außerdem kam er nun nicht umhin beide zu einem Abendessen im kleinen Kreise in seinem Hause einzuladen. Dies alles, so schärfte er dem Mann ein, solle er dem Jüngeren der beiden namens Ausonius mitteilen. Auf keinen Fall dem Alten. Er würde es auf der Stelle vergessen. Dann ließ er sich auf seinen Stuhl fallen und wartete, dass sein Schreiber hereinkam.

*

Netter junger Mann, dieser Ausonius!, dachte er. Bescheiden, zurückhaltend, aber auch pfiffig. »Hat er doch hinter dem Rücken des Magisters . . .!« Rufinus schmunzelte wieder und schüttelte den Kopf. Er selbst hatte dies nicht gewusst. Zunächst hatte er ja auch die Schrift des Eumenius in Augenschein genommen. Es war wie immer eine Pflichtlektüre. Ermüdend! Ohne Schwung! Trocken! Dann hatte man ihm andere Texte auf den Tisch gelegt. Texte von beamteten Leuten zumeist, auch von Schmeichlern aus den besten Familien der Stadt. Noch schlimmer! Unausstehlich! Grenzenlos in geschmackloser Lobhudelei! Und dann war er auf diesen Text gestoßen.
Er kannte den Verfasser nicht. Aber es ging etwas Überzeugendes von dem Text aus. Das Pathos war groß, leidenschaftlicher als das der Übrigen. Sehr geschickt waren die scheinbaren Nachteile der militärischen Lage ins Gegenteil gekehrt worden. Er ging und griff sich noch einmal das letzte Blatt: »Hier aber dienen die in einigem Abstand voneinander angelegten Kastelle mehr der Zier als dem Schutz. Das einstens so gefahrvolle Ufer des Rheins pflügen unbewaffnete Bauern und unsere Herden gehen ins Wasser auf die ganze Länge des Flusses. Dieses, Konstantin, ist dein täglicher und ewiger Sieg . . .«
Der Schreiber war still eingetreten und nahm an dem vorgesehenen Stehpult Aufstellung, während Rufinus sich wieder hinter dem Arbeitstisch niederließ.
»Du kannst schon alles vorbereiten.«
Während der Schreiber seine Blätter ordnete, die Spitze der

Rohrfeder prüfte und den Tintenbehälter öffnete, setzte sich Rufinus sehr bequem und stützte den Kopf mit der linken Hand auf der Stuhllehne auf, während er die Rechte in der Hüfte anwinkelte.

Lügen!, schoss es ihm durch den Kopf. Alles Lügen! Wenn es stimmte, was die Laudatio behauptete, wie kam es dann, dass er nun überlegen musste, was er denn seinem Vetter in Köln auf dessen einfache Fragen antworten sollte. Gewiss, der Kaiser weilte diesen Sommer lange in der Stadt, weil er sein fünfjähriges Regierungsjubiläum beging.

»Schreib also: Rufinus grüßt seinen Vetter Desiderius . . .« – Aber man würde nicht erwarten, dass ein Lobredner in allen Einzelheiten die Wahrheit spräche. Lobhudeleien waren ebenso offensichtlich wie unvermeidbar. Immerhin hatte Ausonius Formulierungen gewagt, in denen der Wermutstropfen der Kritik geschickt versteckt wurde unter der Anhäufung dithyramibschen Lobes. Er beglückwünschte den Kaiser zu seinem Mut . . . – »Schreibe: Man kann den Kaiser nur zu seinem Mut beglückwünschen! . . .« Aber worin bestand dieser? In der herausfordernden Geste, welche die Gefahr heraufbeschwört, dass sich die fränkischen Schattenkönige in ihrem angestauten Zorn gegen ihn verbündeten, weil sie nicht vergessen können, dass man sie als Barbaren behandelt hat, die jeder Beachtung unwürdig sind? – »Es wird den Barbaren auf lange eine schreckliche Lehre sein, zu wissen, was man hier mit unbotmäßigen Anführern, die sie Könige nennen, anfängt. Ihre wortbrüchigen Fürsten Ascaricus und Merogaisus, die bis weit nach Gallien vorgestoßen sind, ließ der Kaiser nach der Gefangenschaft in der Arena unter großen Qualen hinrichten. Das dürfte lange nachwirken.« – Glaubte er es denn selbst? Aber die Menschen an der Front des Flusses brauchten Trost und Zuspruch, handfeste Beweise für die grenzsichernden Aktivitäten des Herrschers. Also zählte er dem Vetter umständlich und genau und namentlich einige jener Befestigungen auf, die Beispiele der planmäßig ergriffenen Maßnahmen zur Verteidigung des Hinterlandes waren im Bereich von Mosel, Eifel und Hunsrück. Insgesamt

waren es vierzig Anlagen, die als Refugium bei Germaneneinfällen dienen konnten. Aber für die Kölner war es wichtiger, zu
wissen, ob sie denn bis auf weiteres in der Stadt bleiben sollten.
Also diktierte Rufinus:
»Muss ich Euch denn noch einen größeren Beweis für die gewach-
sene Sicherheit von Euch und uns allen geben? Wird nicht vor
Euren Augen ein Werk gestaltet, das wie kein anderes das neu
gewonnene Selbstvertrauen unserer Armeen, unserer Führer, unseres jungen und so tatkräftigen Kaisers widerspiegelt? Ich meine
den Bau der Rheinbrücke und das auf dem jenseitigen Ufer
errichtete neue Kastell Divitia. Heißt dies doch nichts anderes als:
Lasst sie nur kommen! Wir werden schon mit ihnen fertig werden!
Im Übrigen ist die kaiserliche Politik immer darauf aus, germanische Stämme und ihre Führer jenseits des Rheins möglichst für
ein friedliches Verhältnis, ja für Freundschaftsbündnisse zu gewinnen. Und sollte dies nicht möglich sein, dann wird germanischen Einfällen energisch, und das kann durchaus heißen, mit
terrorartigen brutalsten Abschreckungsmaßnahmen, entgegenge-
wirkt.
So, und nun lass einmal bald hören, wie weit es mit dem Bau des
Wunderwerks von Brücke über den Strom ist! Das interessiert hier
jeden, mich aber besonders!
Ich hoffe, dass ihr alle gesund seid. Vielleicht könnt ihr bald zur
Feier des Jubiläums der Stadtgründung Roms nach hier kommen?
Ihr wisst, ihr seid stets willkommen. Lebt wohl!«
Rufinus stand auf und reckte sich noch einmal. Das heutige
Pensum war erledigt. Es sei denn, dass dem Magister officiorum
noch etwas bezüglich der Regelung protokollarischer Fragen
einfiel, die zu regeln auch zum Aufgabenbereich von Rufinus
gehörte.
Er stand auf: »Reinschrift! In einer halben Stunde! Siegel mitbrin-
gen!«
Der Sekretär begab sich in den Nebenraum und machte sich an
die Arbeit. Rufinus aber las noch einmal einige Teile des Panegyricus von dem jungen Ausonius durch, um etwaige Schwachstellen oder gefährliche Zweideutigkeiten zu entdecken, die, falls sie

Anstoß erregten, ihm und nicht dem Autor zur Last gelegt würden. Aber der Text war so in Ordnung. Er freute sich für den jungen Mann. Solche Leute konnten schnell Karriere machen. Immer noch galt: Wer das Wort beherrschte, würde bald Menschen beherrschen!

Während er auf die fertige Abschrift des Briefes wartete, schickte er zwei seiner Leute los, dass sie noch ein paar kleine Geschenke in der Stadt besorgen möchten. Vielleicht was Unterhaltsames zum Lesen für einen jüngeren und einen älteren Mann, beide von hervorragender Bildung in jeder Beziehung. Einen weiteren schickte er voraus zu seinem Hause nördlich des Forums, damit seine Frau wüsste, was für den Abend auf sie zukäme.

Endlich war das Schreiben fertig, fehlerlos und sauber, und er konnte es siegeln. Der Kurier würde nicht mehr lange warten. Danach verließ er seine Abteilung und machte sich gemächlich auf den Heimweg. Er hatte es nicht weit.

Verwaltungsreform unter Diokletian und Konstantin

Um eine der schwierigen Wirtschafts- und Finanzsituation besser angepasste Verwaltung zu erhalten, ordnete Kaiser Diokletian den Zuschnitt und die Verwaltung der Provinzen neu. Gleichzeitig wurde das Reich unter zwei gleichberechtigte Kaiser (Augustus) in einen Ost- und einen Westteil aufgeteilt. Diese erhielten jeder noch einen weiteren Mitkaiser (Tetrarchie).

Aus 45 Provinzen des Imperiums entstanden jetzt 117. Mehrere Provinzen wurden in einer Verwaltungseinheit, der Diözese, zusammengefasst. Mehrere Diözesen bildeten dann eine Präfektur. Das Reich war unter Diokletian in vier Präfekturen aufgeteilt, wobei jeweils zwei dem westlichen und dem östlichen Reichsteil zugeordnet waren. Im westlichen Reichsteil bestanden die Präfekturen Galliae und Italia et Africa. Die Präfektur Galliae bestand aus vier Diözesen, wobei die germanischen Provinzen (Belgica I und II, Germania I und II, Maxima Sequanorum) zur Diözese Gallia gehörten. Die alte rätische Provinz war der Präfektur Italie et Africa zugeordnet und dort der Diözese Italia, später der Italia Annonaria. Ein Teil des heutigen Bayern, östlich des Inns, gehörte zu Noricum ripense, die der Diözese Pannoniae und somit der Präfektur Illyricum zugeteilt war. Sie gehörte schon zum östlichen Reichsteil. Die Statthaltersitze waren Köln für die Germania II, Mainz für die Germania I, Trier für die Belgica I, Besancon für die Maxima Sequanorum und Augsburg für die Raetia II.

Grenzsicherung am Rhein nach 275

Unter den Kaisern Probus und Diokletian musste nach der Zerstörung von 275 die Befestigungslinie an Rhein und Donau neu organisiert werden. Es bestand hierbei die Schwierigkeit, dass es zwischen Remagen am Rhein und Eining an der Donau während des 2. und 3. Jahrhunderts keine Truppenlager mit Ausnahme von Mainz und Straßburg gab.

Alle Lager nördlich von Krefeld bleiben in dieser Zeit noch Ruinen. Dagegen wurden die Lager zwischen Krefeld und Remagen auf dem alten Grundriss wieder erneuert. Ob die Römer in dieser Zeit schon feste Kastelle im Mittel- und Oberrheintal errichteten, ist bislang nicht erkennbar.

Spätestens in den Neunzigerjahren des 3. Jahrhunderts bauten sie neue Festungen im Mittel- und Oberrheintal. Ebenso wurde in dieser Zeit das Hochrheintal durch eine Befestigungslinie, u. a. entlang der Iller, mit der Donau verbunden. An der Donau befestigten sie die Strecke von Günzburg bis Eining durch Neuanlagen, von Eining donauabwärts erneuerten sie dagegen nur die alten Befestigungen.

In konstantinischer Zeit wurden dann zusätzlich neue Stützpunkte angelegt, so auf dem Gebiet der ehemaligen Colonia Ulpia Traiana, dem heutigen Xanten, und in Nijmegen. Das gesamte Gebiet nordwestlich von Nijmegen blieb unbefestigt, dieser Bereich wurde aufgegeben. In dieser Zeit wurden die Siedlungen im Hinterland ebenfalls mit einer Befestigung versehen. Dieses Befestigungssystem hielt bis zu den Germanenstürmen von 352/355.

Augusta Treverorum – Trier

Trier, die Colonia Augusta Treverorum, erhielt unter Kaiser Augustus das Stadtrecht und war der römerzeitliche Hauptort der Civitas Treverorum. Sie war der Sitz der Finanzverwaltung der drei Provinzen Ober- und Niedergermanien sowie der Belgica.

Die Stadt war von vornherein großzügig geplant und wies schon im 1. Jahrhundert rechtwinklig geordnete Straßenzüge mit Wohnvierteln (insulae) auf, die 80–120 m breit waren. Die Straßen, mit Be- und Entwässerungsleitungen versehen, wurden beidseitig mit Kolonnaden eingefasst. Die private Innenbebauung war großzügiger angelegt als in vor Köln.

Das Forum umfasste den Bereich von sechs Insulae und war mit großen Kellergewölben zur Lagerhaltung ausgestattet. Zur Mosel hin befanden sich die Thermen (Barbarathermen).

In trajanischer Zeit (um 100) wurde das große Amphitheater, das heute noch steht, errichtet.

Im Altbachtal lag ein ausgedehnter Tempelbezirk mit über 70 Kultanlagen aus der Zeit des 1. bis 4. Jahrhunderts.

Auf der anderen Moselseite befand sich ein Heiligtum des Lenus Mars in Verbindung mit einem Sanatorium und einem großen Kulttheater.

Die erste Moselbrücke wurde 16 v. Chr., die zweite 40 n. Chr. und die jetzt noch bestehende um 120 n. Chr. errichtet. Diese war die erste mit steinernen Strompfeilern.

Um 180 wurde die Stadt mit einer Stadtmauer umgeben, die wie alle antiken Stadtmauern auf Zuwachs ausgelegt war. Die 7,5 km lange Mauer umschloss eine Fläche von 285 ha und hatte im Süden und Norden zwei große Stadttore, von denen nur noch das Nordtor (Porta Nigra) erhalten ist. Das Amphitheater wurde in den Mauerverlauf einbezogen.

Im Süden der Stadt lag das große Töpferzentrum, in dem vom 1. bis ins 5. Jahrhundert Keramiken hergestellt wurden, u. a. produzierte hier auch eine bedeutende Terra-Sigillata-Manufaktur.

275 wurde Trier von den Alamannen zerstört und in konstantinischer Zeit (nach 300) als Kaiserresidenz großzügig wieder aufgebaut. Anfang des 4. Jahrhunderts entstanden neben kaiserlichen Wohnpalästen die noch vorhandenen Kaiserthermen und die 310 vollendete Palastaula (Aula Palatina). 326 wurde ein Teil der kaiserlichen Palastbauten niedergelegt und an ihrer Stelle eine christliche Doppelbasilika erbaut. Teile dieser Anlage sind noch im heutigen Dom verbaut.

Ebenfalls im 4. Jahrhundert wurde

213

am Moselufer eine Doppelspeicheranlage errichtet. Teile davon sind später beim Bau des jetzt noch stehenden Klosters St. Irminen verwendet worden.

Vom 3. bis 5. Jahrhundert war Trier Sitz einer Münzstätte. Im 4. Jahrhundert wurden kaiserliche Fabriken, die für das Militär produzierten, sowie eine Hochschule hier errichtet.

Nach der Verlegung der Präfektur und der Residenz nach Arles bzw. Mailand Ende des 4. Jahrhunderts verlor die Stadt ihre Bedeutung. Sie wurde im 5. Jahrhundert häufiger geplündert und um 470 von den Franken besetzt.

Seit der zweiten Hälfte des 3. Jahrhunderts kann in Trier eine christliche Gemeinde nachgewiesen werden.

Eumenius

Der Rhetor Eumenius wurde Mitte des 3. Jahrhunderts in Augustodunum (Autun) geboren. Er war Privatsekretär von Constantius Chlorus, dem Vater Konstantins des Großen, gewesen und hatte von diesem die Leitung der Rhetorikschule in Autun erhalten.

Konstantin der Große (Constantinus)

Konstantin wurde um 280 als ältester Sohn des Offiziers Constantius Chlorus und dessen erster Frau Helena in Mösien geboren. Er wuchs am Hof von Diokletian auf und ging 305 zu seinem Vater, dem damaligen Kaiser des Westens. Er nahm an dessen Britannienfeldzug 305 gegen eingefallene Picten und Scoten teil. Nach dem Tod seines Vaters in York wurde er von dessen Truppen zum Thronfolger ausgerufen. Er erhielt die gallisch-britannische Präfektur als Sprengel. In dieser Zeit heiratete er die Tochter Fausta des ehemaligen Kaisers vom Westteil des Römischen Reiches Maximianus. In der Folgezeit kam es zu Konflikten mit seinem Schwager Maxentius, den er 312 vor Rom besiegte. Konstantin war nun Kaiser des Westens. Mit dem Kaiser des Ostens, Licinius, kam es nach 316 zu ständigen Querelen, die mit der endgültigen Niederlage und Tod desselben 325 endeten. Konstantin war damit Alleinherrscher über das römische Imperium.

Seinen Sohn aus erster Ehe, Crispus, ließ er 325 auf Betreiben seiner Frau Fausta umbringen, die allerdings kurze Zeit darauf ebenfalls auf seinen Befehl hin umgebracht wurde.

335 teilte er das Reich auf seine drei Söhne Constans, Constantius II. und Constantinus II. sowie seinen Neffen Dalmatius auf.

Während der Vorbereitungen zu einem Sassanidenfeldzug starb er 337 in Nikomedia.

Spätantike Festungen

Die spätantiken Festungen, die meist unter Constantius I. Chlorus und Konstantin, zwischen 293 und 337, erbaut wurden, zeichneten sich durch eine starke, mit Türmen gut gesicherte Mauer aus. Die Mauerstärken betrugen meist 3 m, die Türme befanden sich im Abstand von ca. 25 m. Im Innern dieser Festungen, die bedeutend kleiner als die vergleichbaren früheren Anlagen waren, lagen an der Mauerinnenseite die Kasernen und in der Mitte oft ein kleiner Exerzierplatz. Auf den Türmen standen Schleudergeschütze. Die Festungen waren so gebaut, dass sie mit verhältnismäßig wenig Mann Besatzung lange Zeit verteidigt werden konnten, ähnlich den späteren Kreuzfahrerburgen.

Im 4. Jahrhundert erhielten nicht nur Militäranlagen solche Befestigungen, sondern auch Städte und Dörfer. Als Besatzung lagen hier Milizen (Limitantruppen?).

Trierer Secundinier

Die Trierer Tuchhändlerfamilie der Secundinier hatte nur insoweit mit der Kölner Familie etwas zu tun, als beide Familien den gleichen Namen führten. Die treverersche Familie errichtete um 250 die Igeler Säule, ein Grabmal für die Toten der Familie.

Panegyricus

Ein panegyricus oder ein panegyrikos war eine Lobrede auf einen Kaiser. Wir kennen eine Sammlung von zwölf panegyrici, die im 4. Jahrhundert zusammengestellt worden war. Sieben Reden stammen aus der Zeit von 289 und 311. Dieser Sammlung wurden dann noch vier spätere und auch noch eine Rede des jüngeren Plinius auf Kaiser Trajan zugeordnet.

Briefe

Geschrieben wurde entweder auf mit Wachs beschichteten Täfelchen oder mit Tinte auf Papyrusblättern oder Holzbrettchen. Die

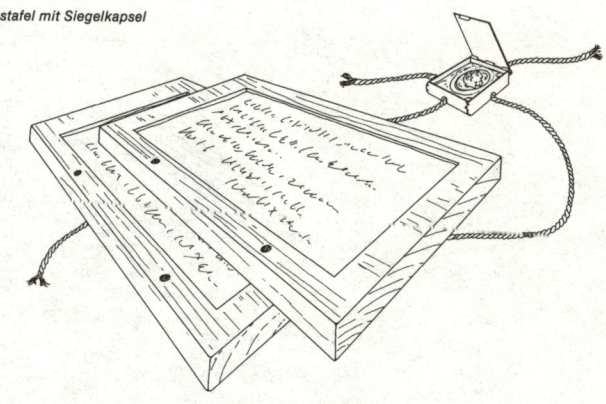

Wachstafel mit Siegelkapsel

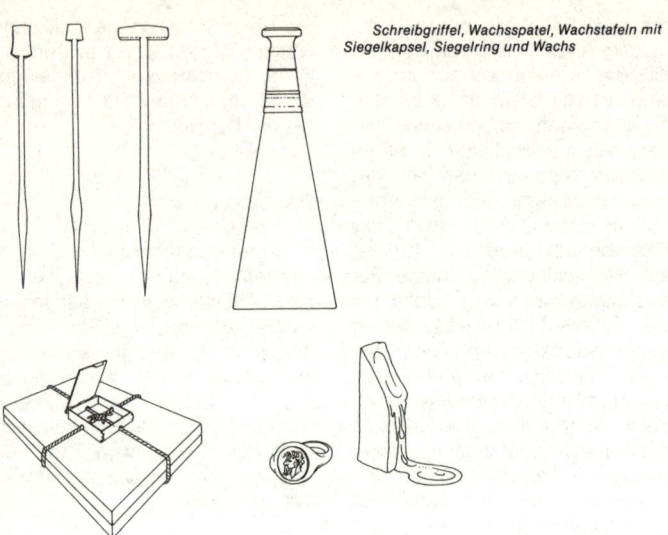

Schreibgriffel, Wachsspatel, Wachstafeln mit Siegelkapsel, Siegelring und Wachs

Papyrusrolle, Buch, Schreibtafel und Feder

Wachstäfelchen bestanden meist aus Weidenholz und hatten eine Vertiefung, in die das mit Ruß geschwärzte Bienenwachs mit einem Wachsspatel aufgetragen wurde. Zum Schreiben darauf diente ein Stilus aus Metall, meist aus Eisen, bekannt sind aber auch silberne. Solch ein Stilus hatte nicht nur eine Schreibspitze, sondern auch eine flache Seite, mit der Schreibfehler korrigiert werden konnten. Die Tafeln wurden zusammengebunden und mit einer Siegelplombe versehen.

Papyrusblätter oder Lindenholztäfelchen wurden mit Tinte und einer Feder beschrieben. Die Tinte bestand aus Ruß, Gummiwasser und Zusätzen von Harz, Leim, Kupfervitriol, Eisen und Weintrester. Sie musste vom Benutzer immer mit Wasser angerieben werden.

Die Briefe wurden durch einen Boten befördert oder einfach jemand anderem mitgegeben.

Briefe spielten im Leben der Römer eine große Rolle. Vieles wie philosophische Abhandlungen, staatskundliche Erläuterungen und Ähnliches wurde in Briefform veröffentlicht. Geschäfte des täglichen Lebens wie Kaufverträge, Schuldanerkenntnisse, Rechtsgutachten usw. wurden meist durch Briefe abgewickelt.

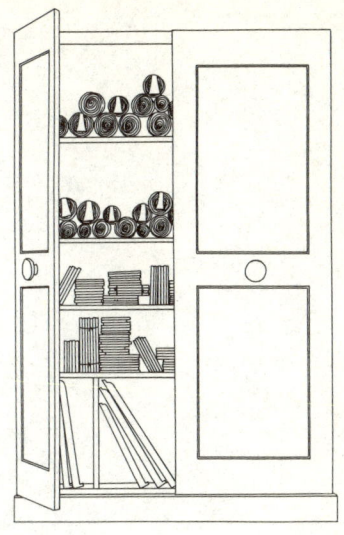

Bücherschrank eines Archivs

217

Mithras und Christus

Die konstantinische Zeit endete an Rhein und Donau in einem Chaos. Infolge der Kämpfe zwischen den Erben Konstantins und Bürgerkriegen sowie mehreren, alles zerstörenden Germanenein- fällen war innerhalb eines Jahrzehnts der konstantinische Wie- deraufbau an Rhein und Donau vernichtet. Der Neffe Konstan- tins, Julian, benötigte mehrere Jahre, um die Germanen aus den gallisch-germanischen Provinzen zurückzudrängen und die Grenzverteidigung notdürftig zu reorganisieren.

Flavius Victorianus, Urenkel des Lederhändlers C. Flavius Crescentius, wurde als drittes Kind des Flavius Victorianus und dessen Frau Acutiaria Serena 292 in Worms geboren. Sein Vater, der noch im alten Geschäft in Ladenburg geboren wor- den war, versuchte von Worms aus die Geschäftsgrundlage zu verändern. Er verlegte sich mehr auf Immobilienbesitz. Der älteste Sohn Marianus erbte nach dem Tod des Vaters das Geschäft. Victorianus, bei dessen Geburt die Mutter Serena starb, wurde von einer Amme großgezogen. Durch deren Mann kam er schon frühzeitig mit dem Mithraskult in Verbindung. Er wurde Priester dieses Kultes. 328 heiratete er seine entfernte Verwandte Flavia Ursa, Tochter des Flavius Rufinus und Chri- stin Ursicina aus Trier. Ursa war schon frühzeitig vom Chri- stentum abgefallen und hatte sich dem alten Sonnengottkult zugewandt. Sie starb 341 in Worms. Infolge des christlichen und staatlichen Drucks auf Victorianus konvertierte er 342 zum Christentum, verließ aber gleichzeitig auch Worms. In Augs- burg fristete er ein ärmliches Leben als Lehrer.

Sein Neffe Victorianus, der das väterliche Geschäft geerbt hatte, kam mit seiner ganzen Familie beim Germanensturm auf Worms 353 um. Victorianus der Ältere sah sich auf einmal in der Lage, da er die Familienimmobilien erbte, wieder ein besseres Leben führen zu können. Ebenso wurde es ihm wieder möglich, infolge der Belebung der alten Kulte unter Julian, seine alte Tätigkeit als Mithraspriester wieder aufzunehmen. In Augsburg versuchte er nun eine Mithrasgemeinde aufzubauen.

Sein Schwager Flavius Calvio, Sohn des Flavius Rufinus und der Montana Censorina, wurde 294 in Trier geboren. Er war hoher Offizier im Generalstab von Constantius II. und Julian. Er hatte, obwohl schon an die 70, die Logistik der gallisch-germanischen Truppenkontingente während des julianischen Sassanidenfeldzuges zu organisieren.

Fakten, Daten, Hintergründe Seiten 244–248

Der Wagen hielt. Das Rumpeln, Rattern und Schaukeln, die harten Stöße, das entnervende Quietschen und Knarren endeten abrupt. Die Tortur der Geräusche wich einer geradezu gespenstischen Stille, gespenstisch, weil der noch halb schlafende Geist des Mannes, der da im Halbdunkel hinter zugezogenen Vorhängen auf weich gepolsterter Bank weit zurückgelehnt ruhte, das Fehlen der vertrauten Geräusche und Bewegungen des Reisewagens als bedrohlich empfand. Immer wieder stürmten in diesem Schwebezustand des Bewusstseins Bilder auf ihn ein, Szenen aus Kämpfen und Schlachten, er hörte Blech scheppern, Eisen auf Eisen schlagen, Keuchen und Schreie, unmenschlich vor Zorn oder Schmerz; doch das alles war plötzlich erstarrt, zurück blieb die teilnahmslose Stille des Todes und er sah die Körper der Gefallenen in bisweilen aberwitzigen Verrenkungen am Boden liegen.

Doch allmählich wurde ihm bewusst, dass er wohl aus längerem Schlaf erwacht sei, einem Schlaf, der unstet begonnen, vom Dämmer über den Halbschlaf bis in die bodenlose Bewusstlosigkeit des Tiefschlafs reichte.

Flavius Calvio war wach. Schlagartig. Er fühlte sich elend. Er wusste, er hatte nun diese verquollenen Augen mit den seltsam weißen Säcken darunter, die um Jahre älter machten. Achtundsechzig war er, und während er die Augen noch geschlossen hielt, lächelte er: Von einem gewissen Dienstgrad an wurden Truppenführer alt, uralt, sofern sie nicht auf irgendeinem Schlachtfeld von einem verirrten Speer oder Pfeile in den Hades geschickt wurden.

Er lauschte. Da waren Schritte. Das Prusten und Schnaufen der Pferde. Er sog ihren unverwechselbaren Geruch ein, der durch den Vorhang hereindrang. Schritte entfernten sich. Andere kamen näher. Die Pferde schienen stillzuhalten. Eines scharrte. Sonst nichts . . . doch! Stimmen von Frauen, die sich entfernten. Es entging ihm nicht, wie einige seiner Männer Bemerkungen machten, also mussten es junge Frauen sein. Er stellte sich vor, wie sie sich nun scheu lächelnd entfernten. Bestimmte Gesichter aus seinem Trierer Bekanntenkreis tauchten auf. Auch andere, aus

vergangenen Zeiten. Gesichter von harten Frauen, von Schank-
mädchen, von Dirnen. Sie wechselten in einem nebelhaften Rei-
gen. Manche schwebten heran, starrten ihn an. Bei einigen fühlte
er sich schuldig, andere stießen ihn ab, einige mochte er, liebte er,
ihre Wärme, ihren Charme, ihre . . . Es klopfte!

»Wir sind da, Herr!«

Es war die Stimme des Centurio aus seinem Stab. Er war noch
relativ jung. Oppius! Würde noch eine große Karriere machen.
Immer da, wo man ihn brauchte. Vergaß nie etwas. Hatte den Mut
zu unpopulären Äußerungen. War unbestechlich.

Calvio blinzelte, öffnete die Augen, rieb darüber und gähnte lang
und tief, bis ihm die Luft ausging. Wir sind da? Wo denn?

Er fragte es durch den Vorhang nach draußen.

»Augusta Vindelicorum, Herr!«

Soso, Augusta Vin. . . Dann musste er sehr lange geschlafen
haben. Und während ihm dies bewusst wurde, fühlte er sich
verpflichtet wach zu sein. Er zog die Vorhänge zurück. Es dämmerte bereits. Oppius war da, war längst vom Pferd gestiegen. Die
übrigen fünfzig, seine Eskorte von ausgesuchten Reitern, saßen
noch im Sattel und warteten auf seine Befehle.

Er zwinkerte und überlegte, und zugleich gab er die Order an
Oppius: »Schick Macrianus her!« Das wurde weitergegeben und
der Mann ritt heran. Calvio zu ihm aus dem Wagenfenster: »Führ
sie in die Unterkünfte! Für den Rest des Tages freien Ausgang!
Keine Dummheiten! Morgen zu Beginn der zweiten Stunde Aufbruch! Sechs Mann werden mich begleiten!«

Oppius suchte sie aus. Die Betroffenen waren verärgert, sie gingen davon aus, dass sie den Abend über in irgendeinem Hause,
das Calvio allem Anschein in der Stadt aufsuchte, über Stunden
hin warten und sich also langweilen müssten. Calvio sah es ihren
Gesichtern an und erklärte, dass sie ihn nur bis zu seinem Ziel
begleiteten, danach könnten sie sich zu den Übrigen begeben. Er
registrierte, wie sich ihre Mienen aufhellten.

Die Wagen und ihre berittene Begleitung setzten sich wieder in
Bewegung. Dem Reisewagen folgten der Bagagewagen und der
Wagen seines Sekretärs, der nicht nur sämtliche Papiere und

Akten, Zusammenstellungen, Pläne, Skizzen und Dossiers enthielt, sondern auch die Möglichkeit bot während der Fahrt oder bei einem Halt Briefe und Orders zu diktieren, denn er stellte zugleich eine mit allem Notwendigen eingerichtete Schreibstube dar. Chrysostomos schien zu schlafen, sonst hätte er sich sehen lassen. Calvio gönnte es ihm, denn der Mann hatte in den letzten Tagen Erhebliches leisten müssen.

Es war schon so dunkel geworden, dass man von den Häusern nur noch die Umrisse wahrnahm. Die Geräusche der fahrenden Wagen und der Pferdehufe deckten alle anderen zu. Oppius ritt an der Spitze, denn er kannte die Adresse, die sein Vorgesetzter ansteuerte, von einem früheren Besuch vor Jahren, als sie in umgekehrter Richtung aus dem Süden gekommen waren. Flavius Victorianus hieß der Mann. Mithraspriester war er. Musste mit dem Alten verwandt sein. Vetter zweiten Grades oder so. Vielleicht noch entfernter. Manchmal hielten die entfernt Verwandten mehr zusammen als Brüder und Schwestern. Verrückte Welt! Oppius schüttelte den Kopf. Da vorn war's! Er erkannte das schöne Türgewölbe wieder, mit dem neu eingesetzten stilisierten Sonnenzeichen im Schlussstein. Er konnte es erkennen, weil einer seiner Männer mit der brennenden Fackel neben ihm ritt.

Es kam die immer gleiche Prozedur des Anhaltens, Aussteigens, Anmeldens und Vorstellens. Jemand vom Gesinde öffnete, fuhr beim Anblick der Reiter zusammen und hielt erschrocken die Hand vor den Mund.

»Melde deinem Herrn die Ankunft des edlen Flavius Calvio aus Trier!«, befahl Oppius.

Gleich darauf näherte sich eine große Gestalt und die nächtlichen Lichter ließen auf seinem Gesicht scharfe Schatten entstehen. Er hielt sich nicht sehr gerade, der Kopf hing nach vorne, der hohe Haaransatz, schon um ein Drittel zurückgewichen, ließ die Stirn riesig erscheinen. Die Nase war gerade und groß, stand leicht gekrümmt über schmalen Lippen, die nur noch parallele graue Linien bildeten und deren Mundwinkel meist nach unten wiesen. Freilich nicht in diesem Augenblick. Das ganze Gesicht war Freude, trotz der strengen senkrechten Philosophenfalten über der

Nasenwurzel, denn die Lachfältchen an Augen und Wangen gewannen für einen Augenblick die Oberhand, die Mundwinkel wiesen nach oben, die Lippen öffneten sich und zeigten ein erstaunlich gut erhaltenes weißes Gebiss. Alle Schneidezähne waren noch vorhanden, es fehlten oben und unten Backenzähne, doch fielen diese Lücken nicht ins Gewicht, da sie meist verborgen blieben. Insgesamt war seine Gestalt mächtig, groß, massig, ohne freilich den Eindruck von Fettleibigkeit zu wecken. Der strenge Gesamteindruck der großflächigen Gesichtslandschaft wurde etwas gemildert von dem gepflegten Kinnbart. Schneeweiß rahmte er die untere Gesichtshälfte und hatte seine farbliche Entsprechung im locker stehenden Haarwuchs hinter der wuchernden Stirnglatze. Mochten die gekrümmte Haltung von Körper und Kopf und das greisenhafte Weiß der Haare auf beginnenden Verfall hinweisen, so straften die Augen diesen Eindruck auf der Stelle Lügen: Groß, dunkel, lebhaft registrierten sie blitzschnell den Besucher. Und auch der Händedruck, mit dem er Calvio empfing, die Festigkeit und Stärke der Umarmung ließen erkennen, dass entschieden mehr an Kraft und Lebensstärke in diesem Mann steckte, als seine Haltung erwarten ließ.

Nach der Begrüßung kam sogleich die Regelung, was mit der Begleitung zu geschehen habe: Die sechs Reiter zogen es, trotz der Einladung des Hausherrn vor, zu ihren Kameraden zurückzukehren. Dafür hatten beide, Victorianus und Calvio, volles Verständnis und entließen sie. Oppius freilich würde am Ort bleiben, sozusagen als Verbindungsoffizier vom Dienst. Ebenso Chrysostomos, der als geradezu traurige und zerknitterte Gestalt aus seinem Wagen gestiegen war und seinem weiteren Schicksal für diesen Abend ergeben entgegensah. Er nickte zu allem Ja und Amen und schwieg. Er wünschte sich nur eins, ein richtiges Bett für diese Nacht. Er würde es bekommen. Wieder nickte er und verbeugte sich.

Da der Besuch des Verwandten und Freundes nicht völlig überraschend kam – Calvio hatte ihn schon vor Wochen brieflich angekündigt –, war der Hausherr vorbereitet und hatte dem Personal schon seit Tagen den Abendausgang gestrichen, was man, wenn auch heimlich murrend, so doch als unabänderlich hingenommen hatte. Denn ansonsten ging es ihnen gut bei Victorianus. Ihr Herr war ein beherrschter Mann, der sich nicht schnell zu lautem Schimpfen, noch weniger zu körperlichen Züchtigungen hinreißen ließ. Freilich kannten und fürchteten die Mädchen und die beiden Hausburschen seine Konsequenz. Er vergaß nie ein Versehen, übersah keinen Fehler, ahndete jedes Versagen. Seine Autorität im Haus war unbestritten. Im Übrigen genossen sie es, teilzuhaben an der neuen Macht, die ihr Herr als Ratsherr in der Stadt seit über einem Jahr ausübte, seit dem großen Umschwung.

Dem Flavius Calvio aber fiel sogleich auf, dass das Haus im Innern verändert worden war, dass es reicheren Schmuck an den Wänden trug, dass einige kostbare Dinge neu waren, so die Einfassung des Regenbeckens im Atrium, die beiden Vollplastiken in ihren Wandnischen, die Mercurius und Herkules darstellten. Auch das Bodenmosaik war neu. Na ja . . ., dachte Calvio, vielleicht eine Folge des Umschwungs.

Angesprochen, ob er sich zuerst völlig erfrischen und ausruhen oder ein kleines Mahl zu sich nehmen möchte, erklärte Calvio, dass ihm nichts lieber und genehmer sei als ein Bad. Wenn die Möglichkeit bestehe, dann . . .

»Natürlich! Ich habe das Bad erweitern lassen.«

Auch diese Mitteilung nahm Calvio interessiert zur Kenntnis und dachte sich sein Teil. Victorianus gab seine Anweisungen und aus der Schnelligkeit, mit der sie befolgt wurden, schloss der Besucher, dass man schon seit Tagen mit seinem Eintreffen gerechnet hatte. Dies wiederum gab ihm ein gutes Gefühl, das entfernt an jenes erinnerte, wenn er als junger Soldat zu Besuch nach Hause kam und seine Mutter schon tagelang alles hatte vorbereiten lassen, damit er sich wohl fühlte.

*

»Du bist also, wenn ich das richtig verstanden habe, unterwegs nach Italien, um den . . .«

». . . den Feldzug gegen die Perser logistisch in jeder Beziehung vorzubereiten. Ja.«

Calvio ließ sich wieder ins Wasser zurückgleiten, prustete und sah, wie der Dampf aufstieg, den er weggeblasen hatte. Mein Gott, war das angenehm! Die ganze Fahrt über hatte er sich auf diesen Augenblick gefreut. Er entspannte jeden Muskel, ließ Beine und Arme hängen, sank mit dem Hinterteil bis auf die Bodenplatte und lehnte sich mit Kopf und Rücken gegen die Beckenwand. Er spürte, wie sein Puls schneller schlug, bis er sich an die Temperatur gewöhnt hatte. Er wusste, dass zu große Hitze einem Mann in seinen Jahren gefährlich werden konnte. Aber das Wasser war nicht zu heiß, man hielt es nicht nur aus, sondern fühlte sich nach wenigen Augenblicken wohl darin. Er schaute zur Seite, zu Victorianus hin. Auch er genoss es. Er bewegte leicht die Hände wie Flossen und hielt so seinen Körper eine Weile in der Waagrechten. Dabei prustete er und spuckte Wasser im Bogen bis zu seinen Füßen. Calvio bemerkte, dass er auffallend große Zehen hatte. Zehen, wie die Bildhauer sie gerne den Göttern aus Stein meißeln. Dem entsprachen die großen, feingliedrigen Hände. Er selbst hatte breite Hände, kürzere Zehen, dazu noch einen Plattfuß. Aber dieser hatte ihn bei langen Märschen nie behindert. Er sah, dass Victorianus ein Stück der Vorhaut fehlte. War er beschnitten? Gehörte es vielleicht zu den Anforderungen des Kultes? Freilich konnte es auch Folge irgendeiner Verletzung sein.

Victorianus ließ sich zu Boden gleiten und nahm die gleiche sitzende Haltung wie Calvio ein. Beide plätscherten sie nun wie Knaben mit den Händen auf dem Wasser.

»Sag mal, wie alt bist du jetzt?«, fragte unvermittelt Calvio und Victorianus antwortete ohne Zögern: »Siebzig. Warum?«

»Ich hätte dich für jünger gehalten«, log Calvio und sah den Hausherrn vor sich, wie er in gebeugter Haltung zur Haustür kam.

»Und du?«, gab der Ältere zurück.

»Achtundsechzig!« Es kam beinahe mit soldatischer Schärfe. – Sie wussten beide, wie alt sie waren, aber es gehörte seit Jahren zu ihrem Ritual der Befragung, sich unwissend zu stellen, wobei sie klammheimlich davon ausgingen, dass der andere den älteren Eindruck machte.

»Und . . . du siehst Chancen die Sassaniden in ihre Grenzen zu weisen?« Damit eröffnete Victorianus den eigentlichen Dialog und Calvio konnte nun den Fachmann herauskehren. Er war Generalquartiermeister. Über ihm stand nur der Kaiser, zu dem er direkten Zugang hatte. Victorianus erwartete daher auch Einzelheiten und Calvio nannte Zahlen von den Unmengen an Material, Verpflegung, Waffen, Belagerungsgerät und all den Dingen, die bereitzustellen waren. Er verschwieg auch nicht die ungeheuren Kosten, schimpfte über gewisse Schmarotzer, die bei all diesen Geschäften ihren Teil kassierten, hörte dann aber mitten im Bericht auf, weil er keine Lust hatte über die Querelen zu reden, die ihn tagaus, tagein beschäftigten und seine ganze Kraft forderten.

»Und du?«, fragte Calvio nach einer Weile.

»Dir wird nicht entgangen sein, dass ich – nun, sagen wir: über einen gewissen Wohlstand verfüge . . . Das Bad! Die Dienerschaft! . . .«

»Das Haus ist schöner!«, lobte Calvio. »Vor fünf Jahren bist du erst nach hier umgezogen und damals . . .«

»Jaja, damals war noch alles anders.«

»Ist damals nicht auch deine Frau . . .?«

»Ja. Sie war kurz vorher gestorben.«

»Hast du wieder geheiratet?«

»Nein. Wozu? Ich lebe ganz gut mit einer der Frauen zusammen. Mit der älteren . . .«

Calvio nickte. Er hatte sie eben kurz gesehen. Schätzte sie Mitte dreißig. Kinder? Aber es schickte sich nicht, danach zu fragen, wenn der Patron nicht selbst darüber sprach.

»Weißt du«, fuhr Victorianus fort. »Ich bin alt. Wer weiß, wie lange ich's noch mache. Und die Zeiten sind unsicher.«

»Das sagst du?« Meinte er das wirklich ernst?

»Ja. Wenn ich auf mein Leben zurückblicke, dann . . .« Er schwieg, weil er sich scheute vor Calvio zuzugeben, dass er sein Leben wohl lieber anders gelebt hätte. Auch er war ein Opfer der Zeitumstände wie so viele, wie die meisten, die hin und her geschoben wurden wie Figuren auf dem Schachbrett. Und die meisten fielen irgendwann aus, man schlug sie, man warf sie aus dem Spiel, sie hatten ihren kleinen Zweck erfüllt, bis zu diesem Zeitpunkt, dann aber Schluss! Und hinaus! Der Nächste!

Calvio schien seine Gedanken zu erraten, denn er sagte: »Ich weiß, was du meinst. Aber du kannst nicht für alles die christlichen Herrscher verantwortlich machen! Dass deine Eltern starben, als du noch ein Kind warst, das ist Schicksal. Unabänderlich!«

»Ja, aber dass ich wegen meines Glaubens verfolgt wurde, das ist Menschenwerk!«

Der Satz klang verbittert und voller Vorwürfe.

»Umso besser geht es dir nun im Alter. Das ist selten. Du bist gesund. Du bist vermögend. Du kannst in Frieden deinem Glauben anhängen.«

Victorianus seufzte, stand umständlich auf und Calvio betrachtete die Narben, die er am Leib hatte. Nun sah er in der Tat alt aus, wie er da auf seinen dürren Greisenbeinen stand mit den großen Füßen, dem gekrümmten Rücken, dem vorstehenden Bauch und der schlaff hängenden Brust.

Victorianus gab Befehl mehr heißes Wasser nachzuschütten. Es würde zu lang dauern, bis die Heizungsanlage solches über die Rohre nachführte. Die Anlage war nicht auf dem neuesten technischen Stand. Aber das störte ihn nicht. Er schaute auf Calvio herab und erklärte:

»Natürlich kann man sagen: Wie's kommt, so kommt's! Aber ich hätte mir nie träumen lassen, dass ich auf meine alten Tage noch einmal . . . noch einmal wie von vorne anfangen würde.« Er ließ sich wieder im Becken nieder.

Calvio kannte die Stationen seines Lebens: Flavius Victorianus, sein Vater, Lederhändler zur Worms. Ziemlich wohlhabend. Früher Tod der Mutter. Eine Amme kümmerte sich um den Jungen, nährt und erzieht ihn. Durch deren Mann kommt er früh in Berührung mit Mithras. Dann Tod des Vaters. Sein vier Jahre älterer Bruder Marianus übernimmt den Betrieb, baut ihn aus. Heiratet. Hat nur einen Sohn. Jüngere Schwester stirbt kurz nach der Geburt an Keuchhusten. Victorianus aber wird Priester des Mithras, kann seinem Glauben aber unter den Söhnen des Großen Constantinus nur im Verborgenen nachgehen, Altgläubige werden jetzt verfolgt. Er tritt zwangsweise zum Christentum über. Zieht von Worms nach Augsburg. Schlägt sich als Privatlehrer durch. Dann stirbt seine Frau. Durch den Tod seines Neffen, der seinen Namen Victorianus hatte, erbt er die Restbestände des väterlichen Unternehmens, setzt einen Verwalter ein. Er erholt sich finanziell. Und dann die Wende unter Julian! Endlich kann er sich zu seinem Glauben bekennen. Er baut hier in Augusta Vindelicorum die Mithrasgemeinde wieder auf. Man wählt ihn in den Rat der Stadt.

Unvermittelt erklärte Victorianus: »Rom ist wieder was!«

»Gewiss!«, rief Calvo. »Und das soll nun auch auf lange so bleiben!«

Zwei Dienerinnen kamen herein mit Zubern voll heißem Wasser, die sie vorsichtig ins Becken entleeren, dabei darauf bedacht, weder die beiden Männer im Wasser noch sich selbst zu verbrühen.

»Mehr!«, befahl der Hausherr und sie holten neues. Dies geschah mehrmals, bis Victorianus zufrieden war. Er tauchte prustend ganz unter und krabbelte wie ein Kind auf dem Beckenboden umher. Calvio tat es ihm nach und sie keuchten nach dem Auftauchen um die Wette mit hochroten Gesichtern.

»Noch höchstens eine Viertelstunde!«, erklärte Calvio. »Mehr ist von Übel. Wenn du erlaubst, werde ich dann das Bassin verlassen.«

»Sicher, mein Freund. Wir sind nicht mehr die Jüngsten. Aber nichts geht über ein solches Bad! Wie sich die Adern weiten! Du fühlst dich hinterher so wohlig müde.«

Die Frauen hatten irgendeinen Badezusatz hinzugetan, denn nun roch es erfrischend nach Balsam.

»Aber wir sind uns doch einig«, nahm Calvio, als sie an der Beckenwand saßen, den Faden wieder auf, »dass seine anfängliche Toleranz gegenüber allen Religionen auf die Dauer zu neuen Auseinandersetzungen führen wird. Mehr noch! Ich behaupte: zu schrecklichen Kämpfen, weil sich die Fronten nun verkehrt haben und der Wunsch nach Rache, eine anstachelnde Rolle spielen kann.«

»Wer will denn Rache?«, fragte Victorianus, der zugleich den Frauen einen Wink gab, dass sie seinen Rücken massieren sollten. Sie machten sich sogleich daran, wobei Victorianus sich vorbeugte: »Du meinst doch nicht etwa . . .« – Erstaunt blickte er den Gast an: ». . . die Christen?«

»Doch, natürlich, die Christen!« Calvio nickte. »Wen sonst? Seit Constantinus geduldet, unter seinen Söhnen gefördert, waren sie gerade dabei, sich im staatlichen Hause einzurichten, nachdem sie jahrhundertelang in den finstersten Kellergewölben und Löchern der Tiefe vegetieren mussten: immer auf der Flucht! Immer in der Gefahr jetzt und hier gestellt zu werden! – Nun aber, wo sie sich im hellen Licht des Tages entfalten, bekennen, einrichten dürfen, nun kann man sie nicht mehr hinauswerfen! Sind sie doch schon dabei, sich mit allen Mitteln zu verbarrikadieren.« Er blickte seinen Gastgeber offen an in Erwartung eines Einwurfs. Aber Victorianus schwieg und Calvio fuhr fort:

»Die durchaus gute Absicht des Kaisers wird sich in ihr Gegenteil verkehren. Statt Toleranz . . . Hass! Statt Gedeih . . . Verderben! Statt innerem Frieden . . . Bürgerkrieg! Und das ausgerechnet in einem Augenblick, da das Reich, nachdem es endlich wieder von einem Kopf regiert wird, geschlossen gegen den Todfeind im Osten und im Norden antreten müsste!«

»Und das sagst du als Christ?« Victorianus gab den Frauen das Zeichen aufzuhören. Sie gingen und holten die Kleidungsstücke, die ihr Herr für sich und den Gast für den Abend ausgesucht hatte.

»Ich bin nicht nur Christ«, erklärte Calvio, »ich bin auch römischer Bürger. Und ich kann nur in einem friedlichen Land meinem Glauben mit der geforderten Würde nachgehen. Dir brauche ich doch nun wirklich nicht lange zu erklären, was Bürgerkrieg bedeutet. Ich denke, davon haben wir beide die Nase gestrichen voll. Für mich besteht da durchaus kein Widerspruch, denn unser Herr Jesus hat eindeutig erklärt: Gebt dem Kaiser, was des Kaisers ist, und Gott, was Gottes ist!«

Sie schwiegen eine Weile und es war so still, dass man das Summen einer Fliege hörte, die wohl durch das geöffnete hohe Fenster hereingekommen war. Dann aber fuhr Calvio fort und er tat es auffallend ruhig, bemüht um gute Argumente:

»Du aber solltest dir nichts vormachen! Schlimme Dinge sind schon geschehen. Auf kaiserlichen Befehl wurde die Rückgabe der Tempelgrundstücke betrieben, die von den vormaligen Kaisern an gewisse Leute vergeben wurden . . .«

»Es war Tempelraub!«, rief Victorianus.

Darauf prompt Calvio mit hochgezogenen Brauen: »Aha! Tempelraub! Soso . . .« Er presste die Lippen zusammen und nickte grimmig. Dann hieß es, schärfer als zuvor:

»Aber was konnte ich von einem Priester des Mithras anderes erwarten!? Überall heißt es: Es war Tempelraub! Die neuen Besitzer sollten doch nur froh sein, dass sie nicht auch noch vor Gericht gestellt und nach den Gesetzen der Väter bestraft würden . . . Wie soll das nur zu einem guten Ende führen, wenn in einem fort in alten Wunden . . .«

»Nein!«, rief Victorianus. »So geht das nicht! Du vermengst Ursache und Wirkung und darin seid ihr Christen ja mittlerweile Meister. Wenn du schon dem Kaiser geben willst, was ihm zukommt, dann bitte korrekt! Bitte korrekt, ja? Und ohne Einschränkung. Nicht ja – aber . . . Dein Jesus sagte auch: Eure Worte seien ja, ja und nein, nein!«

Das traf, denn Victorianus war bekannt für seine gründliche Kenntnis der Bibel. Er plätscherte wieder und fuhr fort: »Der Besitz der Tempel ist seit den Zeiten des Kaisers Constantinus Jahr für Jahr, Stück für Stück, Parzelle für Parzelle eingezogen worden. Unentgeltlich!« Er hob den Zeigefinger: »Willst du das bestreiten, he?«

»Keineswegs.« Calvio lächelte und plätscherte nun ebenfalls. »Sie waren schon vorher, und zwar seit den Zeiten der Republik, in öffentlichem, quasi in staatlichem Besitz.«

»Siehst du«, triumphierte Victorianus und nahm einen Schluck Wein aus der Schale, die man an den Beckenrand gestellt hatte, forderte auch den Gast dazu auf. Sie tranken sich zu, wünschten

sich Gesundheit und langes Leben. Dann hieß es von Seiten des Hausherrn: »Genau das ist der Punkt!«
Calvio verstand ihn noch nicht, wartete aber die Fortführung des Gedankens ab, die Victorianus denn auch brachte.

»Da die Sache nicht einfach ist, fasse ich noch einmal zusammen: Der Besitz der Tempel, der seit Constantinus eingezogen ist, sollte in vollem Umfang erstattet werden. Dies hatte keine Schwierigkeit, soweit er sich noch im Eigentum des Fiskus befand, denn die Verluste, die die Staatskasse erlitt, lassen sich bei der Sparsamkeit von Julian bald wieder einbringen. Kannst du mir folgen?«
Statt zu antworten hob Calvio die Hand.

»Freilich . . . nach der bösen Sitte der Zeit hatten die christlichen Kaiser schon sehr viele Tempelgrundstücke, ja, schon die allermeisten, an ihre Günstlinge verschenkt . . . und diese sie teilweise schon wieder weiterverkauft! Willst du das bestreiten?«
»Nein, aber so . . .«
»Weiter!«, schnitt ihm Victorianus das Wort ab. »Man hat sich noch nicht einmal gescheut die heiligen Stätten zu demolieren und Säulen und andere kostbaren Werkstücke in Privathäusern zu verbauen!«
Da rief Calvio erregt: »Alles dies von den Familien zurückzufordern, die es zum Teil schon jahrzehntelang in Besitz gehabt oder durch Kauf rechtmäßig erworben hatten – das war . . . das ist ein Eingriff in das Privateigentum!«
»Nein!«, kam es hart zurück. »Tempelraub bleibt Tempelraub, auch wenn der Raub an Hehler übergegangen ist!«
Es war nun an der Zeit, das Wasser zu verlassen, weil sie sonst so schlaff würden. Die Bedienung stand schon mit großen Tüchern bereit, doch zuvor hieß es, über ein mittelkühles Becken zum kalten Frigidarium zu schreiten, damit die Haut wieder gestrafft und die Mattheit aus dem Körper gescheucht wurde. Da sie beide diese Prozedur oft hinter sich brachten, konnten sie den Schock der plötzlichen Abkühlung ohne weiteres wagen. Es tat beiden wohl. Dann aber nahmen sie gerne die wärmenden Tücher entgegen und ließen sich trockenreiben.

*

Damit war fürs Erste ihr Streitgespräch unterbrochen. Aber sie
wussten, sie würden es gleich fortführen. Vorher freilich forderte
der Körper sein Recht. Er hatte nun Durst und Hunger.

Sie legten die frischen Tuniken um, gürteten sich, schlüpften in
Sandalen aus weichem Ziegelleder und begaben sich in das Speisezimmer. Erlesene Stücke waren da auf dem Serviertisch aufgebaut, heimische Gemüse, Geflügel, Fleisch von Rind, Hammel
und Schwein, verschiedene Soßen, Kräuter, verschieden gewürzte
Weine, reines Quellwasser. Und es war gerade Letzteres, auf das
sie beide nun den größten Appetit hatten. Und es freute sie, dass
sie Wasser dem Wein für diesen Augenblick vorzogen: »Es geht
doch bisweilen nichts über Wasser!«

Während nun Chrysostomos und Oppius das Bad benutzen durften – sie würden später zur Tafel kommen –, probierte Calvio in
kleinen Häppchen von allem, was Tisch und Haus anboten, war
voll des Lobes, trank dazwischen kleine Schlucke des herrlichen
Weins aus Gallien und so nach und nach kam das unterbrochene
Gespräch wieder in Gang. Allerdings wechselte Victorianus wie
ein Lotse vorsichtig zu einem anderen Aspekt über:

»Alles in allem – und das müssen ja selbst seine Feinde zuge-
stehen – herrscht Julian doch mit großer Milde. Außer dem
weisen, aber unglücklichen Mark Aurel vor zweihundert Jahren
hat es wohl nie einen Herrscher gegeben, der in seinen persönlichen Wünschen und Ansprüchen so bescheiden ist wie Julian.
Von der ganzen verkommenen, korrupten Hofclique hat er nur
ein paar vertrauenswürdige Leute übrig behalten. Ein einziger
Friseur hat nun dem ganzen Hof das Haupt- und das Barthaar
zu stutzen.«

»Nun gut«, akzeptierte Calvio dies. »Umso kritischer muss ich
sehen, wie seine anfängliche Milde gegenüber uns Christen zunehmend im Schwinden ist.«

»Ganz und gar nicht, mein lieber Vetter!« Zum ersten Mal an
diesem Abend redete Victorianus ihn so an. »Und ich will dir
gleich Beispiele seines hohen Sinnes geben. Den Bischof von

Chalcedon, der ihn wegen seines Abfalls vom Christentum öffentlich schmähte, bestrafte er nur durch ein spöttisches Wort . . .«

»Ich kenne anderes und ich habe es aus allererster Hand, weil ich an der Quelle sitze. In Antiochia hatte sich ein Chor frommer Weiber zusammengetan, um den Kaiser, wenn er an ihrem Versammlungshaus vorbeikam, mit Psalmengesängen zu begrüßen . . .«

»Ich kenne die Geschichte«, rief Victorianus. »Allerdings musst du auch sagen, dass sie in diesen Gesängen öffentlich – ich betone: öf-fent-lich! – unsere Götter verhöhnten! Sie drohten ihren Verehrern Tod und Verderben an . . .«

»Nun aber Julian . . . Er ließ ihnen sagen, sie möchten doch bitte ihre Gesangsübungen unterbrechen, wenn er durch ihre Straße ziehe. Doch sie sangen weiter. Da bestellte er die Chorführerin vor seinen Thron und ließ ihr, wie einem unartigen Schulmädchen, durch einen Soldaten ein paar kräftige Ohrfeigen versetzen.«

»Und?«, rief Victorianus. »Was soll das? Gerade dies zeigt doch seine Milde! Unter Diokletian hätte man der Frau auf der Stelle den Kopf vor die Füße gelegt!«

Da sah ihn Calvio ernst an: »Das mag schon sein. Aber ich bin nicht im Stande, darin eine besonders taktvolle Tat eines Herrschers zu sehen, der als Philosoph angetreten ist. – Und was sollen denn die Hekatomben von Opfertieren, diese abertausende hingeschlachteter Widder, Stiere, Böcke! Zweimal täglich opfert er! Am Morgen und am Abend! Und dabei schlachtet er selbst die Tiere. Schleppt auf höchsteigenem Rücken das Holz zum Altar und bläst selbst das Feuer an. Überhaupt macht er sich allmählich mit seinem religiösen Übereifer beim Volk unbeliebt.«

Calvio schwieg, denn er erwartete den Einspruch des Hausherrn, doch Victorianus ermunterte ihn fortzufahren, was Calvio denn auch mit einigem Schwung tat:

»Als man in Ägypten, wo der alte Apisstier verstorben war, nach langem Suchen endlich einen Stier fand, der die vorgeschriebenen Zeichen und Male des Göttertieres an sich trug, rief dies beim

Kaiser solche Freude hervor, dass er den Stier sogar auf seinen Münzen abbilden ließ! – Dass dies bei vielen Christen Anstoß erregte, versteht sich wohl von selbst. Wie es in Wahrheit um ihn und die ... die künstlich mit allen ihm zur Verfügung stehenden Mitteln betriebene Wiedereinrichtung des alten Glaubens steht, das habe ich erst kurz vor meinem Aufbruch nach hier erfahren ...« Victorianus merkte auf. »Als man in Antiochia, wo er sich längere Zeit aufhielt, das Jahresfest des Apollo begehen wollte, der dort im Daphnehain verehrt wird, hoffte er dabei ein frohes Gedränge feiernder und eifrig spendender Bürger zu sehen. Voller Erwartung begab er sich hin. Und was fand er? Nichts! Alles leer! Nur der Priester selbst brachte sein Opfer dar.« Nach einer kleinen Pause fuhr er fort: »Bei einer andern Reise – er zog durch Kappadokien – fand er zwar Leute, die nach seinem Wunsch zu opfern bereit waren, aber sie kannten den Ritus nicht mehr! Mein Gott, Victorianus! Wie konntest du dich erneut einem solchen Aberglauben zuwenden, über den die Zeit doch schon längst hinweggeschritten ist! Der Glaube an Christus ist die einzige und angemessene Form zu leben und – du müsstest es wissen – die Mehrheit des Volkes hängt ihm an!«

Er nahm einen Schluck Wein und erwartete die Entgegnung. Sie kam erst nach einer Weile, denn Victorianus bemühte sich um Konzentration und Sammlung:

»Also ... du hast lange gesprochen und ich habe dich nicht unterbrochen. Auch meine Entgegnung bedarf der ruhigen Entfaltung ...«

Hätten Anhänger beider entgegengesetzter Positionen sie so hier und jetzt gesehen und reden hören – mehr noch: Hätten sie ihre ganz offensichtliche Bemühung um gegenseitige Achtung, um die Wahrung der Formen und der angemessenen Sprache, kurz, hätten sie ihr kultiviertes Verhalten zur Kenntnis genommen: Man hätte sie gewiss für Größere gehalten als die, welche sie durch Herkunft und unterschiedlichen Lebensgang geworden waren. Aber so ging es ja oft den Bescheidenen, die nicht viel hermachten von ihrem Können, Vermögen und Wissen in der Öffentlichkeit und die darum am Ende, da sie im Stillen wirkten, entschieden mehr zum guten Gang der menschlichen Dinge beitrugen als die Wichtigtuer, die eitlen Schwätzer in der Öffentlichkeit vor dem großen Haufen. Heute aber waren sie aneinander geraten und stritten mit ganzer Kraft und dem angemessenen Ernst um das Übergewicht ihrer Sache.

Victorianus begann mit einem Tadel: »Das Volk? Es glaubt doch stets nur das, was ihm nützlich scheint! Ich entsinne mich, vor Jahrzehnten in einem christlichen Buch gelesen zu haben: Wolle man einem altgläubigen Bauern das Christentum schmackhaft machen, dann solle man besonders darauf hinweisen, dass das Drum und Dran des christlichen Kultes ganz entschieden billiger sei als bei der Konkurrenz!«

Dieser listige Pragmatismus eines unbekannten, christlichen Missionars der Vergangenheit ließ nun beide Kontrahenten lächeln und es zuckte amüsiert um Calvios Mundwinkel. Victorianus fuhr schon fort:

»Diese Einstellung des einfachen Mannes ist eine ganz natürliche und ihm durchaus gemäß. Staat und Religion werden darauf bei allem, was sie erreichen wollen, Rücksicht nehmen. – Aber . . . nun kann man innerhalb von zwei Jahren – denn länger trägt Julian noch nicht den Purpur – nicht erwarten, dass die Verhältnisse sich schnell ändern, wo sie doch zur Reife Jahrzehnte brauchen. Das Volk ist verunsichert! Der permanente Wechsel der religiösen Vorschriften und Vorgaben macht vorsichtig und misstrauisch. Im Übrigen aber – und ich denke, darin kannst du mir zustimmen – besteht in den Provinzen des Reiches eine unversöhnliche Konkurrenz verschiedenartiger Kulte und Glaubenssätze. Vielfach bekämpfen sie sich. Doch scheint mir das größte Hindernis darin zu liegen, dass alle diese Glaubensrichtungen von abstrusen Wundergeschichten und Mären durchdrungen sind . . .«

»Dein Mithras ja wohl am meisten!«, warf Calvio ein; doch Victorianus parierte sofort: »Nicht mehr als dein Christentum. Da wimmelt es doch nur so von Geistern, Dämonen, Teufeln, Engeln! Da gibt es Totenerweckungen, Wandeln auf dem Wasser, Vermehrung von Brot, Heilung von Todkranken, bis hin zu Auferstehung und Himmelfahrt.«

»Nun ja«, bemerkte Calvio nachdenklich. »Ich kenne das und auch anderes, gewiss, heißt es doch: Geziemend ist nur die Philosophie, die die Götter als Führer ihrer Bildung wählt, Pythagoras, Platon, Aristoteles und die Stoiker. – Aber ich frage dich nun, dich, den hoch belesenen Priester, den Kenner aller Religionen und Denksysteme unserer Zeit: Wie willst du denn mit solchen abstrakten wie hochtragenden Gedanken vor dem Volk aus Analphabeten bestehen können?«

»Sie sollen«, erklärte Victorianus leise, »die Hymnen auf die Götter auswendig lernen. Es gibt schöne aus alter und neuer Zeit.« Der Satz stammte aus einem Rundschreiben des Kaisers und Calvio lächelte kurz, denn er kannte ihn.

»Also«, rief der Christ, »willst du damit allen Ernstes zurück zu den alten Mythen und Märchen?! In welchen Büchern sollen denn deine Priester nachlesen, was dem Kult angemessen ist? Wo sind denn eure theologischen und moralischen Schriften, an denen sich alle orientieren?« Er beugte sich vor: »Sage mir, was für Bücher werden das sein? Und wer wird sie verfasst haben?« Ironisch zuckte es um seine Mundwinkel. »Es wird sich schon immer mal wieder hübsch machen, wenn von Hesiods Göttergeschichten mit ihren Kämpfen und Wirren, Betrügereien und Lügen erzählt wird! Von den schrecklichen Namen und Tagen der Titanen und Giganten, nicht wahr! Solche sauberen Geschichten von der buhlenden Aphrodite, von der eifersüchtigen Hera, vom hinterhältigen Hermes oder vom ehebrecherischen Zeus! Solche Geschichten werden also den ergriffen lauschenden Zuhörern zugetragen werden!«

Victorianus wusste, Calvio hatte den Schwachpunkt der Lehre getroffen. Es gab keine einheitliche Auffassung, keine Richtlinien, keine Dogmen; da waren nur Geschichten, bisweilen sehr schön, dramatisch und erhebend, dann aber andere von einer unfassbaren Naivität und Primitivität. Anekdoten auch in unglaublicher Fülle. Es stimmte: Damit konnten keine kämpferischen Kräfte freigesetzt werden. Es fehlten Richtung und Ziele. Er nickte traurig: »Gewiss, ja, so ist es weithin. Ich mache mir nichts vor. All die Entfremdeten, Heimatlosen, von der Welt

Enttäuschten, die wirtschaftlich Zugrundegerichteten, sie alle haben das Interesse an den glanzvollen Tempeln verloren. – Aber gerade darum –«, er hob wie werbend die Hände, »darum ist die Botschaft des Mithras so wichtig! Die meisten Christen sind doch nur Mitläufer aus ganz egoistischen, opportunen Gründen. Und die ernster zu nehmenden . . .« Er zögerte und lächelte spöttisch: »Die Christen lieben ihren Nächsten, nicht wahr?«

»Freilich.«

»Hm – aber sie bestimmen vorher, wer ihr Nächster zu sein hat!« Gelassen konterte Calvio: »Du verwechselst die Bezüge. Ich kenne Äußerungen des Kaisers, wo er gerade den Zusammenhalt von christlicher Lehre und Lebensgemeinschaft bewundert. Vergiss nie, dass er als Christ erzogen wurde! Man kann ihm nichts vormachen! Bei ihm wie bei euch steht und fällt alles mit der Glaubwürdigkeit der Priester. Es wird keinem gelingen, die gemeine Seele zu gewinnen und zu bewegen, wenn er seine Lehre nicht mit dem Glanze von Wunder, Legende und geheimnisvollem Ritual umgibt. Darüber brauchen wir beide nicht zu streiten! Entscheidend aber wird das Verhalten der Priester sein, ob sie dem Anspruch ihrer Lehre entsprechen oder ob sie Heuchler sind. Und gerade da zeigen sich ja wohl die größten Schwächen des alten Glaubens.«

Obwohl er wusste, dass seine folgende Argumentation sich in ihr Gegenteil kehren konnte, erklärte Victorianus: »Dann darf ich dir kundtun, was seit einigem an uns Priester des Mithras, aber auch an andere, sofern sie nicht Christen sind, aus der kaiserlichen Kanzlei in Abschriften unterwegs ist . . .«

Er erhob sich, verließ den Raum und kehrte nach wenigen Augenblicken mit einer kleinen Rolle zurück. Als er wieder lag, öffnete er den Papyros, hielt die Schrift nahe an die Augen und las:

»Die Priester sollen sich rein halten nicht nur von unheiligen Werken und unzüchtigen Handlungen . . .« Er blickte den Gast an und betonte mit erhobenem Zeigefinger: »Rein halten! Von unzüchtigen Handlungen!« Dann fuhr er fort, langsam und jedes Wort betonend: ». . . sondern auch davon, Derartiges zu sprechen und zu hören. Ein Priester soll auch meiden, was von der alten

Komödie in diesem Stil geschrieben ist oder besser alles. Geziemend ist nur die Philosophie, die die Götter als Führer ihrer Bildung wählt: Pythagoras, Plato, Aristoteles und die Stoiker! Denn man darf nicht allen, noch aller Lehren Gehör schenken, sondern nur diesen, und von ihnen nur den Schriften, die fromm machen. Die Hymnen auf die Götter sollen sie auswendig lernen. Es gibt viele schön geschriebene aus alter Zeit und neuer Zeit. Vor allem soll man versuchen die zu kennen, die in den Tempeln gesungen werden. So soll ein Priester leben und oft zu den Göttern beten in eigener und staatlicher Sache, am besten dreimal am Tage oder wenigstens morgens und abends. Während seiner ganzen Dienstzeit soll er in Nachdenken über die Zusammenhänge der Welt im Tempel bleiben . . .« Er legte die Rolle auf den Tisch und erklärte: »Ich denke, das genügt!«

Calvio schwieg zunächst. Nicht weil er keine Argumente hatte. Im Gegenteil. Er kannte den Inhalt der eben zitierten Rolle, denn er war überall im Reich den altgläubigen Priestern als Richtschnur in die Hand gegeben worden. Ihm, dem geschulten Christen, wäre es ein Leichtes gewesen, die Position Julians zu erschüttern, seine Beweisführung zu zerpflücken, seinen Anspruch als Anachronismus zu entlarven. Julian bequemte sich ja zur Mythologie, weil er resignierte. Es hieß, er erzähle selbst gerne Mythen, besonders von Kybele, der Großen Mutter, wie man sie einst zu Zeiten Hannibals in Gestalt eines schwarzen Steins von Pyrgien nach Rom verbrachte, und niemand – so der Gewährsmann – könne seiner Erzählung entnehmen, dass der Kaiser an der Göttlichkeit des Steins oder der Wirksamkeit seiner Überführung zweifelte.

Victorianus war von wacher Intelligenz und er konnte dennoch im gleichen Augenblick den unleugbaren Reiz der alten Mythen empfinden, weil er selbst sie in frühester Kindheit mit der Milch seiner Amme angenommen hatte, einer Frau, die sich eine Welt ohne Quell- und Baumnymphen, ohne Fluss- und Berggötter nicht vorstellen konnte. Aber längst zerfiel diese Sagenwelt ihm in einzelne Geschichten, die dem Bedrängten, dem Ängstlichen, dem Leidenden nichts hinterließen als Leere und Belanglosigkeit. Gewiss, sie waren ästhetisch reizvoll wie die Mosaikbilder in den Triklinien und

Atrien, die von Göttern und Heroen bevölkert waren, aber sie waren alt und ohne Trost. Es sei denn . . . es sei denn, jemand hatte die Statur, die Starrheit, die Vergangenheit eines Mannes wie Victorianus. Aber er war die Ausnahme. Man würde aus ihm nie einen Christen machen können. Er würde, wie schon einmal, sich den christlichen Mantel umhängen. Er würde am Abendmahl teilnehmen und sich einreden, es sei das des Mithras.

Dennoch – durfte er, Calvio, der überzeugte Christ, der von Geburt an seinen Glauben kannte, beherrschte und auch liebte, durfte er alles unwidersprochen stehen lassen? Würde sich Victorianus nicht demnächst damit brüsten, er habe wieder einmal einen Christen zum Schweigen gebracht?! Würde Victorianus es am Ende nicht gar als Feigheit werten, wenn er nun schweige? Musste er nicht, selbst wenn es nur darum ging, seine Position zu beschreiben, Widerspruch anmelden!

Gewiss, er kannte die Motive eines Julian genau. Der Philosoph auf dem Thron hatte etwas entdeckt. Er hatte die Notwendigkeit eines sinnesfrohen Symbolismus entdeckt! Seine Farbigkeit, seine naive Selbstverständlichkeit, auch seine Dramatik! Nun benutzte er dies zur Übermittlung seiner geistigen Botschaft an die Menschen. Also war es nur folgerichtig, den Sonnenkult der Mithrasreligion als die volkstümliche religiöse Entsprechung für die Verehrung von Vernunft und des Lichtes der Philosophen zu übernehmen. Gott behüte uns vor Philosophen als Königen, denn sie wollen beides sein und müssen scheitern! – Am liebsten hätte er es dem rechtschaffenen Hausherrn entgegengeschleudert, aber er zögerte. Er spürte instinktiv, dass es Victorianus nicht um den Kaiser und die Verwirklichung von diesem philosophischem Mystizismus ging, sondern um die Rechtfertigung seines eigenen Lebens. Hatte er doch vor Jahren seinen alten Glauben verleugnet, war Christ geworden, um zu überleben, schämte sich nun dieses Verrats. Kehrte jetzt zu den Geschichten seiner Kindheit zurück. Vielleicht war Altwerden immer nur eine Rückkehr zu den Anfängen, zum Ursprung, und vielleicht waren alle Taten des erwachsenen Mannes nur mehr oder weniger erfolgreiche Versuche, Träume der Kindheit zu verwirklichen.

Dies alles war Calvio in wenigen Augenblicken durch den Kopf gegangen, während er sich entschlossen hatte zu schweigen. Victorianus aber, noch ganz im Schwung seiner Beweisführung, reichte dies nach:

»Eure Evangelien widersprechen einander und stimmen nur in einem Punkt überein: in ihrer Unglaubwürdigkeit! Euer so genanntes Johannesevangelium unterscheidet sich wesenhaft von den anderen. Man könnte sagen: Es werden zwei gänzlich verschiedene Personen namens Jesus beschrieben, die zu verschiedenen Zeiten gelebt haben. Aber lassen wir das! Gehen wir zu den Anfängen, auf die ihr euch beruft. Wenn nicht jede einzelne Wundergeschichte der Genesis ein Mythos ist, dem man nur mit einer geheimen Auslegung beikommen muss, dann kann man nur sagen: Sie strotzt vor Gotteslästerung!«

»Wie das?«, fragte Calvio, der sich an der wachen und scharfen Streitfähigkeit des Gegenübers sehr erfreute und gelassen diesen Vorwurf hinnahm.

»Nun . . .« Victorianus hüstelte. »Zunächst wird Gott so dargestellt, als wisse er nicht, dass die, die er als Genossin für Adam geschaffen hat, den Sündenfall des Mannes bewirken werde. Oder: Dem Menschen das Wissen um Gut und Böse zu versagen – das allein dem menschlichen Geiste Zusammenhalt gibt! – und eifersüchtig darüber zu wachen, dass er ja nicht durch die . . . durch die Teilhaberschaft am Baume des Lebens unsterblich werde: Das muss schon ein außerordentlich mürrischer und neidischer Gott sein. Warum ist euer Gott so eifersüchtig? Warum vergilt er die Sünden der Väter an den Kindern? Warum ist ein so mächtiger Gott so zornmütig gegenüber Dämonen, Engeln und Menschen? Vergleiche doch sein unglaubliches Verhalten einmal mit der Milde, die ein römischer Richter gegenüber Übeltäter walten lässt! . . .«

So folgte ein Angriff dem anderen. Als er schließlich, rot der Kopf, geschwollen die Stirn- und Halsadern, endete und sich zurücklehnte, da fiel Calvio kein besseres Argument ein als dieses:

»Ich höre . . . ich höre solche Gedanken nicht zum ersten Mal, denn du gibst ja nur wieder, was dein . . .« – er wollte sagen

»hochgelobter Julian«, aber er enthielt sich jeder Ironie: ». . . was dein Vorbild Julian ähnlich gedacht, formuliert, geschrieben hat und nun allenthalben im ganzen Reich verkünden lässt. Aber du scheinst zu vergessen oder möchtest es nicht wahrhaben: Die Neuerungen, die er überall einführt, sind doch durchweg dem Christentum entlehnt! Mehr noch: Wie alle Gegner des Christentums beneidet er uns um die klar gegliederte Hierarchie unserer Gemeinschaft. Er bewundert den oft ergebenen und völlig uneigennützigen Einsatz von Priestern und Frauen. Er dürfte auch staunen, wenn er die amtlichen Berichte liest über die Gemetzel, die Todesorgien, die einige seiner cäsarischen Vorgänger unter Christen veranstaltet haben. Und schließlich: Immer wieder wird er gezwungen sein Zuflucht bei sinnenhaften Vorstellungen zu nehmen, ohne die sich der Fischer, Maurer, Soldat, die Bäuerin, Magd, Hebamme und Dirne die Welt des Göttlichen nun einmal nicht vorzustellen vermögen.«

Plötzlich schwiegen sie beide. Vielleicht, weil sie wussten, dass der eine den andern nicht zu sich herüberziehen konnte; vielleicht mehr noch, weil sie ahnten, dass auch der andere auf eine seltsam unaussprechliche Weise Teil am Göttlichen und dessen Ethos hatte.

Es war gut, dass in diesem Augenblick zwei rotbackige, frisch duftende Gestalten hereinkamen und auf ihren Plätzen von der Dienerschaft eingewiesen wurden. Nun wechselte das Gespräch hinüber zu militärischen Themen, denn Chrysostomos und Oppius hatten bei weitem keine Lust an einem spitzfindigen Streitgespräch über die Vorzüge und Nachteile dieser oder jener Glaubensrichtung teilzunehmen. Nun ging es um die Bedrohung der Grenzen an den verschiedenen Nord- und Ostfronten und darüber konnte man bis gegen Mitternacht reden, plaudern, Geschichten und Anekdoten aus den letzten Jahren erzählen. Dann aber überkam alle außer dem Hausherrn der Schlaf und jeder freute sich auf sein Lager.

Früh am nächsten Morgen brach Calvio gen Süden auf. Er und Victorianus schieden als Freunde. Sie gingen davon aus, dass sie sich in nicht allzu ferner Zukunft wieder sehen würden.

Vor seiner Weiterreise in den Süden hatte Calvio dem Statthalter der Provinz einen Höflichkeitsbesuch zu machen. Das dauerte nicht viel mehr als eine Stunde, denn der Mann war für ihn ohne Interesse.

Er war froh, als er gegen Mittag die Alpen vor sich hatte, deren Gipfel langsam näher rückten.

Germaneneinfälle 352/355

Infolge der Usurpation des Magnentius gegen Constantius II. 350 und der Schlacht bei Mursa (Illyrien) im darauf folgenden Jahr zwischen beiden Heeren war die gallische Präfektur von Truppen entblößt gewesen. Mit Magnentius zogen 36 000 Mann nach Illyrien, hiervon fielen oder ertranken in der Drau zwei Drittel. Constantius II. hatte den Verlust von 30 000 Mann zu beklagen. Diese Schwächung der Wehrkraft war für das Imperium nicht so schnell auszugleichen. Für Gallien bedeutete es eine Katastrophe. Ohne den Ausgang der Schlacht von Mursa sind die sofort folgenden Einfälle der Germanen nicht zu verstehen.

352 fielen die Alamannen wieder in die gallische Präfektur ein. Der Bruder des Magnentius, Decentius, konnte ihrer nicht Herr werden. Der Einzugsbereich dieser Überfälle war groß, sie reichten sicher bis Lyon. Man nimmt an, dass 353 Decentius bei Bingen von den Alamannen geschlagen wurde.

Auch die Franken müssen zur selben Zeit ihre Vorstöße in die Germania secunda wieder aufgenommen haben. So scheint die spätantike Festung Tricensimae, die Nachfolgerin der Colonia Ulpia Traiana (Xanten), schon im Winter 351/352 von den Franken erobert worden zu sein. Ebenso wurde auch das Hinterland dieser Provinz, die Belgica secunda, hiervon betroffen.

354 schlossen die Römer mit den Alamannen einen Vertrag, der weitere Einfälle nach Ostgallien und in die Schweiz unterbinden sollte. 355 zog Constantius II. gegen alamannische Stämme nördlich des Bodensees. Es gab hierbei einige für die Römer verlustreiche Kämpfe, der Kaiser feierte aber trotzdem einen Sieg und gab sich den Beinamen Alamannicus maximus.

Da die Alamannen wegen der räumlichen Nähe zu Italien für Rom am gefährlichsten waren, wurden sie von diesem zuerst angegriffen. In der Zwischenzeit konnten die Franken relativ ungestört in die gallisch-germanischen Länder einfallen und sogar Städte erobern. Von den 40 von den Germanen gestürmten Städten werden wohl die meisten den Franken zum Opfer gefallen sein.

355 wurde der Magister militum (Heermeister) Silvanus, ein Franke, gegen die Franken an den Rhein geschickt. Durch Hofintrigen und um sein Leben zu retten, wurde er gezwungen im August 355 den Purpur zu nehmen. Die Reaktion des Constantius II. ließ nicht lange auf sich warten. Er schickte den Magister equitum (Chef der Reiterei) Ursicinus an den Rhein. Dieser verstand es, die Truppen gegen Silvanus in Köln aufzuwiegeln und diesen zu töten.

Ursicinus hatte aber auch keinen Erfolg gegen die Franken und musste seine Einheiten abziehen und weiter nach Westen zurückverlegen. Im Herbst 355 wurde Köln von den Franken eingenommen. Auf Grund dieser Ereignisse wurde Julian vom Kaiser mit dem Kommando gegen die Alamannen und Franken betraut.

Augusta Vindelicorum – Augsburg

Dieser Ort entwickelte sich Anfang des dritten Jahrzehntes des 1. Jahrhunderts n. Chr. in der Nähe eines aufgelassenen Legionslagers augusteischer Zeit. Er lag auf einem Höhenrücken oberhalb des Zusammenflusses von Lech und Wertach am Kreuzungspunkt der Via Claudia aus Italien mit der Donautalstraße. Augusta Vindelicorum war Vorort der Civitas Licati und ab Mitte des 1. Jahrhunderts Sitz des Provinzprokurators von Rätien. Unter Hadrian, wohl um 121, wurde der Siedlung das Stadtrecht eines municipiums verliehen. Ob die Stadt von Anfang an umwallt war, ist unsicher. Auf jeden Fall betrug das umwallte Areal ca. 65 ha. Zu dieser Zeit war die Stadt wohl sehr gut ausgebaut, allerdings sind Reste der Innenbebauung bislang nur sporadisch gefunden worden. Von den Germaneneinfällen des ausgehenden 2. und 3. Jahrhunderts scheint Augsburg nicht betroffen gewesen zu sein. Gerade in der zweiten Hälfte des 2. Jahrhunderts und der ersten Hälfte des 3. Jahrhunderts erlebte die Stadt ihre Hochblüte.

Die spätantike Stadt war genauso groß wie die mittelkaiserzeitliche. Ab konstantinischer Zeit scheint Militär in der Hauptstadt der Provinz Raetia secunda gelegen zu haben. Auch der Alamanneneinfall von 353/355 scheint Augsburg nicht getroffen zu haben, obwohl das Umland schwer in Mitleidenschaft gezogen wurde. In der zweiten Hälfte des 4. Jahrhunderts war in Augsburg eine Reitereinheit des Bewegungsheers stationiert. In der ersten Hälfte des 5. Jahrhunderts wurde Augsburg von der romanischen Bevölkerung aufgegeben und erst wieder im 6. Jahrhundert von den Germanen neu besiedelt.

Das Christentum seit Konstantin dem Großen

Anfang des 4. Jahrhunderts hatte sich das Christentum schon im ganzen Römischen Reich und auch über die angrenzenden südlichen Nachbargebiete (Armenien, Sassanidenreich) ausgebreitet. Unter Diokletian (284–305) und zum Schluss unter Licinius (308–324), dem Kaiser des Ostens, hatten die Christen die letzten Verfolgungen zu erdulden. In derselben Zeit wurden im westlichen Reichsteil, besonders seit Konstantin Thronfolger und später Kaiser war, die Verfolgungen eingestellt. Dies ist sicherlich von der Mutter des Kaisers, Helena, die Christin war, beeinflusst worden.

Er selbst ließ sich auf dem Sterbebett noch taufen. Seine Kinder waren aber schon getauft. Unter seinen Söhnen stieg das Christentum praktisch zur Staatsreligion auf. Jetzt wurden die alten Religionen bekämpft, ähnlich wie vorher das Christentum. Ausschreitungen wie die blutigen Christenverfolgungen unterblieben allerdings. In dieser Phase wechselten viele zum Christentum über, weil es politisch nützlich schien.

Das Christentum übernahm für die kirchliche Verwaltung Elemente der spätantiken Verwaltungsorganisation.

Unter Julian wurde noch einmal der Versuch unternommen dem Christentum ein reformiertes Heidentum im Stil des Neuplatonismus gegenüberzustellen. Besonders der Kaiser versuchte durch eigene Schriften und Reden gegen das Christentum zu agieren.

Constantius II.

Constantius wurde als zweiter Sohn von Konstantin dem Großen und der Fausta 317 geboren. 335 wurde er mit seinen Brüdern zum Thronfolger (Cäsar) ernannt. Nach dem Tod des Vaters erhielt er als Herrschaftsbereich ganz Asien, Thrakien und Ägypten. Wegen des von seinem Vater nicht gelösten Sassanidenproblems musste er 350 meist gegen diese kämpfen, wobei er 348 eine Niederlage erlitt. Als Alleinherrscher ernannte er seinen Vetter Julian zum Cäsar/Thronfolger im Westen und beauftragte ihn gegen die eingefallenen Franken und Alamannen vorzugehen. Wegen der Erfolge Julians kam es zu Spannungen zwischen beiden, und nachdem die Truppen Julian zum Kaiser des Westens ausgerufen hatten, zogen beide Kontrahenten gegeneinander. Auf diesem Kriegsmarsch starb Constantius II. 361.

Julian Apostata

Julian wurde im Mai 332 als jüngster Sohn des Halbbruders von Konstantin dem Großen, Julius Constantius, geboren. Nach der Ermordung seines Vaters (337) ließ ihn Kaiser Constantius II., sein Vetter, erziehen. 335 wurde er zum Cäsar (Thronfolger) des Westreichs ernannt. Er brach nach Gallien auf, wo er im folgenden Jahr Köln den Franken entriss und 357 bei Straßburg über die Alamannen siegte. Bis 359 hatte er die Feinde aus den gallisch-germanischen Ländern vertrieben und sorgte jetzt dafür, dass die Provinzen sich langsam wieder erholen konnten. 360 wurde ein Feldzug nach Britannien geplant, konnte aber nicht durchgeführt werden, da der Kaiser von Julian starke Truppenverbände für einen geplanten Sassanidenfeldzug forderte. Die gallischen Truppen meuterten und riefen Julian zum Kaiser aus. Julian zog mit seinen Truppen nach Osten gegen seinen Vetter, dieser starb jedoch vor dem Treffen. Julian war nun Kaiser des gesamten Römischen Reiches.

Als Anhänger des Mithras – er war 351 vom Christentum abgefallen – erließ er Toleranzedikte, die die Ausübung der alten Religionen wieder zuließen. Im Zusammenhang damit gerieten die Christen in Schwierigkeiten, es wurde ihnen das Recht entzogen, zu lehren. Gleichzeitig entluden sich die Spannungen zwischen Christen und Andersgläubigen.

Um den geplanten Sassanidenfeldzug seines Vetters zu vollenden, zog Julian 362 nach Syrien und 363 von da nach Ktesiphon, der Hauptstadt der Sassaniden am Euphrat. Bei einem Scharmüt-

zel wurde er schwer verwundet
und starb am 27. Juni 363.
Unter Julian war das Römische
Reich zum letzten Mal unter einem
Herrscher geeint.

Bewaffnung im 4. Jahrhundert

Der Fußsoldat trägt keinen Panzer
mehr. Als einzige Verteidigungs-
waffen sind ihm Helm und Schild
geblieben. Als Angriffswaffen führt
er Schwert und Lanze. Der Reiter,
die Kavallerie ist mittlerweile die
vornehme Truppengattung geworden, trägt neben Sporen, Helm
und Schild noch den Kettenpanzer. Als Waffe führt er das Langschwert.

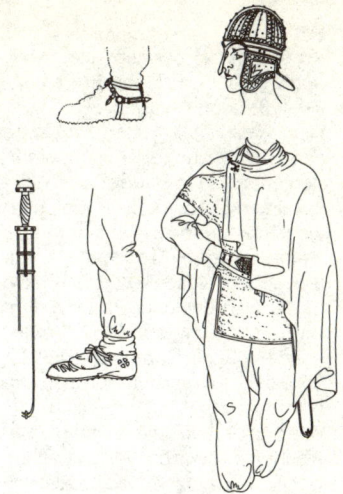

*Der Reiter (4. Jh.) hat neben Helm, Sporen
und Schild den Kettenpanzer und das Langschwert*

Badeanlagen

Die Römer gingen aus hygieni-
schen und gesundheitlichen Grün-
den einmal am Tag ins Bad. Ent-
weder konnten sie die öffentlichen
Thermen benutzen oder ihnen
stand ein eigenes Privatbad zur
Verfügung. Im 4. Jh. wurden in
Rom noch elf öffentliche Thermen
und 856 Privatbäder gezählt.
Ebenso gab es in den germani-
schen Provinzen in jeder größeren
Siedlung öffentliche Thermen.
Dazu wiesen fast jeder Gutshof
und jedes wohlhabendere Haus
Privatbäder auf. Der Besuch des
Bades blieb also, auch in der
Spätantike, ein bleibendes Roma-
nisierungselement im römischen
Germanien.
Das Bad benutzten die Bewohner
der germanischen Provinzen nicht
nur zum Waschen und der übrigen

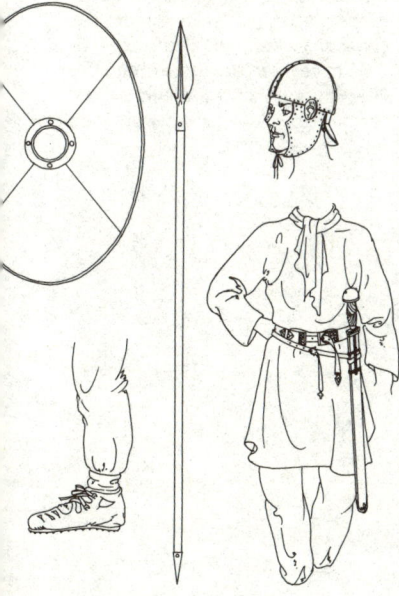

Körperpflege, sondern sie übten auch Spiele und Sport in den anschließenden Anlagen aus.

Die gesellschaftlichen Aspekte des Badebesuches, besonders in den öffentlichen Bädern, sind nicht zu unterschätzen. Hier traf man sich, der neueste Klatsch wurde weitergetragen, Geschäfte konnten abgeschlossen werden, usw. In der Nähe solcher Bäder befanden sich nicht nur Bibliotheken, sondern auch Räumlichkeiten für körperliche Freuden: Bordelle und Gaststätten.

Alle Bäder, auch die in den germanischen Provinzen, folgten einem Schema: Es gab ein Kaltbad (frigidarium) mit einem größeren Wasserbecken, ein Lauwarmbad (tepidarium) als Übergang zwischen Kalt- und Warmbad und das Warmbad (caldarium) mit Warmwasserwanne. Dazu gehörten Aus- bzw. Ankleideraum (apodyterium) und Schwitzräume (sudatorium). Das Kaltbad wurde nicht beheizt, alle anderen Baderäume wurden durch eine Fußbodenheizung erwärmt. Das Schwitzbad und das Warmbad wiesen zusätzlich noch eine Wandheizung auf.

Nach dem Auskleiden reinigte man sich erst. Meist geschah dies mithilfe von Öl. Das Öl verband sich mit dem Schmutz und Schweiß des Körpers und wurde mit Schabern (strigilis) abgestreift. Das Öl wurde in einem Behältnis (balsamarium) aufbewahrt, das meist mit zwei Schabern zu einem Badebesteck gehörte. Vor dem Lauwarmbad ging man dann in das Warmbad. Dieser Raum war durch die hohe Raumtemperatur und den Wasserdampf eigentlich ein Dampfschwitzbad. Das warme Wasser befand sich in einer Wanne oder einem Becken. In das warme Wasser wurden besonders in Privatbädern Salben oder Öle als Badezusätze zugefügt. Besonders wurden hierbei Balsame, die eine Mischung aus Baumharzen mit ätherischen Ölen waren, benutzt. In dem Warmbad gab es noch meist zusätzlich ein weiteres kleineres Becken mit kaltem Wasser. Anschließend ging man langsam durch das Lauwarmbad in das Kaltbad und tauchte zum Abkühlen des Körpers in das große Wasserbecken ein. In solch ein großes Wasserbecken, das meist 0,5-0,75 m tief war, gelangte man über Steinstufen. Anschließend kleidete man sich wieder an und trieb noch etwas Sport.

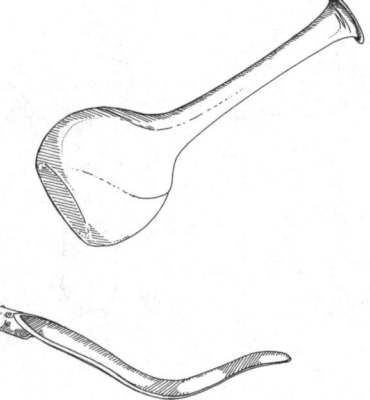

Schaber (strigilis) und Balsamarium

Ende oder Neuanfang

Nach dem Wiederaufbau der Grenzverteidigung an Rhein und Donau unter Julian wurde sie unter Valentinian I. (364–375) noch einmal, jetzt zum letzten Mal, gründlich neu organisiert. Der Rhein wurde sicherer gemacht, indem kleine stark befestigte Posten auf rechtsrheinischem Gebiet errichtet wurden.

Neben der alten einheimischen Landbevölkerung befanden sich Anfang des 5. Jahrhunderts auch Angehörige der Milizen, u. a. Germanen, auf den Höfen. Somit wurde Sorge getragen die landwirtschaftliche Versorgung zu gewährleisten. Daneben gab es auch halb freie germanische Bauern, die als Kriegsgefangene auf dem Land angesiedelt worden waren.

Blanda war die Urenkelin des Bauern Atto, der 275 zusammen mit seinem Vater die Verteidigung des Hofes gegen die Franken organisiert hatte. Knapp 100 Jahre später wurde der Hof wieder zerstört. Die Familie schaffte es aber, zu den Verwandten nach Trier zu fliehen, denn Köln schien nicht sicher zu sein. Der Kölner Zweig der Familie kam größtenteils auf der Flucht vor den Germanen um. Blandas Vater Atto baute nach 362 den Hof wieder auf. In Trier hatte er seine spätere Frau Blanda kennen gelernt und 368 geheiratet. Zur Hilfe wurde ihm ein fränkisches Laetenpaar zugewiesen, Fugilo und Rignedrudis. Diese stammten aus dem Rhein-Maas-Delta und waren unter Julian gefangen genommen worden. Seine drei älteren Kinder starben in den Wirren von 358 und 362. Der Sohn Fugilo wurde 364 auf dem Hof geboren. Von Attos Kindern blieb nur die Tochter Blanda übrig, die 379 auf dem Hof zur Welt kam. Der Sohn Martinianus starb zwölfjährig in Zülpich, er wurde von einem durchgehenden Maultierfahrzeug überrollt. Valentinianus starb zweijährig an Scharlach. Die Tochter Blanda verliebte sich in Fugilo und heiratete ihn 405. Die Kinder Atto und Rusula wurden 406 und 409 auf dem Hof geboren.

Fakten, Daten, Hintergründe Seiten 246–266

Aus großer Höhe betrachtet, zeigt die Landschaft am Auslauf der großen Bucht südlich von der Colonia Agrippinensis keine Veränderungen. Und doch sind Dinge geschehen in den letzten Jahrzehnten, die, da sie vorab die Menschen betrafen, nicht auf den ersten Blick erkennbar sind. Erst als wir näher kommen, sehen wir auch das Bild der Erscheinungen hier und da gewandelt: Die Höhe des Vorgebirges ist stellenweise dicht bewaldet. Birken, Buchen und Eichen bilden mit eingestreuten Nadelbäumen einen reizvollen Mischwald mit viel Wild. An anderen Stellen werden kahle Flächen von wild wucherndem Gestrüpp, von Ginster, Wildrose und Brombeere begrenzt. Unten, im Tal, wo die Swist und ihre ein Stück parallel laufenden Nebenbäche nach Norden fließen, ehe sie sich nach und nach vereinen, haben die Gewässer Mäander und sich teilende Schleifen gebildet. Erlen und Weiden an den Ufern. Sumpf an vielen Orten, von Tier und Mensch gemieden. Ein Paradies für Wasservögel. Was aber ist mit dem Hof? Gehen wir hinauf, auf die Anhöhe . . .

*

Atto schlug noch ein paar Mal kräftig zu, dann sagte er: »Kannst jetzt loslassen!«
Der Junge ließ den Pfahl los. Dann sah er zu, wie sein Großvater weit ausholte und dem Rundholz durch ein paar kräftige Schläge mit dem schweren Hammer den richtigen Sitz gab. Dann kamen die breiten und dicken Lederangeln wieder an ihren Platz, und nun durfte Atto mit einem leichteren Hammer die Nägel einschlagen, während der Großvater das Gattertor so lange hochhielt, bis es von den festen Riemen sicher gehalten wurde.
»So, das hält wieder 'n paar Jährchen!«, brummte der Alte und begutachtete das reparierte Tor. Dann machte er sich wortlos daran, das Werkzeug wieder in den hölzernen Kasten zu legen, die Kneifzange, den kleinen Hammer, die Nägel.
»Da liegen noch zwei krumme Nägel!« Der Alte wies neben den Pfahl und Atto hob sie auf. »Kannst die gleich grade kloppen!

Kann man immer mal brauchen. Das Zeug wird ja nun immer teurer, nich!«

Der junge Atto nickte und machte sich sogleich an die Arbeit, während der Großvater sich gegen den neu gesetzten Pfahl lehnte und dem Jungen zusah, wie er die Nägel auf einem flachen Stein bearbeitete, bis sie wieder eine fast vollendet gerade Form zurückerhielten.

Dann war der Junge fertig. »Gut so?«, fragte er und der Alte nickte. Atto war am liebsten mit seinem Enkel zusammen. Draußen! Bei den Tieren! Er hielt es nicht im Haus aus, wenn sein Schwiegersohn Fugilo da war. Er kam mit dem Mann einfach nicht klar, obwohl er nun schon über fünf Jahrzehnte auf dem Hof lebte und obwohl er schon seit fünfzehn Jahren mit seiner einzigen Tochter Blanda verheiratet war. Blanda war als Einzige von seinen drei Kindern am Leben geblieben. Valentinianus war mit anderthalb Jahren an diesen schrecklichen Krankheiten zu Grunde gegangen, die immer und immer wieder über Land zogen und sich wahllos ihre Opfer aussuchten. Sein Ältester, Martinianus, war mit zwölf tödlich verunglückt. So wurde Blanda Erbin von Hof und Haus. Eigentlich musste er froh sein, dass überhaupt jemand Blanda geheiratet hatte: Nicht dass sie hässlich war, im Gegenteil, aber . . . die Lage hier war unsicher, gefährlich. Die meisten Nachbarn hatten längst aufgegeben, waren weggezogen. Angst! Da konnte man ihnen sagen, sooft man wollte, dass ja nun, wo die Franken längst über den Rhein gesetzt hatten, keine Überfälle mehr zu befürchten wären. Sie glaubten es nicht. Sie wollte es nicht wahrhaben, dass die Zeiten nun sicherer geworden waren. »Und wozu rackern wir uns überhaupt ab, he?« hieß es. »Wozu machen wir'n Rücken krumm, he?! Damit wir das bisschen Getreide, was wir überhaben, für'n Appel un 'n Ei in Bonna verramschen, wie?! Nee, nich mehr mit mir! Nich mehr mit mir!«

Natürlich war da was dran. Der alte Atto ließ den Blick über die weite Landschaft schweifen, hinüber zu den Ardennen, die im frischen Grün des Frühjahrs leuchteten, hinüber zur Bergkuppe, auf der immer noch eine römische Wachstation lag.

»Gut so!«, murmelte er leise und der junge Atto fragte nicht, was gut sei, denn er ahnte es und mochte es, wenn der Großvater seine Selbstgespräche führte. Er kannte ihn nur so, als einsamen, stillen, alten Mann, der für sich lebte, der zwar an den natürlichen Begebenheiten der Familie teilnahm, denn er aß, schlief, lebte im gleichen Haus, aber er redete kaum – wenn, dann mit Blanda, der Tochter, oder mit ihm, Atto, dem Enkel, der ihm so ähnlich sah.

Dann wurde die Rede des Alten deutlicher: »Gut, dass sie noch da sind!«

Nun wusste der Junge, wen er meinte, und auch er blickte hinüber zum Berg. Von dort oben hatte man einen weiten Blick über die ganze Ebene. Großvater behauptete, er habe von dort schon einmal bei ganz klarem Wetter bis nach Köln sehen können. Ob das stimmte, wusste Atto nicht zu entscheiden. Wie er schon oft die Erfahrung gemacht hatte, dass die Alten unvermittelt Dinge von sich gaben, die ganz ungeheuerlich klangen. Sie brachten sie freilich stets in einer Weise vor, dass es so klang, als ob sie die letzte Weisheit über das Gefüge der Welt kannten. Er war schon mal dort oben gewesen. Der ältere Bruder seines Freundes, der auf dem nächsten Gutshof zwei Meilen nach Süden lebte, tat auf der luftigen Höhe Dienst. Auch ein Germane! Überall waren jetzt Germanen in römischen Diensten.

»Tja . . . Mal gespannt, wie lange die da oben wohl noch bleiben!« Der Junge sah den Alten an und der fuhr fort: »Ha'm ja nun nich mehr viel zu kontrollieren, nich!«

»Worauf passen die denn auf, Großvater?«

»Hm . . .« Der Alte spuckte aus. »Wissen sie wahrscheinlich selbst nich. Werden den Laden wohl irgendwann schließen, nich! Aber viel wichtiger, mein Junge, ist die Station unten am Bach.«

Atto, der Junge nickte energisch. Er kannte sie gut. Man sah sie von der Hütte aus. Eine Straßenstation auf dem Wege nach Bonna. Die Pferde konnte man dort wechseln. Essen, Trinken und Übernachten war immer noch möglich, wenn auch längst nicht mehr so komfortabel, wie es nach den Erzählungen des

Alten früher dort zugegangen sein sollte. Die dort stationierte Truppe garantierte jedenfalls die Sicherheit des Verkehrs und der Reisenden von Bonna über die Ausläufer der Ebene zur alten Straße nach Augusta Treverorum, die sie am Rande der Ardennen erreichte. Immer wieder kam es vor, dass einsame Transporte von verarmten Landleuten angegriffen wurden. Darum gingen große Transporte mit wichtiger, wertvoller Ladung nie ohne Begleitung von Bewaffneten ab. Das Absurde dabei war, dass nun die ehemaligen Feinde, die Franken oder andere, nachdem sie selbst sich hier und anderswo auf dem linken Ufer des großen Stromes niedergelassen hatten, ein großes Interesse daran hatten, dass Weg und Steg sicher waren, sie, deren Väter und Großväter noch Überfälle auf die Höfe, Siedlungen und Befestigungen machten, die sie nun selbst in Besitz genommen hatten.

»Großvater!«

»Hm . . .«

Der Junge wies nach links und nach rechts über die Hochebene des Vorgebirges: »Gehören all die Felder jetzt uns?«

»Sicher.«

»Aber sie sind doch . . . Ich meine, du und Vater . . . Wir haben sie in diesem Frühjahr nicht gepflügt!«

»Sicher.« Der Alte nickte. Dann erklärte er auf die nicht gestellte, aber in der erstaunten Feststellung enthaltene Frage: »Wir können uns das jetzt erlauben. Wir haben viel Land dazubekommen. Das, was die Nachbarn aufgegeben haben. Und alles können wir nicht bestellen. So viele Leute ha'm wir nicht, verstehst du?«

Der Junge nickte. Er war dreizehn und fing an den Radius der Welt auszudehnen, räumlich und zeitlich. So wie er nach und nach in den Wochen dieses Frühjahrs Einblick in die größeren räumlichen Verhältnisse seiner Heimat erhielt, wuchs sein Interesse an den Schicksalen seiner Vorfahren. Und oft, wenn er mit dem Großvater allein draußen war, drang er in ihn, dass er ihm, dem Enkel, noch mehr von dem Leben früher berichtete. Manchmal freilich brauchte er gar keine Frage zu stellen, dann begann Atto von allein, halb im Selbstgespräch, das doch mit zunehmender Länge lauter, verständlicher und als Mitteilung für den Jungen sich entwickelte – so wie auch jetzt. Und es mochte schon sein, dass der Alte sich an seine eigene Kindheit und Jugend erinnerte: Auch er hatte solche Fragen an seinen Großvater gestellt. Auch er hatte hier, am Ende des Geheges, am Gatter gestanden und mit seinem Großvater den Zaun repariert. Nur hatte der Alte damals kaum noch einen Sinn darin gesehen.

»Weißt du, als ich so alt war, wie du jetzt bist, da musste auch ich meinem Großvater helfen diesen Zaun zu flicken . . .«

»Gab's da denn schon Nägel?«

Der Alte schmunzelte: Genau diese Frage hatte er damals gestellt, als sein Ahn ähnlich ausholend in die Vergangenheit zurückging.

»Aber sicher! Wie stellst du dir das vor? Nägel? Ohne Nägel geht nichts, damals so wenig wie heute. Nur waren sie damals erheblich billiger.«

»Warum?«

»Weil damals noch mehr gebraucht wurden als heute. Damals bauten die Bauern alles wieder auf, was die Barbaren zerstört hatten . . .« Er hielt inne, denn ihm wurde wieder einmal schmerzlich bewusst, dass dieser Junge da, sein geliebter Atto, der ihm so ähnlich sah, der klug und aufgeweckt am Anfang seines Lebens stand – dass dieser Junge der Sohn eines Barbaren war. An seinem Gesicht las er aber ab, dass er sich nicht gekränkt fühlte, diesen Namen zu hören. Verrückte Welt! Sogar am Abendtisch konnte in Gegenwart Fugilos das Wort fallen, ohne dass dieser sich getroffen fühlte. Für ihn waren nur die auf der andern Seite des Stroms die Barbaren! War der Rhein auch keine politische Grenze mehr, dann mehr denn je eine der Zivilisation.

Atto, der Junge, suchte sich den Zusammenhang klarzumachen: Große Zerstörung bedeutete zahlreichen Wiederaufbau. Dazu brauchte man große Mengen an Gerät, Werkzeug, Nägel, Hölzer, Dübel, Schindeln, Ziegel, Kalk, Sand. Also konnten die Handwerker gute Geschäfte machen, denn die Nachfrage war größer als das, was sie für den Augenblick anbieten konnten. Und also, schloss Atto, war Zerstörung gut, weil sie Arbeit schaffte! – Aber das war doch verrückt!

Er gab das an den Alten weiter, sah dessen harte Hände, mit Schwielen bedeckt, und an den Fingergelenken schimmerten die Knochen durch die Haut. Er liebte diese Hände. Sie waren immer trocken, fest. Sie erinnerten ihn manchmal an knorriges Holz, an getrocknete knorrige Eichenäste. Aber sie waren dazu auch warm. Sie waren eigentlich immer warm. Auch im Winter. Auch jetzt, trotz der immer noch sehr kühlen Abendluft, die von Westen her den Hang heraufgeweht wurde. Vielleicht war er deswegen so alt geworden, weil er immer warme Hände hatte. Denn wer warme Hände hatte, war gut durchblutet. Manchmal gab er es selbst von sich: »Solange du warme Hände hast, lebst du gesund!« Und nun war er schon fünfundsiebzig!

»Jaja«, sagte er zögernd, als ob er den Gedankengang des Knaben erst noch einmal nachvollziehen und überdenken müsste. »Da ist schon was dran, aber . . . aber am Ende bleibt dann doch nichts übrig . . . als aufzugeben, nich! Sie haben hier alle der Reihe nach irgendwann aufgegeben.«

»Und wohin sind sie gegangen?«

»Wohin? Na, wenn sie Glück hatten nach Westen, nach Gallien, wenn sie da Verwandte oder Land hatten.«

»Haben sie dann ihr Land hier verkauft? Hast du das Land von ihnen gekauft?«

»Nein, mein Junge. Das Land wollte doch keiner. War doch niemand mehr da, außer den paar Leuten wie wir, die . . . die es noch hier aushielten. Sie ha'm uns das Land offiziell in Pacht überlassen – aber das steht doch alles auf'm Papier, nich! Da kümmert sich doch keiner drum! Die in Bonna und in Colonia sind doch froh, wenn sie von uns und ein paar anderen Altbauern ihr frisches Gemüse pünktlich kriegen, und ihr Mehl und die Eier, den Honig – na, du weißt doch!«

Atto nickte. Sicher, er kannte das, denn er hatte den Vater oder den Großvater schon oft auf dem Weg zu den Märkten der Stadt begleitet. Aber erst heute, hier, beim Zuhören, ging ihm plötzlich der größere Zusammenhang auf.

Sie schwiegen beide. Das schräge Licht der Nachmittagssonne beschien die Pfeiler und Bögen des großen Aquäduktes, der die

Ebene im Süden durchquerte. An vielen Stellen waren, selbst aus der Entfernung, die Lücken zu erkennen. Sie wurden von Jahr zu Jahr größer, denn die Bauern bedienten sich des Bauwerks als bequemen Steinbruch mit perfekt zugehauenen Quadern. Der Wasserstrom, der einst aus dem Gebirge kommend bis nach Colonia geleitet wurde, floss schon längst nicht mehr. Es gab keine Fachleute mehr, die die Geheimnisse seiner Steuerung kannten.

Sogar sie selbst, die alteingesessenen Secundinier aus dem noch älteren Hause der Attier, hatten mehrere Karren voll hergeholt, um dringend notwendige Ausbesserungsarbeiten an den verschiedenen Gebäuden vorzunehmen. Alle machten's so. Alle wussten es. Niemand sprach darüber. Nicht nur, weil es selbstredend verboten war und unter Strafe stand, sondern weil die Angehörigen der alteingesessenen Familien sehr wohl empfanden, wie mit dem Abbau des Aquäduktes ihre eigene alte, überkommene Welt zerbröckelte, wobei sie freilich nicht wussten, ob aus den brauchbaren Teilen des Alten wie aus den Quadern des funktionslosen Bauwerks etwas anderes entstehen könnte.

In diesem Augenblick kam die elfjährige Rusula hergelaufen und rief schon von weitem, dass sie zum Essen kommen sollten.

*

Das Mahl war reichhaltig. Man hätte vor Jahrhunderten kein besseres bekommen können. Der Käse, in verschiedenen Arten auf dem großen Holzbrett verteilt, war fett oder mager, gelb oder weiß, gewürzt oder naturbelassen; er kam vom Rind, von der Ziege, vom Schaf. Auch der Schinken gehörte zur Tafel, war sehr kostbar, aber gerade darum wichtiger Teil des gemeinsamen Mahls: Wir können ihn uns leisten!

Sie saßen um den Tisch, in der Nähe des Herdfeuers, über dem der uralte Kupferkessel an der Kette vom Dachbalken hing. Freilich war er verbeult und aus der Form, denn zigmal war er herabgenommen, war der Kalk, der sich in Jahresringen abgesetzt hatte, mit Hammer und Eisen herausgeschlagen worden. Das war nicht immer ohne Schaden abgegangen und so bedeckten ihn kupferne Flicken, gelötet oder genietet, und jeder von ihnen hätte lange amüsante oder ernste, dramatische oder komische Geschichten erzählen können.

Sie saßen und aßen schweigend, doch nicht leise, denn das Schmatzen, Schlürfen und Schlucken gehörte dazu wie das Plätschern zum Wasser. Längst waren die Zeiten vorbei, da Frauen im Hause das Sagen hatten, die für ihre Söhne und Töchter nach Höherem strebten. Längst dahin auch die Jahre, als man zu den Kölner Verwandten fahren konnte. Sie waren mittlerweile alle tot.

Atto, der Alte, am Abend eines solchen Tages, wenn er noch lange wach auf seinem Lager ruhte, die Welt und das Geschick der Menschen und Völker bedenkend, er konnte dann in Gedanken nicken und hörte sich reden:

»Jaja, der Bauer! Er war am Anfang . . . und er wird wieder am Ende sein! Der Bauer ist's!«

Wer er denn sei, darüber zu spekulieren, kam er nicht mehr, denn immer an diesem Punkte seines gedanklichen Wägens kam unvermittelt und heilsam der Schlaf über ihn. In seinen Träumen aber erschienen ihm der Vater, der Großvater, die Ahnen, so wie er sie sich vorstellte nach den Erzählungen der Alten; und wusste er am Morgen davon auch nichts mehr zu berichten, so war doch die Ruhe der Seele noch da, das Wissen auf festem Boden zu stehen, am Ende einer langen Reihe oder Kette, und dass nach ihm andere da sein würden, die weitermachten.

»Wann fahren wir wieder nach Bonna?«, fragte Attos Schwester Rusula ihre Mutter. Und Blanda darauf, während sie an der Schürze das Brot schnitt: »Was weiß ich?! Frag deinen Vater!« Da sahen sich Schwester und Bruder an und pressten die Lippen aufeinander, dass die Mundwinkel fest nach unten wiesen: Mal wieder Krach im Hause! Also fragte man am besten überhaupt nicht, sondern kaute auf seinem Käse und Brot herum, bis man den Brei schlucken konnte. Fugilo aber, sei es, dass er sehr wohl den scharfen Unterton in der Antwort seiner Frau bemerkte, sei es auch, dass er seiner Tochter Bescheid geben wollte – er mochte sie sehr, denn sie kam im Wesen auf ihn –, Fugilo schnitt sich ein Stück vom Hartkäse, zerkleinerte es in mundgerechte Häppchen und erklärte dabei: »Wenn du meinst, dass wir zum Markt fahren – das könnte bald sein, denn der Salat steht gut dieses Jahr.« Er steckte ein Stück Käse in den Mund, trank aus dem Becher Wasser dazu, kaute eine Weile.

Atto, der Junge beobachtete wieder einmal, wie gut und korrekt sich sein Vater in der Sprache ausdrücken konnte, die doch eigentlich nicht seine Muttersprache gewesen war. Fugilos Vater, Attos Großvater, war als Franke nach hier gekommen und hatte wenig romanisch gesprochen. Seine Mutter Blanda hatte es ihm erzählt. Fugilo aber sprach wie einer, der von hier stammte.

Atto, der Alte, saß schweigend da, auch er beschäftigt mit dem Zerkleinern des Brotes, des Schinkens, des Käses, weil er kaum noch Zähne hatte. Rusula, mit elf Jahren noch nicht wie der Bruder in der Lage zu erkennen, wann man solche Fragen besser nicht stellte, wandte sich an den Alten: »Großvater, fährst du bald nach Bonna?«

»Hm«, brummte er. »Das kann schon sein . . .«

»In deinem Alter kannst du nicht mehr allein eine so weite Fahrt machen, Vater!«, schaltete sich nun Blanda ein. Sie war eine Frau von einundvierzig Jahren, energisch, klug, aber auch hart, wenn es sein musste. Die Blüte ihrer frühen Jahre war schnell aus ihrem Gesicht verflogen, die früher vollen Lippen waren schmal und farblos geworden, das ehemals strohblonde Haar stumpf und strähnig, ohne Glanz. Sie begann nun zur Fülle zu neigen, verlor aber dennoch ihre Flinkheit nicht. Fest blieb die Stimme, und wenn sie über den Hof schallte, wussten die Knechte und Mägde, was es geschlagen hatte.

Atto, der Alte, hatte längst im Stillen beobachtet, dass die Tochter einen ähnlichen Starrsinn entwickeln konnte wie sein Weib. Und mit zunehmendem Alter trat dieser Zug immer deutlicher zu Tage. Er wusste, da ließ sich nichts ändern. Und längst wusste er, dass er selbst, wenn auch nach Recht und Sitte Oberhaupt und Patron der Familie, an den Rand gedrückt worden war durch die Entwicklung der Verhältnisse in den vergangenen fünfzehn Jahren. Manchmal, besonders abends auf seinem Lager, empfand er es ganz deutlich, dass er einer anderen Zeit angehörte als diese jüngeren Menschen. Es war nicht nur ihre andere Sprache, es waren ihre seltsamen Vorstellungen von dem, was man tat oder nicht tat.

Es gab freilich Tage, an denen er nicht gewillt war kampflos den Jungen das Feld zu überlassen. Heute war ein solcher Tag. Vielleicht lag es daran, dass sein Gespräch mit Atto, dem Enkel, ihn draußen, bei den Zäunen, wieder sehr weit in die Vergangenheit entführt hatte. Also setzte er sich sehr aufrecht, hielt das Messer mit der Spitze nach oben angriffslustig in der rechten Faust und dann hieß es grollend:

»Wenn ich es für richtig halte, nach Bonna zu fahren, dann kann mich hier niemand daran hindern!«

Dem kernigen Satz folgte ein Rundblick über alle Gesichter. Und Atto, der Enkel, nickte dem Großvater zweimal kurz zu, wobei er vergaß, dass dies vom Vater sehr wohl registriert werden konnte. Wennschon. Er spürte, dass seine eigenen Wurzeln von diesem Alten kamen, von diesem Hof, von dieser Ebene, die seit Jahrzehnten, seit Jahrhunderten im Besitz der Familie gewesen. Er war stolz darauf. Er wusste: Auch Atto, der Alte, war stolz darauf. Und sein Vater? Wo lagen seine Wurzeln? Er redete ohnehin nicht viel. Niemand wusste, was er dachte, weder sein Sohn noch seine Frau, erst recht nicht der Alte. Doch gerade daraus war in langen Jahren die Abneigung der beiden Männer entstanden, hatte sich zum Graben, schließlich zur Kluft vergrößert, die nicht mehr ohne fremde Hilfe zu überbrücken war. Und gerade daran hatten beide kein Interesse. Der Angeheiratete wartete auf das baldige Hinscheiden des Alten; wozu sich und andere aufregen, wenn die Natur in ihrer unbestechlichen Weisheit eine baldige Lösung bereithielt. Und Secundinius Atto? Seine Ruhe, der intime Umgang mit dem Enkel waren ihm wichtiger als ein sinnloser Streit mit dem Schwiegersohn. Und dennoch! Manchmal brach das alte Leben durch! So wie heute. »Wenn ich es für richtig halte . . .«

Er freute sich über seinen eigenen Satz. Er erwartete eine scharfe Entgegnung, einen Einspruch, am Ende auch eine Beleidigung.

Doch Fugilo schwieg. Das würde Blanda schon aus der Welt schaffen. Und schon schalt ihre harte Stimme: »Natürlich kann dich niemand daran hindern, mit dem Wagen zu fahren. Aber ich habe keine Lust hinterher deinen Husten von morgens bis abends zu hören.«

Sie hatte den Geiz und das Amusische, absolut Nüchterne ihrer Mutter. Der Alte sah sie an, während sie schimpfte, und er sah in ihrem Gesicht das seiner Frau, nur härter noch, konsequenter. Er selbst brachte beides nicht auf, jedenfalls nicht bei kleinen Dingen. Sie interessierten ihn nicht. Wohl war er hart in lebenswichtigen Fragen. Doch je älter er wurde und je mehr er unter der Fuchtel dieser Frau, die seine Tochter war, zu leiden hatte, umso mehr ging ihm auf, dass es vielleicht damals ein Fehler gewesen war, diesen Fugilo an sie zu binden. Seit längerem bemerkte er, wie auch er, obwohl ein Barbare, ein Wilder, ein Franke in seinen Augen, wie dieser bärenstarke Kerl von auch schon sechsundfünfzig Jahren von ihr bezwungen wurde. Bei den Göttern! Warum war das denn oft so?!

Aber er sagte: »Ich fahre. Ich möchte jetzt nicht mehr darüber reden! Punktum!«

Sie schwiegen, als er sich erhob und nach oben auf sein Zimmer ging. Als er sich zu Bett legte, war die Sonne gerade hinter den Bergen der Ardennen untergegangen. Es dämmerte, war aber noch nicht dunkel. Er holte den Stuhl, auf dem er vor dem Zubettgehen seine Kleider ausbreiten würde, stellte ihn nahe ans offene Fenster und nahm Platz. Oft war er hier, sobald es Licht und Temperaturen im Frühjahr gestatteten. Dann saß er, weit zurückgelehnt, die Füße von sich und gegen die Mauerkante am Fenster gestreckt, da und beobachtete, wie ganz sachte die Nacht von den Bergen und der Ebene Besitz ergriff. Zuerst schüttete sie die Schatten über die Ebene und Baum nach Baum versank darin. Dann stieg sie an den sanft schwingenden Hängen langsam, unmerklich und doch sichtbar aufwärts. Nur die obersten Spitzen der Berge behaupteten sich noch lange, oft wurden sie von goldener Aura gerahmt. Doch währte dies nur kurz. Danach blieben auch sie stumpf und glanzlos zurück. Doch gerade dann, wenn die

Konturen schwanden, wenn die Vögel zur Ruhe gegangen und die Menschen in den Häusern saßen, dann schweifte der Geist des Alten in die Fernen der Zeiten zurück und er sah die Gestalten seiner Ahnen, so wie er sie sich nach den Berichten der Alten gebildet hatte. Sympathische waren darunter, auch heimtückische, Versager ebenso wie die wenigen, die Karriere gemacht hatten in den großen Städten, die die Fäden der Sippe über das Land gelegt hatten, sodass man nach Mainz, nach Trier, nach Köln oder in andere Orte kommen konnte und, wenn man fragte, durchaus jemanden traf, der einen Secundinius Atto oder Secundinius Flavius kannte.

Aber nun war die Zeit zu ihrem Ende gekommen. Seinen Enkel hatten sie nur Atto genannt, nach dem Urahn, der vor Jahrhunderten aus den östlichen Wäldern und Bergen herniedergestiegen war, um dem römischen Kaiser zu dienen. Nur noch Atto! Nicht mehr Secundinius! Die Barbaren liebten die kurzen Namen wie Atto, Blanda, Rusula, Ursa. Und selbst dieser Name, Atto, klang altertümlich, gehörte nicht in diese Zeit. Würde Atto seinen eigenen Sohn noch so nennen? Und er den seinigen? Er bezweifelte es. Mit unaussprechlicher Traurigkeit im Herzen spürte er, dass er ein Spätgeborener, ein zu spät Geborener war. Da gab es nichts mehr neu zu erwerben. Er lebte vom Überkommenen, und das war wenig genug.

Er seufzte. Er tat es schon zum fünften Mal, seit er hier saß, aber er bemerkte es nicht. Sein Seufzen war ein Teil seines Atmens geworden. Er wusste, was im Kopf seines Schwiegersohnes reifte: Weg vom Hof! Nach Westen! In den Schutz der Festung Tolbiacum! Dass er es noch nicht getan, hatte unter anderem den Grund, weil er, der Alte, sich strikt geweigert hatte den Platz seiner Väter zu verlassen. Wenn für etwas, so hatte der Franke dafür Verständnis.

Er suchte die dunkler werdenden Schatten über der Ebene und den Bergen zu durchdringen, aber da öffnete sich nichts. Wie auch?! Nur in den alten Geschichten und Märchen geschahen Wunder, dass die Götter mit den Menschen redeten. Die Götter . . . Auch sie waren ja nun alt geworden. Auch sie mussten sich gefallen

lassen, dass Jüngere, dass *ein* jüngerer Gott sie von ihren ange-
stammten Plätzen verdrängte. Und da die alten Tempel überall im
Lande verfielen, ging es ihnen also nicht besser als den Menschen.
Unvermittelt spürte er die feuchte Kühle des Abends. Er fuhr
zusammen und schüttelte sich fröstelnd. Umständlich stand er auf,
schloss das Fenster. Dann zog er sich im Dunkeln aus und schlüpfte unter die Decken. Er betete, bewegte die Lippen ohne einen
Ton. Er betete für die Seele seines verstorbenen Weibes, seiner
beiden Jungen. Dann betete er für Atto, seinen Enkel, dessen
Schwester. Dann für dessen Eltern, dass sie in Frieden lebten und
in Frieden alt werden könnten. Und am Ende schloss er wie stets
mit der Formel an seinen unbekannten Gott, der ihm eine Mischung aus Jupiter, Herkules und Mithras war: »Lass mich am
Tage meines Todes in Frieden sterben!«
Dann legte er sich auf die rechte Seite, kauerte sich zusammen wie
ein Kind und schlief bald ein.

*

Etwa ein Jahr später entschlief er nach einem solchen Gebet, ohne
Vorankündigung am Tage davor, und er ging hinüber in Frieden
zu seinen Ahnen. Man fand ihn wie schlafend. Und doch lange
würde dereinst Blanda ihren Enkel davon zu berichten wissen,
welch ein guter Mensch er gewesen, wie sehr sie und alle an ihm
gehangen und wie er friedlich und ohne Todeskampf eingeschla-
fen sei.
Zuvor aber geschahen noch andere Dinge. Es dauerte noch ein
paar Jahre, bis man den Hof aufgab und nach Westen zog, zu
Verwandten von Fugilo. Den Hof hatte man eingetauscht gegen
anderes Land. Die Entfernung zur nächsten größeren Siedlung
war am alten Ort zu groß. Es gab in weitem Umkreis keine
Nachbarn, die man nach kurzem Ritt oder in schneller Wagenfahrt
erreichen und etwa um Rat fragen konnte, was denn gegen das
Fieber des Jüngsten zu tun sei – und dergleichen alltägliche Dinge
mehr.
Blanda nahm den Wechsel hin, so wie man ein Gewand wechselt,

denn sie hatte nicht die Beziehung zum alten Platz, zum Haus, zu den Feldern, Ställen und Brunnen wie ihr Vater. Zu sehr war sie hinübergewachsen in die Welt der neuen Herren, in ihre Sprache, ihr anderes Denken, Empfinden und Werten. So war Atto der Einzige, dem beim Abschied die Tränen über die Backen rollten. Und ehe sie fuhren, hatte er lange am Grab des Großvaters gestanden. Hatte in Gedanken ein »Ich komme wieder!« gesprochen und wusste doch, dass dies nicht stimmte, nicht in dem Sinne, dass er dereinst den Hof wieder erwerben werde. So meinte er es nur auf seine Person bezogen und er sagte es laut: »Ich komme wieder, Großvater!«

Oft kam er zurück. Und als er selbst Herr des neuen, florierenden Hofes bei Tolbiacum war, schickte er Leute hin, die die alten Gräber pflegten. Fünf Jahre nach dem Ortswechsel starb der Vater. Blanda, die Mutter, überlebte ihn um acht Jahre. Was aber aus Atto, dem Letzten einer großen Sippe, am Ende geworden, aus ihm und seinen Söhnen, Töchtern und Enkeln, das verliert sich im Nebel einer ungewissen Zukunft, die man später das Mittelalter nennen wird.

Das Ende der Römerherrschaft an Rhein und Donau

Im gesamten Bereich der spätantiken römischen Provinzen Germania I und II und Raetia II kann noch für die erste Hälfte des 5. Jahrhunderts eine einigermaßen intakte römische Verwaltung festgestellt werden. Dies erscheint deutlich im Münzspiegel in den Städten und Straßenstationen, d. h., die Infrastruktur war noch intakt. Zwar muss davon ausgegangen werden, dass die Eliteeinheiten schon Anfang des 5. Jahrhunderts von Rhein und Donau abgezogen waren, sicher blieb aber ein Teil der Limitantruppen als Bauernmilizen in den Provinzen. Erst gegen die Mitte des 5. Jahrhunderts wurde die römische Verwaltung durch die Germanen abgelöst. Dies geschah meist ohne größere Kämpfe. So wissen wir, dass Köln ab 456 in fränkischer Hand war. In Worms saßen ab 407 zuerst die Burgunden, später wohl die Alamannen und ab 496 die Franken. Mainz wird irgendwann in der Mitte des 5. Jahrhunderts von den Franken übernommen worden sein.

Rückgang der landwirtschaftlichen Besiedlung im Rheinland

Die Verringerung der Bevölkerung im beginnenden 3. Jahrhundert sowie der Rückgang des Binnenhandels bewirkten eine Strukturveränderung der Landwirtschaft. Weniger Höfe bewirtschafteten größere Areale. Infolge der Klimaverschlechterung ging der Nacktweizenanbau, der größere Erträge brachte, zurück. Am Niederrhein ging die ländliche Bevölkerung auf ungefähr 30 Prozent des Jahrhunderts zuvor zurück. Ganze Landstriche mit schlechteren Böden veröderten schon früher. Böden, die klimatisch gut lagen und bessere Erträge lieferten, wurden allerdings noch weiter bewirtschaftet. Das ländliche Leben hielt sich hauptsächlich in den Flusstälern und um befestigte Siedlungen, wie z. B. um Tolbiacum (Zülpich) herum. Siedlungen, sogar Städte wie die Colonia Ulpia Traiana (Xanten), die nur ein wirtschaftlich schlecht nutzbares Umland hatten, wurden Mitte des 4. Jahrhunderts nach Zerstörungen total aufgegeben. In der Eifel wurde die Besiedlung bis auf vereinzelte Ausnahmen in wirtschaftlich guten Bereichen aufgelassen. Im Oberrheintal hielten sich, besonders im Hügelland Rheinhessens, die Höfe noch. Die jetzt befestigten Kleinsiedlungen entwickelten sich aber auch zu Bauerndörfern. Die Bauern lebten jetzt hier und bestellten die Felder im Umkreis der Siedlung.

Die aufgelassenen Felder überwaldeten innerhalb kürzester Zeit. Teilweise war dies der Beginn eines bis in die heutige Zeit bestehenden Hochwaldes, teilweise aber auch nur eine baumbestandene Buschsteppe, die als Viehtrift benutzt werden konnte.

Romanen – Germanen

Die römische Bevölkerung (Romanen) in den germanischen Provinzen bestand im 4. Jahrhundert aus einer Mischung von romanisierten einheimischen (germanisch-keltischen) Bevölkerungselementen sowie einzelnen zugewanderten Gruppen aus dem Mittelmeerraum und romanisierten Kelten aus Innergallien. Als Römer im klassischen Sinne konnte man diese Bevölkerung nicht bezeichnen. Hierzu kamen ab Ende des 3. Jahrhunderts verstärkt rein germanische Elemente, die entweder als Soldaten mit ihren Frauen und Kindern hier angesiedelt wurden (teilweise stammten sie aus dem Elbebereich), oder es handelte sich um zwangsbesiedelte Franken bzw. Alamannen. Auf diese Bevölkerungsmischung trafen die eindringenden Alamannen bzw. Franken. Es liegt auf der Hand, dass es hier gar nicht so große Unterschiede zwischen den Volksgruppen gab. Auf Grund der Grabfunde des 4. und 5. Jahrhunderts können gut Romanen, elbgermanische, fränkische und alamannische Volksgruppen unterschieden werden.

Die germanische Landnahme vollzog sich regional unterschiedlich. Waren der gesamte Bereich zwischen ehemaligem obergermanisch-rätischem Limes und Rhein bzw. Donau sowie die Landschaft zwischen Bodensee und Lech schon nach 260 von den Alamannen besetzt, konnte dieser Bereich im Süden auf die Iller nach 280 zurückgedrängt werden. Im 5. Jahrhundert wurde das alamannische Siedlungsgebiet im Norden durch die Burgunder eingeengt und die Alamannen über den Main nach Süden gedrängt. Dafür erstreckte es sich weiter nach Osten bis nach Regensburg.

Die romanische Restbevölkerung zog sich in die Bereiche von befestigten Städten und Höhensiedlungen zurück. Am Niederrhein und im Mittelrheintal bestand eine romanische Restbesiedlung nur im Bereich der befestigten Städte am Rhein (Xanten, Krefeld-Gellep, Dormagen, Neuss, Köln, Bonn, Remagen, Andernach, Koblenz, Boppard, Bingen, Kreuznach und Mainz) sowie in Bereichen von Zülpich und Jülich in der Lössebene. Dagegen hielt sich im mittleren und oberen Moseltal eine relativ starke romanische Restbevölkerung bis weit in das Mittelalter hinein.

Im Oberrheintal waren die Gebiete um Worms, Altrip, Speyer, Rheinzabern, Straßburg, Horburg, Basel, Augst, Zurzach, Konstanz und Arborn am Bodensee noch von Romanen besiedelt.

Im Donautal und dem Alpenland waren die Gegenden von Kempten, Kellmünz, Günzburg, Burghöfe, Augsburg, Schwabmünchen, Epfach, Straubing, Passau, Linz und Mautern romanische Rückzugsbereiche. In den Alpentälern blieb eine romanische Restbevölkerung bestehen.

Getreidedarre

Getreidedarren wurden benötigt, um die Spelzgetreidearten zu entspelzen. Dies konnte bei einer

Temperatur von 50 Grad Celsius geschehen. Das Korn wurde auf einen leichten Boden ausgestreut, unter dem ein Feuer die nötige Temperatur verbreitete.

Genauso gut konnten aber Getreidedarren auch zum Keimen von Gerste genutzt werden. Aus dieser keimenden Gerste wurde dann später Bier gebraut. Da aus Niedergermanien nur Getreidedarren aus dem 4. Jahrhundert bekannt sind, könnte es sich hierbei um Malzanlagen handeln. Dies würde dann bedeuten, dass im 4. Jahrhundert in Niedergermanien verstärkt auf den Höfen Bier gebraut worden wäre.

Kölner Wasserleitung als Steinbruch

Die Kölner Eifelwasserleitung, mit ca. 96 km die längste Fernwasserleitung im römischen Germanien, wurde um 100 n. Chr. gebaut. In den Wirren des ersten Germaneneinfalls von 275 konnte die Wartung der Leitung nicht mehr von Köln aus durchgeführt werden. Sie verfiel also relativ rasch. Es gibt Hinweise darauf, dass sie schon im 4. Jahrhundert für Privatbauten als Steinbruch benutzt wurde. Es wurden sowohl der Kalksinter, der als Marmorersatz diente, als auch der Baustein bzw. der Gussbeton verarbeitet. Der komplette Abbau erfolgte dann hauptsächlich im Mittelalter.

Die Familie

In der anschließenden Auflistung werden die Familienmitglieder genauer vorgestellt.

Von einer Anzahl Personen sind Inschriften auf Weihe- oder Grabsteinen gefunden worden, d. h. sie haben zu der angegebenen Zeit tatsächlich gelebt. Angaben dazu stehen in Klammern hinter den Namen, die Abkürzungen der Inschriftenverzeichnisse sind am Ende der Liste aufgeführt.

Die Familienmitglieder

Atto, ubischer Kundschafter.
* 8 v. Chr., † 42 n. Chr.
Siedelt sich mit seiner Familie im oppidum Ubiorum (Köln) an.
Heiratet 17 n. Chr. Auvaca.

Auvaca, Frau von Atto, Ubierin.
* 8 v. Chr., † 56 n. Chr.

Haldavo, ubischer Kundschafter, Sohn von Atto.
* 20 in Köln, † 69 auf dem Hof durch plündernde Bataver.
Mit 40 Jahren scheidet er aus der Armee aus und baut einen Hof
bei Bonn, oberhalb des Swisttales, auf (Rheinbach-Flerzheim).
Heiratet 48 Frapia.

Frapia, Frau von Haldavo, Ubierin.
* 25, † 87 auf dem Hof.
Sie entstammt auch einem Geschlecht der ersten Stunde und hat
noch zwei Brüder und eine Schwester. Ihre Eltern leben im
Rheintal bei Bonn.

Freiatto, ubischer Bauer, Sohn von Haldavo.
* 50, † 113 auf dem Hof.
Er erbt nach dem Tode seines Vaters den Hof und heiratet 78
Aiva.

Aiva, Frau von Freiatto, Ubierin.
* 55, † 119 auf dem Hof.
Sie stammt aus der Umgebung, gehört also auch zu den ersten
Siedlern in diesem Tal.

Friannius, ubischer Auxiliarsoldat, Sohn von Haldavo, erhält
mit 43 Jahren das römische Bürgerrecht, danach C. Flavius Friannius.
* 53, † 110 auf seinem Hof in der Nähe von Mainz.

Während seiner Dienstzeit war er in Rätien stationiert, lässt sich aber in der Nähe von Mainz nieder, wo er im Rheinland einen Hof aufbaut und die legio XXII in Mainz beliefert.
Er heiratet 93 Cirata Iulia.

Cirata Iulia (CIL XIII 7088), Tochter eines Nerviers Annaius, eines Auxiliarsoldaten, Frau von Friannius.
* 68, † 129 auf dem Hof bei Mainz.
Lebte seit 93 mit Friannius zusammen, sie war in den canabae legionis (Lagervorstadt) von Mainz geboren worden.

Atto, ubischer Bauer, Sohn von Freiatto.
* 79 auf dem Hof, † 145 auf dem Hof.
Er heiratet 103 Exomna und in zweiter Ehe 120 Mellonia.

Exomna (CIL XIII 8409/Galst. 348), Tochter eines gallischen Hilfstruppensoldaten aus Köln, Frau von Atto.
* 85 in der CCAA, † im Kindbett 114 auf dem Hof

Haldavo, Sohn von Freiatto, geht 101 in die CCAA (Köln), arbeitet zuerst als Gehilfe bei einem Getreidehändler, macht sich 110 selbstständig, besitzt zwei Transportschiffe, hat Geld durch Transporte für den Dakerkrieg Trajans gemacht, wird 114 Bürger der CCAA (Köln): L. Secundinius Haldavo.
* 87 auf dem Hof, † 156 in der CCAA.
Er heiratet 121 Valeria Procula.

Valeria Procula (CIL XIII 8283/Galst. 219), Tochter eines spanischen Veteranen aus der CCAA, Frau von Haldavo.
* 96 in der CCAA, † 153 daselbst.

C. Flavius Attonianus, Sohn von Friannius, Legionar.
* 97 auf dem Hof bei Mainz, † 182 bei Straßburg.
115 Soldat der legio XXII in Mainz, 125 centurio ordinarius der legio XXII, 135 verlässt er die Mainzer Legion und siedelt im

Rheintal südlich von Straßburg in der Nähe von Helellum (Ehl) an.
Er heiratet 136 Primnia Comitilla.

Primnia Comitilla (CIL XIII 700), Mediomatrikerin, Frau von C. Flavius Attonianus.
* 107 in der Gegend von Metz, † 165 auf dem Hof bei Straßburg.

C. Flavius Romanus, Sohn von C. Flavius Friannius, Wirt in Mogontiacum (Mainz).
* 101 auf dem Hof in Rheinhessen, † 168 in den canabae legionis (Lagervorstadt) der Mainzer Legion.
Geht 112 nach Mainz, wird zuerst Gehilfe eines Weinhändlers, arbeitet dann in einer Kneipe, heiratet die Tochter seines Chefs und übernimmt später die Kneipe in der Lagervorstadt.
Heiratet 126 Valentinia Avita.

Valentinia Avita (CIL XIII 7118), Treverin, Frau von C. Flavius Romanus.
* 97 in Noviomagus (Neumagen), † 149 Lagervorstadt Mainz.
Kam mit ihren Eltern als kleines Kind 102 nach Mainz.

Freiatto, Bauer, Sohn von Atto.
* 108 auf dem Hof, † 183 daselbst.
Heiratet 135 Cassia Avita.

Cassia Avita, fiktive Tochter des Veteranen M. Cassius Verecundus (coh. I Flavia Hispanorum) und seiner Frau Annia Avita (CIL XIII 11982/Lehner 662). Frau von Freiatto.
* 119 in Remagen (im vicus des Lagers), † 161 auf dem Hof.

M. Secundinius Silvanus (Deae Nehalenniae 11), Spediteur und Keramikhändler aus der CCAA (Köln), Sohn von L. Secundinius Haldavo.
* 128 in der CCAA, † 175 daselbst.
Wird Schifffstransportunternehmer, hauptsächlich im Bereich

Germanien – Britannien.
Er heiratet 155 Vetinia Materna.

Vetinia Materna, Tochter von Quintus Vetinius Verus und
Quintinia Materna, Bruder Q. Vetinius Verus (CIL XIII
8344/Galst. 314), Mitglied des collegium fabrum tignariorum
(Kollegium der Zimmerleute).
Frau von L. Secundinius Silvanus.
* 130 in der CCAA, † 183 daselbst.

C. Flavius Aeternus (angenähert an CIL XIII 6883), Sohn von
C. Flavius Attonianus.
* 142 auf dem Hof bei Straßburg, † 208 in Straßburg.
160 Soldat der legio VIII Augusta in Straßburg, 170 centurio
ordinarius der legio VIII Augusta, 185 Primus pilus, bleibt Be-
rufssoldat.
Er heiratet 174 Octavia Capitolina.

Octavia Capitolina (Ber. RGK. 58, Nr. 86), Frau von C. Flavius
Aeternus.
* 149 Augusta Raurica (Augst), † 196 in Straßburg.

C. Flavius Albinus (CIL XIII 66823), Gerber, Sohn von C.
Flavius Romanus.
* 127 in Mainz, † 182 in Worms.
Lernt bei einem Gerber in Mainz, leitet später das Geschäft seines
Meisters, knüpft Kontakte zu anderen Gerbern und lernt so seine
spätere Frau Attinania Ursa kennen, Tochter eines Gerbers in
Worms. Er heiratet sie 153.

Attinania Ursa (CIL XIII 7076), Frau von C. Flavius Albinus.
* 121 in Worms, † 165 daselbst.
Tochter eines Gerbers.

L. Secundinius Severus (CIL XIII 8350/Galst. 323), römischer
Bürger CCAA, Keramikhändler, Sohn von L. Secundinius Silva-

nus.

* 157 in der CCAA, † 196 daselbst.

Erbt von seinem Vater den Keramikhandel.

Er heiratet 186 Nundinia Severina.

Nundinia Severina (CIL XIII 8350/Galst. 323), Frau von L. Secundinius Severus.

* 172 in der CCAA, † 209 daselbst.

Ihr Vater war Keramikhändler in der CCAA.

L. Secundinius Adventus (CIL XIII 8350/Galst. 323), römischer Bürger CCAA, Spediteur, Sohn von L. Secundinius Silvanus.

* 158 in der CCAA, † 193 bei einem Schiffsuntergang im Kanal.

Er erbt von seinem Vater die Spedition; stirbt unverheiratet, sein Neffe, Secundinius Amabilis, erbt seine Geschäfte.

Secundinia Iulia, Tochter von L. Secundinius Silvanus.

* 162 in der CCAA, † 228 in Soller (zwischen Zülpich und Düren).

Als junges Mädchen lernt sie den Lieferanten ihres Vaters, Verecundus, in CCAA kennen und verliebt sich in den Großtöpfer. Sie heiratet diesen 180.

Verecundus, Töpfer aus Soller bei Düren, Mann von Secundinia Iulia.

* 145 in Zülpich, † 209 in Soller.

Lernte Töpfer bei seinem Vater und machte eine Großtöpferei in Soller auf, spezialisierte sich frühzeitig auf Spezialgeschirr und schaffte es, den Britannienhandel für Tonfässer und Reibschüsseln zu monopolieren.

L. Secundinius Haldavo, römischer Bürger CCAA, Bauer, Sohn von L. Secundinius Silvanus.

* 160 in der CCAA, † 231 auf dem Hof.

Durch seine Neigung zum Hof und dem Aussterben der männlichen Linie dort, wird er schon mit zehn Jahren dorthin gebracht

und
als Mann von Antonia vorgesehen. Diese Ehe ist eine reine
Zweckheirat und von der Familie vorbestimmt.
Er heiratet 179 Antonia.

Antonia, Tochter von Freiatto, Frau von L. Secundinius Haldavo.
* 158 auf dem Hof, † 210 daselbst.
Ein Nachkömmling, die Mutter zog sie auf dem Hof groß, sie war
sehr naturverbunden, eine Art Mannweib. Ihr Mann hatte es
schwer, mit ihrer rauen Art zurechtzukommen.

C. Flavius Nepotianus, römischer Ritter, Sohn von C. Flavius
Aeternus.
* 175 in Straßburg, † 235 in Mainz, ermordet.
196 trat er in die Armee ein und durchlief den ritterlichen cursus
honorum. Seine Tätigkeit beschränkte sich auf die beiden germanischen Provinzen. 234 befindet er sich im Stab des Kaisers
Alexander Severus und wird mit diesem ermordet.
Er heiratet 222 Valeria Rufina.

Valeria Rufina (Ber. RGK 58, Nr. 103), Frau von C. Flavius
Nepotianus.
* 194 in Trier, † 259 in Mainz.
Sie war die Tochter des Beamten der Finanzverwaltung in Trier.
Nach der Ermordung ihres Mannes in Mainz bleibt sie dort.

C. Flavius Senno (2 000 Jahre Schwaben, S. 174 – aus Augsburg), Gerber, Sohn von C. Flavius Albinus.
* 159 in Worms, † 201 in Ladenburg.
Erbt das Geschäft seines Vaters und macht mit seinem Schwiegervater, einem Häutehändler, eine Gerberei und einen Lederhandel auf. Beliefert die Armee.
Er heiratet 185 Iulia Iustina.

Iulia Iustina (2 000 Jahre Schwaben, S. 176 – Aus Grundrem-
mingen), Frau von C. Flavius Senno.

* 155 in Ladenburg, † 193 daselbst.
Sie war die Tochter eines Häutehändlers.

Secundinius Amabilis (Galst. 264 – Auxiliarsoldat), Keramikhändler, Sohn von L. Secundinius Severus.
* 188 in der CCAA, † 219 daselbst.
Erbt von seinem Vater den Keramikhandel und von seinem Onkel, L. Secundinius Adventus, das Transportunternehmen.
Er heiratet 212 Iulia Nativa.

Iulia Nativa (CIL XIII 8234/Galst. 117) weiht mit Bruder Iulius Tertius dem Merkur einen Altar, römischer Bürger der CCAA, Frau von Secundinius Amabilis.
* 195 in der CCAA, † 253 daselbst.

(Secundinia) Iulia (Neufund Rheinb.-Flerzheim), Tochter von L. Secundinius Haldavo.
* 180 auf dem Hof, † 242 daselbst.
Bleibt unverheiratet, hing sehr an ihrem Vater, setzt diesem einen Grabstein aus Kalkstein.

Secundinius Atto, Bauer, Sohn von L. Secundinius Haldavo.
* 182 auf dem Hof, † 237 daselbst.
Unter seiner Leitung erlebt der Hof eine Blüte, als Armeelieferant für Getreide und Fleisch verdient er viel Geld. Er übernimmt mehrere bankrott gegangene Höfe im Swisttal als Vorwerke, die er von seinem Bruder Secundinius Freiatto bzw. Knechten und deren Familien bewirtschaften lässt.
Er heiratet 212 Dextrinia Iusta.

Dextrinia Iusta (CIL XIII 8246/Galst. 135), Tochter des römischen Bürgers Lucius Dextrinius Iustus, in Köln geboren. Anhängerin des Sol Serapis, dem sie eine Weihinschrift stiftet, Frau von Secundinius Atto.
* 190 in der CCAA, † 245 auf dem Hof.

Sie lernte ihren späteren Mann bei dessen Verwandtenbesuchen in der CCAA kennen.

Flavius Nepotianus, römischer Ritter, Präfekt, Sohn von C. Flavius Nepotianus.
* 225 in Mainz, † 292 in Trier.
Wie sein Vater schlug er die ritterliche Offizierslaufbahn ein. Nach dem Kommando über eine Ala wurde er unter Gallienus Offizier im neu geschaffenen Reiterverband und unter Diokletian Chef einer Reiterschwadron in Obergermanien. Zuletzt lebte er in Trier.
Er heiratet 266 Valentinia Avita.

Valentinia Avita (CIL XIII 7118) aus Trier, Frau von Flavius Nepotianus.
* 233 in Trier, † 296 daselbst.
Ihre Familie gehörte zur Oberschicht Triers im 3. Jh.

Flavius Crescentius (CIL XIII 7306), Gerber und Lederhändler, Sohn von C. Flavius Senno.
* 192 in Ladenburg, † 256 daselbst.
Nach den ersten Einfällen von 233 baut er verstärkt seinen Betrieb aus und versucht ganz groß in den Handel mit der Armee einzusteigen.
Er heiratet 223 Iulia Severina.

Iulia Severina (Haug-Sixt 1913, 239 Nr. 129 – Rottenburg), Tochter des Decimus Iulius Severus, Frau von Flavius Crescentius.
* 201 in Rottenburg, † 263 in Worms.
Sie lernte ihren Mann bei dessen Geschäftsreisen kennen und zog mit ihm nach Ladenburg. Ihr Sohn Flavius Silvinus brachte sie rechtzeitig vor den einfallenden Germanen über den Rhein nach Worms in Sicherheit, wo sie dann – die Flucht nicht verwindend – umnachtet starb.

Secundinius Ianuarius (Galst. 90), Keramikhändler, Bürger der CCAA, Sohn von Secundinius Amabilis.
* 213 in der CCAA, † 262 daselbst.
Er heiratet 235 Maionia Surilla.

Maionia Surilla (Galst. 324), Tochter des Tiberius Maionius Victor, negotiator lanio (Fleischer) und der Iulia Marina. Frau von Secundinius Ianuarius.
* 209 in der CCAA, † 281 daselbst.
Nach dem Tod ihres Mannes sehr kränkelnd.

Secundinius Atto, Bauer, Sohn von Secundinius Atto.
* 217 auf dem Hof, † 276 daselbst.
275 wird sein Hof überfallen, er sah zu, dass seine Kinder zu den Verwandten nach Köln in Sicherheit kamen. Er selbst blieb nur mit dem ältesten Sohn und den Knechten auf dem Hof. Sie überstanden den Germanenüberfall von 275 im Burgus, der übrige Hof brannte ab. Ein Jahr später starb er jedoch selbst, er wurde neben seiner Frau bestattet, allerdings in einer Brandbestattung, da er die Körperbestattung ablehnte.
Er heiratet 248 Regula Paterna.

Regula Paterna, Frau von Secundinius Atto.
* 214 in Jülich, † 274 auf dem Hof.
Sie war Anhängerin des Isiskultes und nahm eine kleine Attisfigur aus Gagat mit ins Grab.

Flavius Rufinus, Offizier, Sohn des Flavius Nepotianus.
* 269 in Trier, † 331 daselbst.
Er erhält den Namen seines 260 gefallenen Onkels. Nach einer kurzen militärischen Laufbahn bekleidet er eine hohe Stellung in der Beamtenhierarchie am Kaiserhof in Trier. Seine erste Frau erholt sich nach ihrer Niederkunft nicht wieder und stirbt. Er heiratet wieder, diesmal eine Christin. Er konvertiert nicht, lässt aber die christliche Erziehung seiner Kinder zu.

Er heiratet 293 Montana Censorina und in zweiter Ehe 304 Ursicina.

Montana Censorina (CIL XIII 7666 – Traben-Trabach), Frau von Flavius Rufinus.
* 274 auf dem Landgut im Moseltal, † 295 auf ihrem Landsitz bei Traben-Trabach.
Sie war von zarter Gesundheit und kam nach der Geburt ihres ersten Kindes nicht wieder aus dem Krankenbett.

Ursicina (Gose 66), Christin, Tochter von Elpidius und Ursula, zweite Frau von Flavius Rufinus.
* 287 in Trier, † 342 daselbst.
Ihr Mann – obwohl kein Christ – war der Religion wohlgesonnen, sodass sie ihren Stiefsohn Flavius Calvio und ihre beiden Töchter Lycontia und Flavia Ursa taufen und christlich erziehen konnte. Ihr größter Kummer war, dass ihre jüngere Tochter den Mithraspriester Flavius Victorianus heiratete.

Flavius Silvinus, Lederhändler, Sohn von Flavius Crescentius.
* 225 in Ladenburg, † 279 in Worms.
Schafft es, das von seinem Vater geerbte Geschäft weiter auszubauen, der Germaneneinfall von 260 zerstört das Hauptgeschäft in Ladenburg. Er flüchtet aber noch rechtzeitig mit seiner Familie in die Filiale nach Worms. Von hier aus baut er in bescheidenerem Umfang seinen Lederhandel wieder auf.
Er heiratet 253 Antonia Aeliana.

Antonia Aeliana, Frau von Flavius Silvinus.
* 225 auf einem Hof bei Heidelberg, † 270 in Worms.

Secundinius Vitalis, Keramikhändler, Sohn von Secundinius Ianuarius.
* 241 in der CCAA, † 297 daselbst.
Er heiratet 265 Verecundinia Placida.

Verecundinia Placida (CIL XIII 8352/Galst. 325), Frau von Secundinius Vitalis.
* 239 in Londinium (London), † 280 in der CCAA.
Ihr Mann lernt sie auf einer Geschäftsreise in England kennen und nimmt sie mit in die CCAA.

Secundinius Amandus, Britannienhändler, Sohn von Secundinius Ianuarius.
* 248 in der CCAA, † 293 im Kanal verschollen.
Infolge der Invasionsvorbereitungen Englands durch Constantius Chlorus wurde sein Schiff von den Vorpostenbooten des Allectus versenkt.
Er heiratet 279 Antonia.

Antonia, römischer Name, Tochter von Secundinius Atto.
* 255 auf dem Hof, † 295 in der CCAA.
Sie heiratet den Britannienhändler Secundinius Amandus.

Secundinius Atto, Bauer, Sohn von Secundinius Atto.
* 258 auf dem Hof, † 315 daselbst.
Er verteidigt mit seinem Vater den Burgus des Gutshofs gegen die Germanen. Nach dem Tod seines Vaters führt er den Hof weiter und holt seine Geschwister aus Köln zurück.
Er heiratet 295 Poppia.

Poppia (Galst. 491), Tochter von Desiderius und Mustella, aus Nordafrika stammenden Christen, die in Köln lebten, Frau von Secundinius Atto.
* 268 in Caesarea, † 335 auf dem Hof.
280 kam sie mit ihren Eltern nach Köln und lernte ihren späteren Mann bei dessen Verwandten kennen.

Flavius Calvio (Gose 12), christlicher Offizier. Sohn von Flavius Rufinus.
* 294 in Trier, † 369 daselbst.
Hoher Offizier im Generalstab von Constans II. und Julian. Or-

ganisierte die Versorgung der gallischen Truppen beim Sassanidenfeldzug Julians.
Er heiratet 336 Martina.

Martina (Gose 35), Christin, Frau von Flavius Calvio.
* 317 in Neumagen, † 378 in Trier.

Flavius Victorianus, Lederhändler, Sohn von Flavius Silvinus.
* 255 in Ladenburg, † 301 in Worms.
In zunehmendem Maße legt er sein Geld aus dem Geschäft in Landgütern an. So versucht er zum Selbstversorger zu werden, gleichzeitig geht ihm das Militärgeschäft verloren, da die Armee immer mehr zum Selbstversorger wird. Er versucht auch seine Landprodukte verstärkt zu vermarkten.
Er heiratet 285 Acutiaria Serena.

Acutiaria Serena, Frau von Flavius Victorianus.
* 260 in Divodurum (Metz), † 292 in Worms.

Secundinia Soiio, Tochter von Secundinius Vitalis.
* 269 in der CCAA, † 295 daselbst.
Ist von Geburt an kränklich und wird von ihrer Tante Severina gepflegt.

Secundinius Desiderius (CIL XIII 8352/Galst. 325), Sohn von Secundinius Vitalis.
* 266 in der CCAA, † 311 daselbst.
Heiratet seine Verwandte Regula vom Hof, die in Köln als Witwe lebt. Er handelt wie seine Vorfahren mit Keramik, hauptsächlich mit der Mayener Ware nach England.

Regula, Tochter von Secundinius Atto.
* 260 auf dem Hof, † 298 in der CCAA.
Sie wird nach dem Tod ihrer Mutter nach der CCAA evakuiert, heiratet 278 nach Rückkehr auf dem Hof einen Bekannten ihrer Kölner Verwandten und zieht nach dahin. Nach siebenjähriger

Witwenschaft heiratet sie 292 ihren entfernten Verwandten
Secundinius Desiderius.

Secundinius Iulius sive Atto, Bauer, Sohn von Secundinius
Atto.
* 301 auf dem Hof, † 367 daselbst.
Vor den einfallenden Franken flüchtet er 352 mit seiner Familie
zu den Verwandten nach Trier, kehrt mit Knechten 358 auf den
Hof zurück.
Er heiratet 334 Liberialinia Galeta.

Liberialinia Galeta, Tochter des Liberialinius Vitalis, eques der
legio I Minerva und der Maturinia Galeta aus Bonn (nach CIL
XIII 8070/Lehner 611), Frau von Secundinius Iulius.
* 313 in Bonn, † 379 auf dem Hof.

Flavia Ursa (Gose 65), Christin, Tochter von Flavius Rufinus,
Frau von Flavius Victorianus.
* 308 in Trier, † 341 in Worms.
Lernte 325 ihren späteren Mann kennen, sie heiratet 327 und
wendet sich vom Christentum ab.

Flavius Victorianus, Mithraspriester, Sohn von Flavius Victorianus, Mann von Flavia Ursa.
* 292 in Worms, † 378 in Augsburg.
Wegen des frühen Tods seiner Mutter wird er von einer Amme
aufgezogen. Durch deren Mann kommt er frühzeitig in Berührung
mit Mithras. Er wird Priester dieses Kultes, wird aber nach 342
zwangsweise Christ. Er zieht von Worms nach Augsburg und
schlägt sich als Privatlehrer durch. Durch den Tod seines Neffen
(Victorianus) und dessen Familie 353 erbt er die Restbestände des
väterlichen Unternehmens. Hierdurch erholt er sich finanziell und
nimmt unter Iulian wieder seine alte Tätigkeit als Mithraspriester
auf. Er baut die Mithrasgemeinde in Augsburg wieder auf.

Flavius Marianus, Lederhändler, Sohn von Flavius Victorianus.

* 288 in Worms, † 342 daselbst.
Er heiratet 315 Florentina.

Florentina (Gose 46), Tochter des Nunechius aus Trier, Christin. Frau von Flavius Marianus.
* 296 in Trier, † 349 in Worms.

Secundinius Verinus, Keramikhändler, Sohn von Secundinius Desiderius.
* 294 in der CCAA, † 355 in der Nähe des Hofes. Stirbt auf der Flucht zum Hof.
Er heiratet 333 Nemesia.

Nemesia (CIL XIII 8410/Galst. 498), Frau von Secundinius Verinus.
* 304 in der CCAA, † 386 auf dem Hof.
Sie überlebt den germanischen Überfall auf den Fluchttreck ihres Mannes in der Nähe des zerstörten Hofes ihrer Verwandten. Ein alter Knecht überlebt mit ihr und beide schlagen sich bis 358 auf dem zerstörten Hof durch.

Secundinius Atto, Bauer, Sohn von Secundinius Iulius.
* 339 auf dem Hof, † 421 daselbst.
Flieht mit seinen Eltern 352 vor den Franken nach Trier, kehrt 358 zurück.
Er heiratet 368 Blanda.

Blanda, Frau von Secundinius Atto.
* 342 in der Nähe von Trier, † 392 auf dem Hof.
Sie verliebt sich in Atto während dessen Aufenthalt in Trier und kehrt mit ihm zum Hof zurück.

Victorianus, Lederhändler, Sohn von Flavius Marianus.
* 319 in Worms, † 353 daselbst.
Wird bei der Erstürmung Worms' mit seiner Familie getötet. Sein

Onkel Flavius Victorianus erbt das Restvermögen.
Er heiratet 343 Victura.

Victura (Trier EV 61.60), Christin, Frau von Victorianus.
* 324 in Trier, † 353 in Worms.
Sie stirbt mit ihrer Familie bei der Erstürmung der Stadt durch
die Alamannen.

Secundinius Optatus (CIL XIII 8410/Galst. 498), Sohn von
Secundinius Verinus.
* 340 in der CCAA, † 353 in der Nähe des Hofes auf der Flucht.

Blanda, Tochter von Secundinius Atto.
* 379 auf dem Hof, † 442 bei Tolbiacum.
Als Hoferbin heiratet sie 405 den Laeten Fugilo.

Fugilo, fränkischer Bauer, Mann von Blanda.
* 364 auf dem Hof, † 435 bei Tolbiacum.

Maximianus (Trier EV 61.60, FN 3), Sohn von Victorianus.
* 346 in Worms, † 353 daselbst bei der Erstürmung.

Atto, Bauer, Sohn von Fugilo und Blanda.
* 406 auf dem Hof, † 472 bei Tolbiacum.
Als Franko-Romane zieht er mit seinen Eltern und dem Gesinde
und Tieren in den Schutz der Festung Tolbiacum 430.
Dort bauen sie einen neuen Hof auf.

Rusula, fränkischer Name, Tochter von Fugilo und Blanda.
* 409 auf dem Hof, † 463 in Tolbiacum.

Abkürzungen der Inschriftenverzeichnisse

Ber. RGK Bericht der Römisch-Germanischen Kommission des Deutschen Archäologischen Instituts

CIL Corpus Inscriptionum Latinarum

Deae Nehalenniae J. E. Bogaers u. a., Katalog Deae Nehalenniae, 1971

Galst. B. und H. Galsterer, Die römischen Steininschriften aus Köln, 1975

Gose E. Gose, Katalog der frühchristlichen Inschriften in Trier, 1958

Haug-Sixt F. Haug und G. Sixt, Die römischen Inschriften und Bildwerke Württembergs, 1914

Lehner H. Lehner, Die antiken Steindenkmäler des Provinzialmuseums in Bonn, 1918

Trier EV Th. K. Kempf und W. Reusch, Frühchristliche Zeugnisse im Einzugsgebiet von Rhein und Mosel, 1965

Register

Siedlungen

Spiel – Unterhaltung

Handwerk

Arzt 138 f.
Baukran 85 f.
Gerberei 162 f.
Handel 114
Keramikhandel 114
Kran 85 f.
Leder 162 f.
Medizinalbesteck 138 f.
Schmiede 54 f.
Töpferei 113
Töpferofen 113
Zahnarzt 88
Ziegelei 83

Kult – Bestattung

Brandbestattung 107
Christentum 228, 245 f., 246
Grabritus 106 f.
Körperbestattung 106 f.
Mithras 246
Mithraskult 140 ff.
Mysterienkulte, orientalische
140 ff.
Religion, römische 139
–, einheimische 140
–, orientalische 140 ff.

Römische Verwaltung

Civitas 109
Kataster 107

Keltisierung 106
Kommunalsteuern 109
Landvermessung 107
Namen, römische 106
Provinzen, germanische 52,
53
Schulwesen 190 f.
Selbstverwaltung 109
Siedlungsformen 81
Strafrecht 136 f.
Verwaltungsreform 212

Kleidung

Fibeln 137 f.
Kleidung, zivile 31 f.
Körperpflege 86